Im Schutz ihrer Arme

Im Schutz ihrer Arme

Meine Reise von der Dunkelheit ins Licht mit

SRI MATA AMRITANANDAMAYI

von
Gretchen Kusuma McGregor

Mata Amritanandamayi Center, San Ramon
Kalifornien, Vereinigte Staaten

Im Schutz ihrer Arme
Meine Reise von der Dunkelheit ins Licht mit Sri Mata Amritanandamayi
von Gretchen Kusuma McGregor

Herausgegeben von:
    Mata Amritanandamayi Center
    P.O. Box 613
    San Ramon, CA 94583
    Vereinigte Staaten

———————————— *In the Shelter of Her Arms (German)* ——————————

Erstausgabe vom MA Center: September 2016

In Deutschland: www.amma.de

In der Schweiz: www.amma-schweiz.ch

In Indien:
    inform@amritapuri.org
    www.amritapuri.org

Widmung

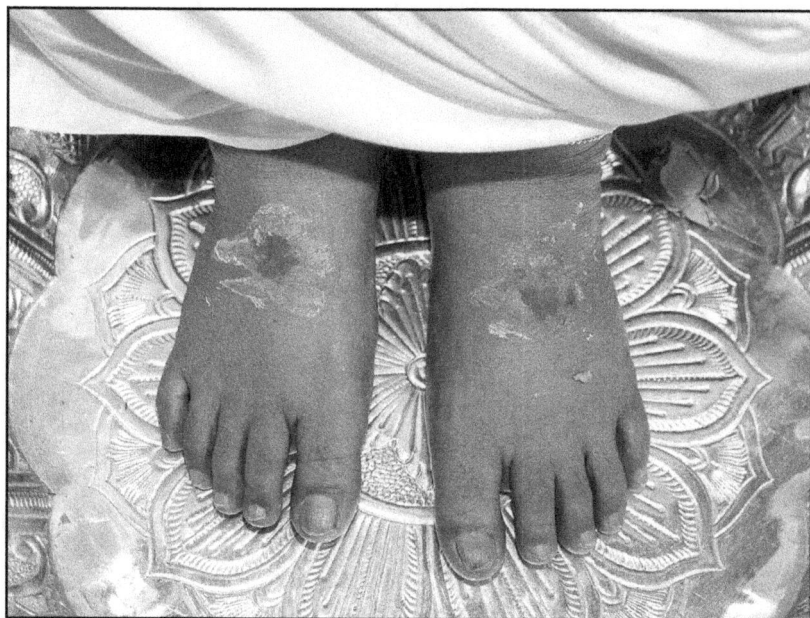

Dieses Buch ist demütig
Adi Para Shakti
gewidmet,
der höchsten göttlichen Mutter
aus uralten Zeiten,
die sich in Wahrheit in der Form von
Sri Mata Amritanandamayi,
der Mutter der süßen Glückseligkeit,
inkarniert hat,
und allen ihren liebsten Kindern,
die zu ihr kommen.

Inhaltsverzeichnis

Vorwort

August 1981
Kopenhagen, Dänemark

Kann jemand von uns genau sagen, wann unsere bewusste Reise des Erwachens beginnt? Oftmals ist es erst nach Jahren, in der Erinnerung, dass wir den genauen Moment klar sehen, wo der erste Funke der Wahrheit aufgeleuchtet hat, nämlich dann, wenn ein Mensch oder ein Vorkommnis uns bewusst macht, wie die Welt wirklich ist. Von diesem Augenblick an werden wir sie nie mehr wie bisher wahrnehmen.

Für mich geschah dies in der Nähe der Tivoli Gärten in Dänemark. Es war an einem für Nordeuropa ungewöhnlich heißen Tag. Ich hatte mich in eine Buchhandlung vergraben und suchte in der Abteilung "Mythologie" nach einem Buch, das ich auf der Rückfahrt im Zug lesen könnte. Ich studierte jenen Sommer in Norwegen, wo ich mich für einen achtwöchigen Sommerkurs über Weltfrieden an der Universität von Oslo immatrikuliert hatte. Der Kurs war vom Friedensforschungsinstitut Oslo (PRIO) organisiert. Ich ahnte nicht, dass mein Wochenendausflug nach Dänemark mein Leben für immer verändern würde.

Als ich zwischen den Bücherregalen suchte, fiel hinter mir ein Buch zu Boden - wirklich. Ich hob es auf, um es zurück zu stellen, als mir der Titel auffiel: "Als Gott eine Frau war", von Merlin Stone. Hmmm. Ich war in einer Familie frommer, protestantischer Agnostiker aufgewachsen und eine meiner größten Ängste war, dass mich eines Tages jemand fragen würde, was ich von Gott halte. Ich hätte keine Antwort gehabt, war auf diesem Gebiet völlig unwissend. So dachte ich, "warum nicht?" Als Intellektuelle war ich es gewohnt, ein Buch über ein Thema zu lesen, zu dem ich mehr wissen wollte. Dass Gott eine Frau war, traf den Nagel wirklich auf den Kopf und ich kaufte das Buch. Und ich las. Oder las das Buch mich? Vom ersten Moment an war ich gefesselt und konnte es nicht weglegen, bis die letzte Seite gelesen war, studierte jede Fußnote und fing wieder von vorne an zu lesen. Vor allem faszinierte mich der Bericht der Autorin über die Geschichte der Verehrung der Großen Mutter in uralter Vergangenheit, die auf der ganzen Welt verbreitet war. Dieser Überblick über die alten Religionen der Göttlichen Mutter ließ ein Bild von großem Mitgefühl und einer heiligen Kraft entstehen. Die Darstellungen der Göttlichen Mutter sandten eine tiefe Wahrheit aus. Die Große Mutter als Gott.

Was mich am meisten traf, war, dass solch weit verbreitete Traditionen der alten Kultur aus der modernen Sichtweise so total verschwinden konnten. Wie war es möglich, dass mir, einer gut geschulten, vielgereisten Studentin der Umweltforschung an der Universität von Berkeley, Kalifornien, und Teilnehmerin des angesehenen PRIO Sommerprogramms, dieser faszinierende Aspekt der menschlichen Geschichte völlig unbekannt sein konnte? Hatte ich das irgendwie verschlafen oder war ich das Produkt meiner eigenen Kultur, die möglicherweise das historische Gedächtnis verloren hat?

Was auch immer, mein Herz brannte mit der Idee einer Großen Mutter! Wenn sie in der Vergangenheit verehrt worden war, wo war sie jetzt, wo die Welt sie am meisten brauchte? Aus meiner Sicht war die Notwendigkeit von Frieden und Gerechtigkeit niemals dringender als heute; mit der Natur in Harmonie zu leben, ist das dringendste Bedürfnis. Obwohl ich nur zwanzig Jahre alt war, schien mir, dass die Menschheit kaum hoffen konnte, diese hohen Ziele zu erreichen, es sei denn mit dem Aufwind der Göttlichen Mutter als Hilfe unter den Flügeln. Bei dieser Lektüre veränderte sich mein ganzes Weltbild. Ich bekam die Nachricht über die Mutter als Quelle von Allem und ich beschloss, ihr nachzugehen.

Ich begann zu beten. Nie im Leben hatte ich gebetet. Aber es fühlte sich sofort unglaublich natürlich an, die Große Mutter an zu rufen. Ich begann Lieder zu komponieren, eigentlich kleine Gebete. Als ich am Ende des Sommers zur Universität in Berkeley zurück kehrte, rief ich mit einigen Freunden einen spirituellen Kreis ins Leben. Im Naturpark der Mammutbäume oder an der Küste des Pazifiks sangen wir unsere Lieder, tanzten im Kreis wie Derwische und setzten uns still hin - etwas, das ich später als Meditation erkannte. Wir versuchten, die Große Mutter zu visualisieren und sie um Führung zu bitten. Oft weinte ich beim Gedanken, wie sehr die Menschen und die Tiere es brauchen, dass die Große Mutter an sie denkt und ihnen hilft.

Ein Lied, das ich verfasste, ist noch in meiner Erinnerung:

Göttin der Welt, deine Geschichte ist noch nicht erzählt.
Wie deine Kraft gebrochen wurde, gestohlen, wie sich das Mysterium entfaltete!
Wir sind viele starke Frauen, Töchter der Erde, die sich versammeln; wir werden die Ketten, die uns binden, uns besitzen und kontrollieren, zerbrechen.
Spiritueller Kreis, gib uns die Kraft. Lass das Mysterium sich entfalten, lass das Mysterium sich entfalten.…

Wir alle spürten die Verbindung zur Großen Göttin, aber da war nichts in der modernen Welt, worauf wir uns hätten beziehen können. Alles um uns herum beruhte auf Materialismus. Wir wurden zu guten Konsumenten erzogen, Speichen in einem Rad, Soldaten im Krieg. Ronald Reagan war Präsident, obligatorische Meldung für den Selective Service. Das Atomkraftwerk auf Three Mile Island war geschmolzen. Wir alle beendeten unser Studium und gingen unsere getrennten Wege auf der Suche nach dem ‚Amerikanischen Traum', was immer das war.

ANGESTELLTE AUF EINEM BAUERNHOF
Nord Kalifornien
Juni 1982

Meine nächste Station war ein Praktikum auf einem biologischen Bauernhof in Covelo, Nordkalifornien. Ich wollte aus der Atmosphäre der Großstadt heraus, die ich als giftig und verwirrend empfand. Ich wollte das praktische Leben in ländlicher Umgebung erfahren. Mich auf die Göttliche Mutter einzustimmen würde viel leichter sein, wenn ich in größerer Harmonie mit Mutter Natur leben konnte. Ich war durch und durch ein Stadtkind, das nur Wochenendausflüge mit seinem Großvater in die Laurel-Berge von West-Pennsylvania kannte. Jetzt aber war ich überzeugt, dass es Zeit war, eine Fessel zu sprengen - nämlich mein totales Unwissen darüber, wie die Mehrheit in der Welt lebt und sich abmüht. Mein Traum war, meine Intuition zu entwickeln und durch meine Gebete in die Arme der Göttlichen Mutter geführt zu werden. Mein Plan war, etwas zu tun, das die Welt zu einem besseren Ort machen würde.

Eine meiner Aufgaben auf der Farm war, die beiden Milchkühe frühmorgens von der Weide zu holen und zu melken - von Hand. Ich erinnere mich, wie ich mit schmerzenden Armen auf dem Melkschemel saß, um beinahe 15 Liter Milch zu melken. Ich hatte dabei abwechselnd zwei Gedanken: "Bitte, Daisy, stoße den Eimer nicht um" und "Irgendwie muss das doch mit der Großen Mutter zu tun haben!" So saß ich in dieser Umgebung und richtete mein ganzes Augenmerk auf die Göttliche Mutter..."Wo bist Du? Wo bist Du?", wieder und wieder. Die Idee der Großen Mutter verankerte sich in meinem Geist.

10

Gegen Ende dieser sechs Monate als Melkerin hatte ich keine Ahnung, was ich als nächstes tun wollte. Aber meine Familie an der Ostküste hatte eine Idee, nämlich, eine Arbeitsstelle zu finden! Die Zeit, nach der Großen Mutter zu suchen, war abgelaufen und nun sollte ich mich der Routine einer Fünftagewoche beugen. Wenigstens konnte ich wählen, wo ich leben wollte. Dies wollte ich mit Hilfe einer Vision herausfinden. So fuhr ich mit dem Fahrrad zum höchsten Hügel des Covelo Tales an einen Platz, wo die Pomo-Indianer in der Vergangenheit Kommunion mit Mutter Erde gesucht hatten.

Das war am Tag von Thanksgiving (Erntedankfest in Amerika) 1982. Ich war auf der Suche nach meiner Vision und legte alles in die Hände der Großen Mutter. Nun, ich saß und saß auf diesem einsamen Hügel; ich betete, weinte ein wenig und die Stunden vergingen. Anfangs hatte es genieselt, aber nun regnete es in Strömen. Ich war so hungrig und das Festessen wartete unten in der Farm. Aber ich hatte meine Vision noch nicht. Wie lange wird das noch dauern, fragte ich mich. Jetzt, wo ich hungrig bin und friere - wäre das nicht ein sanfter Stups für die Mutter, dass sie kommt und mich rettet? Es dämmerte schon. Ein letztes Mal machte ich meinen Kopf frei und versuchte, meinen Geist leicht auf mein Bedürfnis zu lenken, nämlich zu wissen: "Wo? Wo? Wo?"

Dann kam es, total aus dem Nichts, glasklar: "Berge von Neu Mexico… dort ist eine weise Frau." Danke, Danke, Große Mutter! Das genügte für meinen nächsten Schritt. Ich radelte bei Einbruch der Nacht auf die Farm zurück.

"Du ziehst nach Mexiko? Aber du sprichst ja kein Spanisch!", war die Reaktion meiner Familie. *New* Mexiko korrigierte ich, hoffend, dass dies sie gewinnen würde. "Nein, ich habe kein Angebot für eine Arbeit, noch nicht." Das überzeugte sie nicht. Aber sie wussten, dass sie sich ihrer eigenwilligen Tochter nicht in den Weg stellen konnten. Ich traf nach Neujahr in Taos, New Mexiko ein.

TOCHTER DER BERGE

Januar 1983
Taos, New Mexico

Mit meinen 22 Jahren konnte ich das Magische noch fühlen. Ich öffnete mein Leben für die Große Mutter. Die Berge, die Canyons und der Rio Grande Fluss wurden mir eine Quelle der Inspiration. Es war dort leicht, die Gegenwart der Göttlichen Mutter zu spüren, sie war einfach überall. Regenbogen am späten Nachmittag, Wüstenkakteen, die gleich nach dem kostbaren Regen blühten, das durchdringende Mitternachtsgeheul der Coyote. Und als Hintergrund von allem das Gebirge der Sangre de Cristo, 4000 Meter hoch und heilig für die Pueblo Indianer.

In einer Woche fand ich eine Arbeit als Köchin für den Frühstücks-Service im Apple Tree Restaurant. Nicht genau das, was meine Familie sich vorstellte, aber immerhin ein Job. Das erste ihrer fünf Kinder stand auf eigenen Beinen, und dagegen hatten sie nichts einzuwenden. Ich fühlte mich ein wenig überqualifiziert für die Arbeit, war aber völlig überzeugt, am richtigen Ort zu sein, an den ich ja geführt worden war. Es gab keine andere Wahl als geduldig zu warten.

Während des Winters fuhr ich mit meinem vertrauenswürdigen Fahrrad in der Morgendämmerung 3 km zur Arbeit. Die eiskalte Luft auf 2500 m Höhe griff meine Lungen an, die Räder knirschten über vereiste Straßen und Nachbarhunde schnappten nach meinen Fersen, damit ich ja nicht in ihr Revier eindrang. Die Nachmittage verbrachte ich mit kühnem Skifahren im Skigebiet von Taos. Und meine Gebete flossen weiterhin aus meinem Herzen. Was ich oft sang, war:

Wir kommen alle von der Mutter,
zu Ihr werden wir zurückkehren,
wie Regentropfen, die zum Ozean fließen.

TOCHTER DES FLUSSES
Sommer 1983
Pilar, New Mexiko

Jenen Sommer arbeitete ich als Köchin im Cafe des heutigen Pilar Yachtclubs, nahe bei der Gemeinschaft der Flößer des Rio Grande. Es war ein Dorf mit 200 Einwohnern südlich von Taos. Ich dachte, dass es mir helfen würde, mich auf die Große Mutter einzustimmen, wenn ich nahe beim Fluss lebte. Ich lernte eine einheimische Familie kennen, die mir kostenlose Unterkunft in einem winzigen Camper am Flussufer anbot. Die Mutter hieß Meadow (Wiese) und ihre beiden Töchter waren Ajna und Riversong (Gesang des Flusses). Die drei hörten von meiner tiefen Anziehung für die Große Mutter und hatten ähnliche Neigungen. Ich ahnte noch nicht, wie groß dieses Geschenk von Meadow war.

Skifahren wurde nun durch Schwimmen ersetzt. Gleich frühmorgens tauchte ich in das kalte Schneewasser, was mir beinahe den Atem verschlug. Die Kommunion mit der Großen Mutter geschah beinahe ohne Anstrengung. Es war bezaubernd, mit gekreuzten Beinen in der smaragdgrünen Wiese neben dem vorbeiströmenden Fluss zu sitzen und in einen traumähnlichen Zustand zu gelangen. Wenn ich so dort saß, konnte ich nicht anders als an die Begegnung mit dieser weisen Frau zu denken, die mich hierher zitiert hatte. Was würde geschehen, wenn wir uns begegneten? Würde es viele Jahre brauchen, bis diese Zeit meines Schicksals kommen würde? Wird mir die Fähigkeit, die Führung der Großen Mutter zu spüren, weiterhin bleiben? Werde ich sie in dieser Welt je finden?

Bei Sonnenuntergang pflegte ich eine bekannte Anrufung der Göttin zu singen und manchmal kamen dabei Tränen:

...*Isis, Astarte, Diana, Hecate, Demeter, Kali, Inana*...

Das waren verschiedene Namen alter Göttinnen, von denen ich gelesen hatte. Ich wollte die Hoffnung behalten, dass sie mein Rufen hören würden.

BINGO!

August 1983
Im Pilar Cafe

"Ich bin gerade einem Mann begegnet, der die Göttliche Mutter in Indien gesehen hat. Und er hat Photos!" sagte Meadow eines Tages. "Er ist eben ins Dorf eingezogen. Du musst ihn kennen lernen." Diesen Moment werde ich für den Rest meines Lebens nicht vergessen. Ich stand hinter der Theke des Cafes, mit einer schmutzigen Schürze über meinem Badeanzug und meinem Jeansrock. Meine Sandalen waren vom Schwimmen in der Mittagspause noch nass.

Erst Jahre später erkannte ich, dass Meadows Ankündigung der nächste Angelpunkt in meinem Leben war. Einer dieser Momente, wo es "klick" macht, wo man weiß, dass eben etwas Großes geschehen ist oder geschehen wird. Dieses gute Gefühl, dass der Schlüssel ins Schloss passt und die Tür sich öffnet. Oder das exakte Stimmen einer Gitarren Saite. Oder den Pfeil abschießen und er geht mitten ins Ziel.

Pilar war ein kleines Dorf und es dauerte nicht lange, bis ein Neuling ins Cafe kam. Ich sprang über die Theke, um seine Bestellung aufzunehmen. Als ich mit dem Essen zurückkehrte, versuchte ich gleichgültig zu wirken, fragte jedoch sofort: "Sind Sie derjenige, der der Göttlichen Mutter begegnet ist?" Kurz aufblickend und mit tiefer Baritonstimme antwortete er ruhig:

"Ja, ich bin es." Ich konnte meine Aufregung kaum verbergen. Er fügte hinzu: "Am Samstag gebe ich eine Diashow, falls es dich interessiert." Ich stellte mich vor und fragte nach seinem Namen. "Greg McFarland", antwortete er.

KANI DARSHAN: DER ERSTE DARSHAN

Der Samstag war noch weit entfernt, aber schließlich kam der Abend der Diashow. Ich fuhr mit dem Rad zum kleinen Adobe-Haus, das einen Ausblick auf den Fluss hatte. Der Himmel war unvergesslich schön. Alle Farben des sommerlichen Sonnenuntergangs waren da, die Georgia O'Keefes Malereien weltberühmt machten. Überraschenderweise war niemand anders für die Diashow anwesend. Ich war die einzige Besucherin. Beim ersten Bild von 'Ammachi', wie Greg sie nannte, saß ich wie betäubt da. Das Licht aus ihren Augen brannte einen Nebel weg, von dem ich in meinem bisherigen Leben unbewusst umhüllt gewesen war.

Die Unmittelbarkeit von Ammas Gegenwart war unbestreitbar. Ich will damit sagen, sie war da, war wirklich im Zimmer mit uns. Ich wusste, dass ich gehen und ihr begegnen musste. Hingerissen betrachtete ich schweigend den Rest der Dias und konnte mich kaum daran erinnern, was Greg gesagt hatte. Als er den Projektor abschaltete, platzte ich heraus: "Ich gehe dorthin!" "Aber du kannst nicht einfach hingehen", antwortete Greg. "Es gibt dort nichts, nur Ammas Elternhaus und ein paar Hütten. Es ist unmöglich, dort einfach einzutreffen. Du muss zuerst Amma schreiben."

LIEBE AMMA

Also schrieb ich, auf einem blauen Luftpostbrief:

Liebe Amma,
ich möchte kommen und Dir begegnen. Ich denke, Du hast
die Antworten für alle meine Fragen. Kannst Du mir bitte
die Erlaubnis für einen Besuch geben?
Gretchen

Am gleichen Tag noch beantragte ich meinen Pass. Da geschah eine deutliche Veränderung in meinem Leben und Ammas strahlende Augen gingen mir nicht aus dem Sinn. Unzählige Male wiederholte ich tagsüber für mich: "O, ich bin auf der Reise zur Göttlichen Mutter!"

Ich erhielt die Gelegenheit für eine kostenlose Floßfahrt auf dem Colorado Fluss. Es war eine dreiwöchige Fahrt durch den Grand Canyon, wo ich als Köchin eine wertvolle Mitfahrerin sein würde. "Warum nicht", dachte ich, "der Brief nach Indien und Ammas Antwort brauchen mindestens einen Monat Zeit. Welche Chance, diese Zeit in der Natur zu verbringen."

DEN FLUSS HINUNTER

Der Colorado Fluss ist kein Kinderspiel; es fließen 200 Kubikmeter Wasser pro Sekunde, die Erde zittert durch die turbulente Kraft dieser Wassermenge, die sich zwischen den Ufern wälzt. Ein Unternehmen in Santa Fe organisierte diese Fahrt für seine Angestellten. Mein Floß wurde von Greg McFarland gesteuert. So hörte ich unzählige Geschichten von seinem Besuch bei Amma im vergangenen Jahr! Eines Tages erzählte er, dass Amma ihm ein Mantra gegeben hatte, das er allen mitteilen konnte, von denen er das Gefühl hatte, dass sie eines von Ammas Kindern seien.

Ich wusste nichts über Mantren, aber er sprach mehr darüber und schließlich schrieb er es mir auf ein Stück Papier und erklärte, wie es anzuwenden war. Ich lernte meine Finger zum Zählen zu gebrauchen, damit ich es 108 Mal rezitieren konnte.

Dieses Wiederholen des Mantras jeden Morgen und tagsüber war anders als alles, was ich vorher erfahren hatte. Es entstand eine subtile Veränderung in meinen Geist, die mich tiefen Frieden spüren liess. Auch war ich viel empfänglicher für die Natur um uns herum. Die Schwingung des Mantras wurde mit zunehmendem Rezitieren intensiver. Ich saß so glücklich auf dem kleinen Floß, wiederholte mein Mantra und nahm die Großartigkeit des Grand Canyons in mich auf. Und unaufhörliches Tagträumen über meine Begegnung mit Amma erfüllte mein Inneres.

Mitte Oktober war ich zurück in Santa Fe. Als erstes ging ich zum Postfach. Dort war nie viel drinnen. Aber jetzt erspähte ich durch das kleine Fensterchen ein blaues Aerogramm und ein kleines Paket - mein Pass! Als ich den Absender des Briefes las, machte mein Herz einen Sprung. In einer Schrift, die ich nie gesehen hatte, waren unschuldige, kindliche Buchstaben auf dem Briefbogen aneinander gereiht. Das musste Ammas Handschrift sein! Darunter eine Übersetzung:

Geliebte Tochter, wann kommst Du? Du bist hier immer willkommen. Amma wartet darauf, dich zu sehen. Komme bald, geliebte Tochter. Kuss, Kuss.

Das war so aufregend! Ich würde Amma also begegnen! Am Abend hatte ich ungefähr folgendes Gespräch mit meiner Familie:

"Mom, ich gehe nach Indien"

"Du gehst nach Indiana?"

"Nein, Mom, nach Indien", antwortete ich.

"Wofür denn, um Himmels Willen?"

Um Amma zu begegnen, einer indischen Heiligen…."

"Aber warum tust du das?"

"Weil ich spüre, dass ich gehen und ihr begegnen muss. Mach dir keine Sorgen, ich habe das Reisegeld, du und Dad werdet keine Ausgaben haben."

Was sollten sie dazu sagen? Ich war die Älteste von fünf Kindern und ich denke wirklich, sie waren glücklich, dass eines von ihnen nicht mehr unter ihrem Dach war. Sie kannten mich genügend um zu wissen, dass es unmöglich war, mich umzustimmen, wenn ich mich einmal für etwas entschieden hatte.

KAPITEL 1

Bettler im Haus Gottes

Wir machten uns anfangs November 1983 auf den Weg. Greg McFarland wollte zu Amma zurückreisen und seine fünfzehnjährige Tochter Flora mitnehmen, damit sie von Amma gesegnet würde. Wir landeten in Chennai und nahmen einen Tag später den Nachtzug nach Kayamkulam. Von dort hatten wir eine anstrengende Fahrt auf der beschädigten Straße zur Fähre in Vallikavu und dann waren wir da. Als ich über den Fluss durch die dichte, undurchdringliche Mauer intensivsten Grüns blickte, begriff ich es endlich. Amma war auf der anderen Seite des Flusses. Eine Welle von Erwartung überflutete mich, vermischt mit Nervosität.

In den vergangenen zwei Jahren hatte ich nach der Göttin gerufen, von der ich glaubte, dass sie sich irgendwo auf der Welt befand. Was damals existierte, muss auch heute existieren - das war meine feste Überzeugung. War sie nun wirklich nur eine Fahrt mit der Fähre entfernt? Warum nicht? Seit Kopenhagen war ich jeden Schritt auf dem Weg geführt worden, weil ich mit Gesängen und Gebet mein Herz mehr und mehr geöffnet hatte. War ich nun bereit, ins Boot zu steigen und über zu setzen? Was wartete auf der anderen Seite? Nun war ich echt nervös!

Als der Fährmann mit seiner langen Stange das Boot geschmeidig über den Fluss stachelte, fand mein Mantra leicht seinen Platz auf meinen Lippen. Mein Atem wurde schneller, als wir ausstiegen und unser Gepäck auf einem engen, schmalen Pfad hinter uns her zogen.

Es fiel mir im nassen Boden ein Stück eines dicken schwarzen Steins auf. Als ich anhielt und ihn näher betrachtete, lief es mir kalt über den Rücken. Es war ein perfekter Kreis von ungefähr 12 cm Durchmesser mit einem erhöhten Punkt in der Mitte. Dieses Symbol war mir aus meinen vielen Träumen vertraut. War das nur Zufall, dieses alte Symbol der Gottesmutter hier zu sehen? Ein Adrenalinschub schoss durch mich. Er verstärkte mein Vertrauen, dass ich auf dem richtigen Weg war und kurz vor der Begegnung mit der 'weisen Frau' stand, nach der ich gesucht hatte.

Wir gingen ein paar Momente, bis die Kokospalmen weniger wurden und einen sandigen Platz frei gaben. Dort war eine kleine Ansammlung von Menschen, die still da saßen. Kein Zweifel, Amma war dort! Sogar aus dieser Distanz strahlte sie mit Licht. Als wir näher kamen, standen alle auf und Amma kam uns entgegen. Sie umarmte Greg, dann Flora. Als sie sich mir zu drehte, hatte ihr Lächeln 1000 Watt. Ihre Augen waren wie leuchtende Sterne. Nun war ich in Ammas Armen und mein Herz brach wie ein Damm. Ich empfand eine schmerzhafte Freude; es war, als ob eine Säule unvorstellbaren intensiven Glücksgefühls von meinen Füßen hinauf zur Mitte meines Schädels zog. Aus meinen Augen strömten heiße Tränen. Amma setzte sich hin, zog mich zu sich und legte meinen Kopf in ihren Schoß.

Meine erste innere Vision bildete sich: eine doppelte Spirale, wie ein DNA-Strang, schillernd und leuchtend, überflutet mit sanften Farben. Es wurde mir bewusst, dass Amma auf einer Seite des Strangs war, ich auf der anderen. Wir waren ineinander verwunden, so weit in die Vergangenheit, als sichtbar war, und endlos weit in die Zukunft. Der Punkt des Zusammentreffens war genau in diesem Moment unserer Begegnung. Dieser Punkt strahlte starke Impulse von Licht aus. Augenblicklich wusste ich, dass ich die Göttliche Mutter in diesem Leben gefunden hatte. Alles was bis zu diesem Punkt in meinem Leben geschehen war, diente nur dazu, mich zu ihr zurückzubringen. Ich wusste, dass ich sie immer gekannt hatte, sie hier wieder erkannte und sie in der Zukunft immer kennen würde. Wie viel Zeit verflossen war, konnte ich nicht sagen, aber dann standen wir alle auf; Ammas Rock war von meinen Tränen nass.

Als ich auf meinen Füßen stand, hatte ich das Gefühl, über dem Boden zu schweben. Als ob jemand einen schweren Rucksack von meinem Rücken genommen hätte, von dem ich nicht wusste, dass ich ihn getragen hatte.

Später hörte ich, dass eine Übertragung der karmischen Last stattfindet, wenn wir unserem Guru begegnen. Der Guru erleichtert unsere Last. Ich spürte das sofort. Eine junge Frau aus dem Westen brachte einen frischen Rock für Amma und lächelte mir zu. Amma wollte uns herumführen und so gingen wir los. Ihr Lachen war kräftig, natürlich und ansteckend. Wir gingen zum kleinen Tempel, dem Kalari, gleich hinter der Stelle, wo Amma gesessen hatte. Die Tempeltüren waren zu; so setzten wir uns auf den Vorplatz. Amma fragte nach meinem Namen. "Gretchen." Schweigen. Wir gingen zum Singen über. Amma wollte, dass ich etwas singe. Aber ich bin ein hoffnungsloser Fall. Vielleicht errötete ich, weil ein Kinderlied "Regen, Regen, gehe weg" vorgeschlagen wurde. Ich sang das Lied und wurde angewiesen, die Noten ruhig zu halten. Ich versuchte es ohne großen Erfolg und so ging die Führung weiter.

Links vom Kalari Tempel war eine einfache rechteckige Kokoshütte mit drei Türen. Dort gingen wir hin. Amma öffnete die erste Türe mit kräftigem Schwung. Sie sagte: "Mein Sohn, meditiert den ganzen Tag." Es war ein westlicher Mann im Lotos-Sitz. Er hatte den Rücken zur Tür und blieb unbeweglich sitzen, ganz in seine Kontemplation versunken.

Die nächste Türe flog durch Ammas starken Stoß auf und sie sagte: "Mein Sohn, fühlt sich nicht gut, er ruht sich jetzt aus", und sie strich mit der Hand beruhigend über ihn. Es war auch ein Westler. Er hatte ein leuchtendes, friedvolles Gesicht, aber seine Erscheinung war bleich und dünn. Unter Schmerzen setzte er sich auf, um Amma sein *pranam* zu entbieten. Er lächelte uns an und sagte, wir könnten uns später treffen.

Die letzte Türe ging auf. Es war ein einfaches Bettgestell drinnen und ein paar Strohmatten auf dem Boden. Amma setzte sich auf das Bett und forderte mich auf, mich neben sie zu setzen. Sie nahm meine Hände und studierte die Innenflächen. Sie schien nicht zufrieden zu sein und fragte in die Runde: "Welche für die Frauen?" Niemand sagte etwas; so ergriff Amma meine linke Hand. Ich wusste, dass ich keine Lebenslinie hatte, oder zumindest nicht viel. Vielleicht war es dies, was Amma untersuchte? Als nächstes spürte ich, wie Amma mit ihrem Daumennagel hart auf die Stelle drückte, wo die Lebenslinie ausfranste. Sie behielt ihren Daumennagel für einen langen Moment dort und löste dann meine Hand von der ihren. In den darauf folgenden Wochen beobachtete ich, dass sich dort, wo Amma gedrückt hatte, eine schwache neue Linie bildete. Eine kurze Diagonale, die sich mit einer danebenliegenden Linie verband, was meine Lebenslinie bedeutend verlängerte. Diese Diagonale ist bis heute auf meiner linken Handinnenseite sichtbar.

Als nächstes begann die Musikstunde. Zuerst wollte Amma, dass ich "Hamsa Vahana Devi" sang. Aber die Zeile *akhila loka kala devi amba saraswati* war eindeutig zu schwierig für mich. So wechselte Amma gleich zu "Devi, Devi, Devi, Jagan Mohini" über. Diese Reime konnte ich sofort bewältigen. Wieder wurde ich aufgefordert, die Noten für die Lieder zu halten und die Stimme nicht so schwanken zu lassen. Es war für alle sehr lustig. Obwohl ich ein wenig verlegen war, fühlte ich mich willkommen und sofort akzeptiert. Das waren freundliche Menschen, angenehm und entspannt.

Dann war es Zeit für das Mittagessen. Amma führte uns zu ihrem Elternhaus neben dem Kalari Tempel. Es waren mehr Leute eingetroffen und wir alle fanden leicht Platz im Hauptzimmer. Es wurden Teller und Becher ausgeteilt und Strohmatten ausgebreitet. Amma ging durch die Runde und füllte Reis und Dal in jeden Teller. Vorsichtig wurde ein kleiner Löffel Gemüse dazu gegeben. Ein warmer, rosafarbener Kräutertee wurde in die Becher gegossen und jemand sagte etwas wie "karangali vellum" und meinte, ich könne das verstehen.

Danach begann für ein paar Minuten ein schönes Rezitieren. Zum Abschluss gaben alle ein wenig Wasser in ihre rechte Handfläche. Weiter singend, sprenkelten sie dann das Wasser im Uhrzeigersinn über ihren gefüllten Teller. Ich fühlte mich so wohl und friedvoll. Das Essen war sehr einfach, sehr schmackhaft, aber ich hatte noch nie so viel Reis mit so wenig Soße dazu gegessen. Ich wollte aber nicht nach mehr fragen, weil ich sah, dass die kleine Schüssel schon beinahe leer war.

Amma saß bei uns, jedoch ohne zu essen. Sie sprach sehr lebhaft. Plötzlich setzte sie sich neben mich und zog mich aus irgendeinem Grund am rechten Ohr. Alle lachten herzlich. Ich konnte es nicht fassen, dass ich mich inmitten dieses Kreises von Fremden, die auf meine Kosten lachten, so wohl fühlte. Auch ich lachte mit, weil es so ansteckend war. Zum Glück dachte jemand daran, zu übersetzen. "Amma sagt, dein Gesicht sei ihr bekannt. Das Mal an deinem Ohr ist dort, wo sie dich letztes Mal daran gezogen hatte, weil du etwas angestellt hattest." Hmmmm. Was konnte das heißen, 'letztes Mal'? Es stimmt, ich habe von Geburt an ein besonderes Zeichen am rechten Ohr.

Und es kam mir plötzlich etwas in Erinnerung. Als kleines Kind hatte ich zum Frühstück immer Reis mit einem Löffel voll Butter drüber verlangt. Meine Geschwister aßen alle das übliche Müsli zum Frühstück, aber für mich musste meine arme Mutter

Reis kochen. Das machte nun plötzlich Sinn. Die Mahlzeit war beendet und Amma entfernte sich.

MEIN ERSTES ARCHANA

Ich schlief beinahe 14 Stunden, bis ich vom Läuten einer Glocke geweckt wurde. Es war 4 Uhr morgens. Auf einem Stundenplan an der Wand las ich: 4.30 Uhr Archana. Ich wollte dort sein, was immer das war. Ich schüttete als Morgentoilette etwas frisches Wasser aus einem Eimer über mich und ging dann vor Morgengrauen in die kühle, dunkle Nacht hinaus.

Die Meditationshalle befand sich im Erdgeschoß unter Ammas Wohnung im ersten Stock. Sie maß ungefähr 3x6 m. Es saßen bereits zwölf Personen still dort. Ich fand neben der Tür ein Eckchen, wo ich niemanden stören musste. Aber ich bemerkte, dass alle zu rutschen anfingen, damit ich Platz hatte. Wie höflich sie alle waren, diese Mönche. Die ganze Wand zur Rechten war nun leer und sie kauerten sich am entfernten Ende des Zimmers dicht zusammen. Mehr als ein Viertel des Zimmers war für mich frei! Da ich die einzige anwesende Frau war, dachte ich, der Platz sei für die beiden anderen Frauen, die im Ashram lebten. Ich ahnte nicht, dass ich in das Revier der Mönche eingedrungen war!

Arglos setzte ich mich hin, Beine im Halblotos, meinen einfachen Rock darüber gezogen… Niemand blickte zu mir herüber und so war es leicht, mich zu entspannen und zu konzentrieren.

Die Rezitation des Archana begann. Sanskrit und formelle Meditation waren für mich total neu, aber ich wollte das alles lernen. Mit geschlossenen Augen sitzend gab ich mich den Schwingungen der rhythmischen Klänge hin. Mein Geist wurde erfrischt und ruhig. Die Intensität und Konzentration auf das Archana verstärkten sich und plötzlich mischte sich eine tiefe Stimme mit vielen Obertönen dazu. Ich blinzelte und sah Amma! Wie wunderbar, dass auch sie am Archana teilnahm! Und siehe, ohne

Buch, nicht wie die anderen. Sie wusste alles auswendig! Niemand hatte mir gesagt, Amma würde kommen. Aufregend! Nun saß sie da, mit einem bodenlangen, seidigen, weißen Tuch um sich, das im Nacken zusammen geknüpft war. Ihre Haare waren oben auf dem Kopf zu einem Knoten zusammen gerollt. Sie funkelte und sprühte voller Energie. Sie setzte sich neben die Gruppe auf einen einfachen Teppich. Plötzlich war das Zimmer mit so viel Energie durchflutet. Um das alles nicht zu stören, schloss ich die Augen und vertiefte mich in die Tonschwingungen. Grundlos kamen mir Tränen und mein Herz füllte sich mit Wärme und Liebe. Vielleicht erkannte meine Seele die 1000 Namen der Göttlichen Mutter und es war wie eine Begegnung mit alten Freunden nach unendlich langer Zeit.

DIE NAMEN ZUM FRÜHSTÜCK

Nach dem Archana verteilten sich alle unter den Palmen des Grundstücks, um für längere Zeit zu meditieren. Auch ich fand ein ruhiges Plätzchen. Ich wollte ebenfalls meditieren, obwohl ich nie Anleitung erhalten hatte. Ich dachte, es würde schwierig sein, aber da musste wohl Ammas Segen wirken, denn ich sank wie ein Stein in eine tiefe Stille. Völlige Ruhe umgab mich und mein Bewusstsein schärfte sich. Wie lange ich so saß, weiß ich nicht. Dann läutete eine Glocke und ich kam zu mir zurück. Ich klopfte den Sand von meiner Kleidung und ging zum Elternhaus. Auf Blechtellern wurde siedend heißer Reisbrei serviert. Neben dem Topf stand ein kleines Gefäß mit Salz. Das war ein Frühstück, an das man sich wohl gewöhnen musste.

Nach dem Essen kam eine sehr nette westliche Frau auf Flora und mich zu. Sie forderte uns auf, Ammas Frühstücks- Tablett zu ihr hinauf zu tragen. Wir gingen also los. Amma saß mit offenem Haar am Boden. Sie war unglaublich strahlend. Einfach über-fließend mit Glanz! Sie blickte uns an, drehte sich zwei Personen zu, die bei ihr saßen und rief aus: "Kusuma und Kushula!" Alle bewegten anerkennend ihre Köpfe und ein Mönch übersetzte. "Amma sagt, du bist Kusuma", auf mich zeigend, "und du Kushula", auf Flora zeigend. Er erklärte dann, dass dies zwei aufeinander folgende Namen im Archana sind. „Es sind eure neuen Namen." Alle sahen so glücklich aus und Amma gab uns ein Zeichen, uns hinzusetzen. Ammas Frühstück war nicht viel anders als unseres. Nur eine zusätzliche kleine Schüssel mit gekochter Tapioka-Wurzel und ein wenig leuchtend rotes Chutney. Amma verteilte den Tapioka unter alle und fuhr dann mit dem Gespräch weiter, das wir mit unserem Kommen unterbrochen hatten. Es herrschte eine sehr entspannte, belebte Stimmung.

Später an diesem Morgen hatte ich mich zu registrieren, in einem "Büro", das aus einem winzigen Nebenraum in Ammas Elternhaus bestand. Ich musste ein Formular ausfüllen und Pass und Visum zeigen. Der Mönch, heute bekannt als Swami Poornamritananda, half mir und fragte: "Wie lange wirst du hier bleiben?" Ich rief spontan aus: "Für immer!" Er blickte mich verdutzt an, schüttelte dann den Kopf und erwiderte: "Nun, für jetzt heißt das bis zum Ende deines sechsmonatigen Touristenvisums." Er schrieb dies auf und reichte mir den Pass lächelnd zurück.

Im angrenzenden kleinen Raum befand sich die Bibliothek, mit einer Sammlung außerordentlicher, seltener, wunderbarer Bücher. Ein Geschenk von Nealu, dem amerikanischen Mönch, heute bekannt als Swami Paramatmananda. Er war der dünne Mann, den wir am Vortag in der Hütte gesehen hatten. Der Mönch, der als Bibliothekar arbeitete, half mir, eine englische Übersetzung des *Sri Lalita Sahasranama* zu finden, die1000 Namen der Göttlichen Mutter. Ich bat ihn, mir die Namen Kusuma und Kushula aufzuschlagen. Er wusste, dass es die Nummern 435 und 436 waren: *champeya kusuma priya* und *kushula* - übersetzt mit 'die geliebte Champakablume' und 'die Begabte'.

26

Ich lieh das Buch aus und schrieb alle Namen von Hand auf linierte Papierbögen, die ich in der Mitte mit einem Faden zusammen nähte. Mein Herz flatterte vor Aufregung. Da verwirklichte sich ein Traum! Es waren auch englische Übersetzungen da, die ich ebenfalls stundenlang abschrieb. Bald hatte ich mein handgefertigtes Büchlein für das morgendliche Archana erstellt. Es diente mir die ersten Jahre.

Am gleichen Nachmittag sandte Amma mich mit zwei westlichen Bewohnern nach Kayamkulam, um Saris und andere notwendige Dinge einzukaufen. Als Amma sah, dass ich nur mit einer kleinen Reisetasche aus Amerika angekommen war, fragte sie nach dem Grund. Ich sagte zu ihr, dass ich einen Sari tragen möchte und deshalb keinen Koffer voller Dinge brauchte. Ich wollte alles hier kaufen. Als Zeichen des Einverständnisses bewegte Amma ihren Kopf von Seite zu Seite, die indische Art, „ja" zu nicken. Amma beauftragte ihre Betreuerin damit, abzuklären, was ich alles brauche und mir auch zu zeigen, wie man einen Sari richtig trägt. Ich spürte, dass für Amma jedes Detail wichtig war.

Am Abend würde ich mein erstes Bhajanprogramm erleben. Ich war voll freudiger Erwartung. Damals gab es noch keine Gesangsbücher, geschweige denn in Englisch, und nichts war auf Kassetten erhältlich.

Aber einen Bhajan hatte ich von einer kratzenden Kassette gehört, die Greg vor einigen Monaten während der Diashow laufen ließ. Ammas Stimme und die Melodie des Liedes nahmen mich gefangen, jedoch konnte ich keine Worte heraus hören. Es klang etwa so: "Amme Bhagavad Gita nitya…" Ich konnte es fast nicht erwarten, Amma persönlich singen zu hören. So saß ich in meinem neuen karierten Sari auf dem gewobenen Asana auf der offenen Veranda vor dem Kalari Tempel, wo alle Ashrambewohner bequem Platz fanden.

Zarter Duft von Räucherstäbchen und eine leichte Meeres-
brise umgaben uns und eine Öllampe verbreitete goldenes Licht.
Der Himmel leuchtete in allen Farben des Sonnenuntergangs
und einige Adler segelten hoch oben im Wind. Amma kam und
setzte sich links von der offenen Tempeltüre an die Wand. Der
Harmonium-Spieler saß Amma gegenüber, die Tablas waren
gleich daneben. Erstaunlicherweise fühlte ich mich wohler, wenn
ich die Augen geschlossen hielt. So konnte ich mich ohne Anstrengung in die Gesänge vertiefen. Ammas Singen war so kraftvoll,
so natürlich. Mit erhobenen Armen bewegte sie sich graziös wie
die Vögel über uns. Ihr Gesicht war nach oben, zum Himmel
gerichtet, und der Körper schwang im Rhythmus hin und her.
Amma rief singend so intensiv aus, dass mir der Gedanke kam:
"Niemand in der ganzen Welt kann den Himmel auf diese Art
herunter holen! Nicht einmal Aretha Franklin!"

Nach dem ersten Lied beugte Amma sich zum Harmonium-
Spieler vor und sagte leise etwas zu ihm. Zu meinem großen
Entzücken spielte er die ersten Noten des Liedes, das ich in New
Mexico gehört hatte:

amme bhagavati nitya kanye devi,
enne kataksippan kumbitunnen

O heilige Mutter, ewig jungfräuliche Göttin, ich verneige
mich vor Dir, bitte um Deinen gnadenvollen Blick ...

maye jagatinte taye chidananda
priye mahesvari kumbitunne

O Maya, O Mutter der Welt, O reines Bewusstsein! Reine
Glückseligkeit! Ich verneige mich ...

Ich war hingerissen, von Gefühlen überschwemmt, als ich Amma
genau dieses Lied singen hörte, das mich um den halben Globus
gerufen hatte, um die Göttin mit den funkelnden strahlenden

Augen zu sehen. Wie konnte sie gerade dieses Lied auswählen? Nur ein Zufall? Ein einziger Gedanke tauchte in mir auf und setzte sich in meinem Geist fest. Es gab für mich nichts mehr zu suchen. Mein Entschluss, die ehrwürdige Mutter auf dieser Welt zu finden, wurde reichlicher belohnt, als ich in den wildesten Träumen hoffen konnte. Tränen strömten über mein Gesicht und ich war erfüllt. Mein ganzes Wesen war zufrieden. Ich hatte keinen Zweifel mehr.

DER DRITTE TAG

Mit meinem neuen handgeschriebenen Büchlein war das Archana noch schöner. Aber an diesem Morgen kam Amma nicht. Das zeigte mir, wie besonders der gestrige Morgen gewesen war. Als wir die Halle jedoch nach dem Archana verließen, hatten wir Glück. Wir sahen Amma in der Nähe unter einer Kokospalme, in Meditation versunken. Wie alle anderen setzte ich mich respektvoll an ein Plätzchen in der Nähe. Es war wieder so leicht für mich, in tiefe Meditation zu kommen, obwohl ich das ja nie zuvor praktiziert hatte. Ich wusste, dass es Ammas Segen war, denn normalerweise hüpfte mein Geist herum wie ein Affe. Es war noch dunkel, als wir uns in Ammas Nähe setzten. Und schon läutete die Glocke um 9 Uhr zum Frühstück. Wie schnell war die Zeit vergangen?

Nach dem Frühstück rief Amma mich. Ich sollte sie auf ihrem Rundgang begleiten. Sie rief meinen Namen mit solcher Zärtlichkeit, dass ich im Herzen einen Stich empfand. Ich ließ durch einen Übersetzer fragen, ob ich im Ashram etwas mithelfen könne? Ammas Gesicht leuchtete auf. Sie nahm mich bei der Hand und wir gingen zur Küche. Amma gab einige Anweisungen und es erschienen Gemüse, ein paar Messer und ein Schneidebrett. Ein großer leerer Topf wurde neben Amma gestellt. Ich erhielt das Brett und Amma begann das Gemüse in ihrer Hand zu schneiden, unglaublich schnell und so exakt. Die 'Minisichel', die sie sehr geschickt handhabte, war kaum sichtbar, da sie sie so schnell bewegte. Wie konnte irgend jemand so blitzschnell Gemüse schneiden? Ich wunderte mich wirklich, denn schon nach 5 Minuten war Ammas geschnittenes Gemüse zehnmal mehr als meines. Sie war völlig auf die Arbeit konzentriert, brachte aber daneben die Zuschauer zum Lachen. Einmal drehte Amma sich zu mir um und sagte etwas, das einer der Mönche für mich übersetzte. "Amma sagt, ein junger Baum braucht einen schützenden Zaun. Dann kann er wachsen, andernfalls fressen ihn die Kühe." Ich nahm das in mich auf und wusste, dass Amma mich ermutigen wollte, mit ihr zu sein. Es berührte mich tief und ich wurde still. Nie war Gemüseschneiden so lustig gewesen.

Dann mussten die Töpfe gewaschen werden. Wir schleiften den riesigen Reistopf und ein paar andere Gefäße zu einem Wasserhahn hinter der Küche. Mit einer Schale voller Asche und einigen Büscheln Kokosfaser konnte die Arbeit erledigt werden. Unglaublich, wie sauber Töpfe werden, wenn man sie mit Asche, vermischt mit Sand, schrubbt. Mittags wurde entschieden, dass ich Topfreiniger sein sollte. Während der kommenden sechs Monate ging ich also nach jeder Mahlzeit oder nach der Milchwasser-Verteilung zum hinteren Tor der Küche, um die schmutzigen Gefäße einzusammeln und sauber und glänzend zurück zu bringen. Ich war begeistert!

DEVI BHAVA DARSHAN

Am nächsten Tag war Sonntag, mein erster Devi Bhava Darshan. Viele Menschen waren nachmittags angekommen und die Atmosphäre war festlich. Bei Sonnenuntergang leitete Amma die Bhajans und begab sich dann hinter verschlossene Türen in den Kalari. Ein Bewohner informierte mich, dass ich nachher im Tempel sitzen konnte, wenn ich es wünschte, und er zeigte mir die Stelle, wo ich warten sollte, um als eine der ersten eintreten zu können. Als die Flügeltüren aufschwangen, sangen alle aus Leibeskräften. Amma schwenkte eine Lampe voll hell brennenden duftenden Kampfers. Eine silberne Krone und andere Gegenstände, die ich nicht erkennen konnte, zierten einen schmalen Hocker im Mittelpunkt des Tempels. Amma sang: "Ambike Devi", das gleiche Lied, das sie immer noch singt, bevor sie sich zum Devi Bhava setzt:

ambike devi jagan nayike namaskaram
sharma dayike s'ive, santatam namaskaram

O Mutter Ambika, O Lenkerin der Welt, wir grüßen Dich!
O Shive, die für immer Glück schenkt, wir grüßen Dich!

shanti rupini sarva vyapini mahamaye
antadi hine atma rupini namaskaram

O Du, Verkörperung des Friedens, Du bist allgegenwärtig, O große Maya! Ohne Anfang und Ende bist Du wahrhaftig die Verkörperung des Selbst. Ich verneige mich vor Dir!

Noch vor dem Ende des Liedes schlossen sich die Türen wieder und die Musik wurde intensiver. Ich wusste nicht, was mich erwartete, so wiederholte ich mein Mantra und fixierte die Augen auf die Tempeltüren. Nach kurzer Zeit öffneten sie sich erneut, und diesmal war Amma unvorstellbar schön geschmückt. Mein Herz floss sofort über mit Liebe und alten Erinnerungen. Amma saß nun auf dem Hocker, im smaragdgrünem Sari, ein Schwert in der rechten und einen Dreizack in der linken Hand, beide auf ihren Knien ruhend. Man konnte ihre Fußkettchen klingeln hören, während die Mantras gesungen wurden und Muschelhorn und Tempelglocken erklangen. Ammas Augen waren geschlossen und öffneten sich nach einer kurzen Zeit. Ich war nur wenige Meter von Amma entfernt bei der Türe und wurde von einer

Welle von Hitze und Licht überrollt, wie es nicht beschrieben werden kann. Ihre Augen waren wie funkelnde Wasserbecken voll Liebe und Frieden. Für mich war die Welt um uns herum verschwunden, da gab es nur noch Devi. Jemand stieß mich an, nach innen zu gehen, und so berührte ich die Schwelle mit meiner rechten Hand, wie es mir gezeigt worden war, und trat ein.

Im Tempel drinnen war die Energie tausendmal stärker. Ammas ganzer Körper vibrierte leicht und selbst die Luft war mit Elektrizität geladen. Ich legte mein Asana an die Wand, links von Amma, und sank auf den Boden. Eine von Ammas Assistentinnen saß gleich links neben Amma und erledigte verschiedene Aufgaben. Amma blickte zu mir herüber und mein Geist schmolz. Meine Augen schlossen sich und ich saß einfach da. Einmal kam jemand und flüsterte 'Abendessen' in mein Ohr; das kam von sehr weit weg und war nicht an meinen Gehörsinn angeschlossen. Vielleicht sagte Amma, man solle mich nicht stören, denn viel Zeit verging. Eigentlich die ganze Nacht, bis eine Hand mich vorsichtig an der Schulter berührte. Irgendwie gelang es mir aufzustehen. Amma ging nun im Tempel herum, stellte sich vor alle hin, die noch anwesend waren, vielleicht zehn oder zwölf, und gab jedem eine letzte Umarmung. Ich war zuletzt an der Reihe. Amma legte ihre Hand auf meine Schulter und blickte lange tief in meine Augen. Da kam so viel Kraft und Licht aus ihren Augen. Man kann das wohl Übertragung nennen. Jedenfalls drang der Blick in mein Innerstes und ließ alle Gedanken verstummen. Mein Geist wurde eins und sog all die Liebe ein, die ausgeschüttet wurde. Als Amma mich umarmte, hatte ich Mühe, stehen zu bleiben.

"DU HAST DIE GLEICHE KRAFT"
Dezember 1983
Der Kalari Tempel

Jeden Dienstag, Donnerstag und Sonntag wurde es mir zur Gewohnheit, an jenem Platz zu sitzen und während des ganzen Devi Bhava zu meditieren. Ich stand erst am Ende auf, um Ammas letzte Umarmung zu erhalten. Ich nahm auch kein Abendessen zu mir.

In einer dieser Nächte spürte ich gegen Ende eine Unruhe am Tempeltor. Als ich aufblickte, sah ich das schreckliche Bild eines Mannes, der mehr tot als lebendig schien. Er wartete darauf, eingelassen zu werden. Sein ganzer Körper war mit Wunden übersät, einige waren offen mit ausfließendem Eiter. Die Augen lagen tief in den Höhlen und waren voller Schleim. Die Ohren waren von Wunden wie aufgefressen, auf dem Kopf war kein einziges Haar und alles war geschwollen wie eine überreife Melone. Ich brauche wohl nicht zu sagen, dass der Geruch sehr stark war. Ich fühlte, dass ich gleichzeitig in Ohnmacht fallen und erbrechen wollte. Sicher würde ihn jemand am Eintreten hindern!

Als ich auf Amma blickte, konnte mein Verstand sich nicht damit abfinden, was er sah. Ihr Gesicht schmolz in Liebe, als ob ihr bevorzugter, lange verlorener Verwandter plötzlich erschienen sei. Sie winkte ihn in den Tempel in ihre offenen Arme. Er legte seinen Kopf auf ihre Schulter, so, wie jeder Verehrer es während der Nacht getan hatte. Ammas Gesicht strahlte noch mehr vor Liebe. Sie gab heilige Asche in ihre Handflächen und verteilte sie vorsichtig über seine Arme und den Rücken, immer wieder. Sie sprach mit weicher, zarter Stimme zu ihm und tröstete ihn. Er stand stumm vor ihr. Sein unförmiger Kopf hing herunter, aber er war völlig entspannt, während Amma sich um ihn kümmerte. Ich saß nur einen Meter von dieser Szene entfernt und was ich sah, erschütterte mich mehr, als ich sagen kann.

Aber das Intensivste sollte noch kommen. Amma war offensichtlich noch nicht zufrieden. Sie drehte den Leprakranken herum, so dass er mit dem Rücken vor ihr stand. Die schlimmsten eiternden Wunden waren am Oberkörper. Mir kommen nach all diesen Jahren immer noch die Tränen, wenn ich davon schreibe. Amma zog ihn zu sich heran und begann, den Eiter sorgfältig mit dem Mund aus den Wunden zu saugen und dann in ein kleines Messinggefäß zu spucken, das ihre Assistentin für sie bereit hielt. Ammas Gesichtsausdruck zeigte reine Absicht. Da war keine Spur von Ekel oder von Eile, diese widerliche Aufgabe zu beenden. Sie schien für diesen Menschen alle Zeit der Welt zu haben. Dann leckte sie mit der Zunge die schlimmsten Wunden und fuhr mit dem Zeigefinger den Rändern nach, als wolle sie sie zusammen nähen. Das dauerte alles sehr lange. Schließlich gab Amma ihm *prasad*, heiliges Wasser und eine Banane. Sie erhob sich und beendete den Devi Bhava Darshan.

Während der zwei folgenden Tage war ich in einem Schockzustand. Mit meiner Ausbildung in Umweltwissenschaft an der Universität von Berkeley war es mir einfach unmöglich zu erfassen, wie Amma das, was sie tat, tun konnte. Einige Bewohner versuchten meine Fragen zu beantworten. Der Mönch, der heute Swami Amritaswarupananda ist, erklärte, dass der Lepröse schon seit einiger Zeit komme und Dattan heiße. Der Mönch, der heute Swami Amritatmananda ist, sagte, dass Amma ihn heilt. Er sei schon in sehr viel besserem Zustand. Ihre Antworten vergrößerten den Wirbel in meinen Gedanken. Ich beschloss, Amma zu fragen.

Am späteren Morgen sah ich Amma Gartenarbeit verrichten. Mit einer langstieligen Hacke machte sie kleine Wasserreservoire um die Kokospalmen im Vorgarten herum. Die Kreise aus Erde, die sie um jeden Baum formte, damit sie als Dämme dienen konnten, hatten eine perfekte Form. Sie erinnerten mich an das

Symbol aus schwarzem Granit, das ich auf dem Weg zu Ammas Haus gesehen hatte.

Durch einen Übersetzer bat ich um Erlaubnis, Amma über den Leprösen zu befragen. Sie legte ihre Hacke nieder und schenkte mir volle Aufmerksamkeit.

"Amma, was ich in der Nacht gesehen hatte, ist unmöglich, ich meine, wissenschaftlich unmöglich. Das erkrankte Gewebe kann nicht regeneriert werden. Wie ist es möglich?"

"Tochter, möchtest du das Wunder wissen?"

"Ja, bitte Amma, sag es mir."

"Das eigentliche Wunder ist, dass du dieselbe Kraft in dir hast, aber du weißt nichts davon. Amma ist gekommen, um euch das zu zeigen."

Sie lächelte freundlich, hob die Hacke auf und arbeitete wieder für die Bäume. Amma machte keine große Geschichte daraus, dass sie einen Leprösen heilte! Da war keine Spur von Ego oder Stolz. Aus Ammas Sicht war die außergewöhnliche Handlung, die ich sah, nur soweit bedeutungsvoll, als sie als Stufe zur Selbsterkenntnis diente. In diesem Moment wurde etwas in mir wach. Alle früheren Angelpunkte in meinem Leben gerieten durcheinander. Meine Sicht von der Welt erfuhr eine unwiderrufliche tektonische Verschiebung. Mein Herz öffnete sich ganz für dieses wunderschöne, bescheidene, göttliche Wesen, das mir nur zeigen wollte, was in meinem eigenen Herzen war. Genau da übergab ich mein Leben Amma, um von ihr zu lernen, was gewusst werden muss. Es war einer jener Momente im Leben, wo man weiß. Man weiß einfach, das Herz weiß mit absoluter Sicherheit. Und wir starten von diesem Punkt und werden nie mehr dieselbe Person sein. Wir werden neu gemacht in diesem Moment des Hörens und Sehens. Ein bisher ungekannter Widerhall echote im Tiefsten meines Herzens und schickte mich auf die spirituelle Reise, die ich bis heute fortsetze.

Während 29 Jahren habe ich auf das Bild meditiert, wie Amma ihre Arme für den leprakranken Dattan öffnet. Ich betrachtete es aus jedem Winkel, stellte mir vor, ich sei er, damit ich mich in seine Erfahrung einstimmen konnte. Er war dank der Barmherzigkeit der Göttlichen Mutter aus dem Tod ins Leben zurückgekehrt. Ich stellte mir vor, wie meine eigenen Arme ihn aufnahmen. Unmöglich. Ich schwelgte in der Erinnerung dieser intensiven, weiß glühenden Schönheit der reinen Liebe, die auf Ammas Gesicht lag, als sie den Leprakranken in ihre Arme nahm. Und was ist die sich wiederholende Botschaft? Aus Ammas Sicht war die Liebe viel wichtiger als das Heilen. Ferner, dass wir alle diese Kraft der Höchsten Liebe in uns haben. Nennen wir es Gottes Liebe, göttliche Liebe oder 'prema', was in Sanskrit Höchste Liebe heißt. Oder wie immer wir es benennen wollen - es ist die allmächtige, immer siegreiche, ewig universale Liebe.

Die Heiligen und Weisen aller Traditionen sagen, dass diese Liebe unsere wahre Natur ist, wir sind nur davon abgeschnitten. Das Ziel des spirituellen Lebens ist, diese Höchste Liebe zu wecken. Sie ist unsere Natur, für uns Menschen das innewohnende größte Potenzial. Wenn ich diesem Pfad der Liebe folge, werde ich diese Liebe finden.

Wer hat die Macht, den Sterbenden das Leben zu geben? Jene, die diese Macht haben, brauchen ihre Seidenkleider nicht zu beschmutzen, wenn sie einen verwesenden Mann umarmen. Es genügt, wenn sie ihm ihre Handflächen zeigen und durch die Kraft ihres Geistes Heilung zusenden. Sie haben diese Kraft.

Dattan ist ein Mann, der von der eigenen Familie ausgestoßen und dem Tod ausgesetzt wurde. Amma zeigte ihm, dass er geliebt wurde, und das war die machtvollere der beiden Möglichkeiten. Wer hat die Einsicht, dies zu verstehen? Wer ist die Gebieterin über unser Schicksal? Sie wirkt unter uns und ihr Name ist Mata Amritanandamayi. Die Mutter der Reinen Gnade.

KAPITEL 2

Nasse Füsse

Es ist heute um Amma herum genauso wie früher. An einem einzigen Tag können unzählige Erfahrungen gemacht werden und die Zeit verfliegt. Ich hatte die Ashram-Routine an meine Zimmerwand geklebt. Sie war mein täglicher Führer.

4.30	Archana
6-9	Meditation/Yoga
9	Frühstück
10	Unterricht in den Schriften
11-13	Meditation
13	Mittagessen
14-16	Freie Zeit
16-17	Unterricht
17-18.30	Meditation
18.30-20	Bhajans
20.30	Abendessen
21-23	Meditation

Meine erste große Entdeckung war, dass ich das Meditieren liebte. Alles andere plante und erledigte ich um die Meditationssitzungen herum. Meist saß ich auf der Veranda des Kalari Tempel. Stundenlang. So war ich nahe bei allem. Mahlzeiten, Unterricht und Topfwaschen waren nur einige Schritte entfernt. Effizient, niemandem im Weg, beglückend. Wenn ich nach dem Essen oder Topfwaschen aufstand, ging ich anschließend gleich zum Kalari Tempel zurück und richtete mich ein. So vergingen die Tage, Wochen und Monate.

UNTERRICHTSSTUNDEN

Der Unterricht war ein besonderer Höhepunkt des Tages. Bhagavad-Gita am Morgen und eine der Upanischaden am Nachmittag. Ich erinnere mich an den speziellen Morgen, wo eine neue Stunde von Amma selber eröffnet wurde. Sie saß in der Vedanta Vidyalayam (Schule), einem schmalen, offenen Unterstand mit einfachem Dach und Zementboden, eine Ecke, klein wie eine Teebüchse, an der Westseite des Kalari Tempel. Amma saß auf einer winzigen, erhöhten Plattform, ein Stapel Bücher war neben ihr. Sie zündete die dekorierte Öllampe an, die bei solchen Gelegenheiten benutzt wurde, und der Mönch, der zukünftige Lehrer der Unterrichtsklasse, leitete die Rezitation an. Amma warf Blütenblätter auf die Bücher und uns und segnete ein *kindi* (zeremonielles Messinggefäß), das mit Wasser gefüllt war. Mit diesem besprenkelte sie alles um sich herum. Danach gingen wir nacheinander zu Amma, verneigten uns tief vor ihr (*pranam*) und erhielten das neue Buch aus ihren Händen. Ich betrachtete mein Buch. Der Titel war "Vedanta-Sara" von Adi Shankaracharya.

Das Studium des Vedanta war für mich eine Offenbarung. Adi Shankaracharya erklärt die Philosophie der Einheit, das vereinheitlichte Feld des reinen Bewusstseins, die reine Existenz als Substrat des Universums, bis ins letzte Detail. Diese Einheit direkt zu erfahren, über unsere scheinbare Realität hinaus zu gelangen, ist möglich, wenn wir daran arbeiten. Es ist das Ziel des menschlichen Lebens. Die Erfahrung muss nicht erreicht werden, wir sind bereits in diesem Zustand. Aber wegen unserem mangelnden Verständnis identifizieren wir uns mit unserem Körper und Geist, die vergänglich sind, und nicht mit ihrem ewigen Substrat, dem reinen Bewusstsein. Wir müssen verstehen, dass alle sinnlichen Vergnügen kurzlebig und letztlich die Quelle zukünftigen Leidens sind. Je klarer wir dies sehen, desto einfacher ist es, unsere eigensüchtigen Vorlieben und Abneigungen aufzugeben. Wir erwachen

schrittweise für eine wahre Sicht der Welt, für uns und für Gott, und erfahren alle drei direkt als Essenz des reinen Bewusstseins. Wenn unsere Sichtweise durch spirituelles Verständnis korrigiert ist, verschwinden alle unsere Ängste.

Alle unsere selbstsüchtigen Begehren verblassen und damit werden wir von unserer Eigensucht befreit. Wir werden dadurch nicht passiv, sondern handeln wie Amma weiterhin, nicht für uns, sondern zum Wohl der Welt. Für einen wissenschaftlich trainierten Geist wie meinem war Shankaracharyas Vedanta-Sare erlösender Balsam. Mein Geist sog diese klare Darstellung der echten Realität ein, so wie jemand, der nach einer langen Wanderung in der Wüste Wasser trinkt.

Die anderen beiden weiblichen Bewohnerinnen kamen aus Australien. Wir hatten alle ungefähr das gleiche Alter, ich war die Jüngste. Eine war hauptsächlich Ammas Assistentin, die andere war von ruhigem, lernbegierigem Wesen. Sie diente Amma während der Devi Bhava Dharshans. Jede von uns hatte ihre spezifischen Aufgaben und wir verbrachten keinen Moment unseres Tages im Gespräch miteinander. Ich lernte sie nur in den Zeiten kennen, wo wir nebeneinander Dienst für Amma und den Ashram leisteten.

Ich bewunderte sie beide, sie hatten etwas Spezielles an sich und schienen immer genau das Richtige zu wissen, das zu tun war. Die eine Frau wiederholte dauernd ihr Mantra, schweigend natürlich, während sie für Ammas unmittelbare Bedürfnisse sorgte, wie Kochen, Putzen, Kleiderwaschen. Sie erledigte ihre Pflichten sehr effizient, fand aber auch Zeit, mir spezielle Aufgaben zu geben, die mich Amma näher brachten. Die andere Frau war sehr effizient in der Schülerabteilung tätig. Ich bemerkte, dass sie nach jeder Klasse in ihr Zimmer zurückkehrte und die Notizen aus dem Unterricht in ein großes mit Kunstleder gebundenes Buch eintrug; sie fügte dann noch die Englischübersetzung jedes Sanskrit-Verses, der uns eben vermittelt worden war, ein. Ich hingegen war bereit für eine weitere Meditation. Was ich an der Universität in den Wissenschaften ausgeführt hatte, machte sie auf dem Gebiet der Schriften. Ihre Konzentration und Liebe für Amma während Devi Bhava war erstaunlich. Ruhig blieb sie an Ammas Seite völlig präsent, verpasste nie etwas, bis zum Ende, meist 3 oder 4 Uhr morgens.

Ich fragte mich, ob ich je solche Qualitäten der Selbstdisziplin haben würde. Ich sog die spirituellen Konzepte ein, die wir in der Klasse lernten und wusch die Töpfe, aber der Kern meiner spirituellen Praxis war die Zeit, die ich in Meditation verbrachte.

EINE YOGA-STUNDE

Eines Morgens rief Amma mich nach dem Frühstück in ihr Zimmer. Jemand hatte erwähnt, dass ich Hatha Yoga kenne. Sie wollte meine Stellungen sehen. Zwei Bewohner saßen still in einer Zimmerecke, ohne Notiz von mir zu nehmen. So begann ich mit dem Sonnen-Gruß. Dann stand ich in der Kriegerstellung lange auf einem Fuß. Dann im Kopfstand und einigen anderen Stellungen, die Amma verlangte. Ich hielt nicht viel von meiner Yogapraxis, weil ich sie nur nebenbei von der Mutter einer Schulfreundin gelernt hatte, die mir die Grundlagen zeigte. Aber Amma mochte es und ließ mich gewisse Stellungen mehrfach wiederholen. Schließlich wollte Amma, dass ich ihr im vollen Lotussitz gegenüber saß. Das war leicht. Amma setzte sich mir gegenüber auch in den Lotussitz. Und dann begann der Spaß. Amma hielt mich an meinen Unterarmen fest. Ich tat dasselbe mit ihr. Und dann rotierten wir zusammen und machten im Uhrzeigersinn einen Kreis. Zuerst klein, dann größer und größer. Bald war Amma mit dem Rücken knapp über dem Boden, während ich vorwärts lehnte, um Ammas Gewicht und kraftvolle Bewegung auszugleichen. Dann kreiste mein Körper rückwärts, knapp über dem Boden. Aber Ammas Gewicht und Schwung brachten mich wieder in die senkrechte Stellung. Amma deutete mit einer Geste an, dass sie schneller gehen wolle. Und so kreisten wir in perfektem Rhythmus. Ich hatte das nie zuvor gemacht. Es war mehr als erheiternd. Die Assistentin kniete neben uns und ich hörte, wie sie warnte: "Seid vorsichtig, ihr werdet die Köpfe anschlagen. Vorsichtig, hört nun damit auf!" Aber ich wusste, dass Amma und ich uns in perfekter Synchronisation befanden, denn wenn sie rückwärts kreiste, kreiste ich vorwärts. Jedenfalls wurden wir nicht langsamer, weil Amma alles führte, nicht ich! Schließlich verlangsamte Amma und wir alle rollten uns in einem Anfall von Gelächter auf dem Boden. Mein Kopf drehte sich nicht, aber meine Seele war mit Sicherheit gedreht worden!

Als wir wieder zu Atem gekommen waren, trug Amma mir auf, den anderen weiblichen Bewohnerinnen Yogakurse zu geben. Der Unterricht sollte in Ammas Zimmer erteilt werden, sobald sie es morgens verlassen hatte. Und so war die erste Yogaklasse durch die größte Yogini des Universums, Amma, eröffnet!

DAS WÄSCHEWASCHEN ERLERNEN

Hinter Ammas Elternhaus befanden sich drei Waschsteine und ein Wasserhahn, aus dem sogar ab und zu auch Wasser kam. In der ersten Woche war ich dort mit meiner Wäsche und kämpfte. Wie funktionierte der große Waschstein genau? Ich war ausgerüstet mit einem Eimer, einem Stück Rin-Seife und vielen Flecken auf meinen Kleidern. Ich fing an, da doch alles klar war, nicht wahr? Eimer mit Wasser füllen, Kleider einweichen, mit Seife einreiben, Stellen, die es brauchten, mit der Plastikbürste behandeln, dabei die Nachbarn nicht nass machen und vor allem sicher kein Wasser vergeuden.

Anfänglich schien das alles richtig, aber ich brauchte viel länger als die anderen. Ich wollte nicht als Wäschestein-Neuling auffallen und beobachtete deshalb die anderen, während ich am Wasserhahn anstand und wartete, bis ich an die Reihe kam. Aha! Sie klopften und schlugen ihre Kleider auf den Stein. Viel wirksamer als meine kleine Bürste. Als ich neues Waschwasser hatte, versuchte ich das auch. Oder ich dachte, ich mache dasselbe. Schließlich drehte sich der Mönch, heute als Swami Amritaswarupananda bekannt, zu mir um und sagte sehr höflich: "Wenn du deine Wäsche so derb auf die Steine haust, bleibt nichts davon übrig. Schau, versuch es so." Ich war echt berührt, dass er mir helfen wollte, meine Technik zu verbessern, und sagte ihm das auch. Er hatte Recht. Mit einem kleinen Ruck des Handgelenks wurde das Tuch in der Luft verzogen, so dass es von selbst herunter kam und nicht so direkt auf den harten Stein fiel. Es wurde durch diese Bewegung sichtlich mehr zusammen gestaucht und so konnten sich die Schmutzflecke vom Stoff lösen. Es war auch viel schneller und nur halb so laut. Auch flogen deutlich weniger Seifenblasen durch die Luft auf den Nachbarn, was wirklich schlechtes Benehmen gewesen wäre. Im Nu war mein ganzer Eimer gewaschen und die nächste wartende Person nahm sehr anerkennend den Platz am Waschstein ein.

PFLICHTEN IN DER NACHT

Nach den Abendbhajans wurde es meine Pflicht, mit einer Thermosflasche, einem Fächer und einem Gesichtstuch Amma zu folgen. Wenn es vorkam, dass Amma nach etwas Speziellem fragte, musste ich laufen und es holen. Wenn Amma jemanden zu sich rief, musste ich die Person suchen. Amma pflegte viel im Ashram umher zu gehen, manchmal allein, aber viel häufiger in der Gesellschaft von Devotees, die eben angekommen waren, oder von Bewohnern. Unter Kokospalmen oder auf Türschwellen der Hütten sitzend gab es lange Diskussionen bis tief in die Nacht hinein. Manchmal lachte und scherzte Amma spielerisch, manchmal wurden ernsthafte Themen diskutiert. Für mich war es eine Zeit von dauerndem Mantra-Rezitieren und Aufpassen, was Amma brauchen könnte. Ammas Energie nahm niemals ab. Ihre Aufmerksamkeit war immer auf die Sorgen und Befürchtungen der anderen gerichtet. Sie gab ihre ganze Zeit allen, die sie aufsuchten. Es war sogar für eine erst Dreiundzwanzigjährige hart, mit Amma Schritt zu halten, tagein tagaus auf Essen und Schlaf zu verzichten!

Eines Nachts nach den Bhajans brachte jemand eine Tambura für Amma. Es ist ein Instrument mit 4 Saiten, das einen tiefen Ton von sich gibt. Amma fing an, die Tambura zu spielen und blickte dabei zu den Sternen auf. Ich betrachtete ihr Gesicht und sah, wie sie in *samadhi* glitt. Ich hatte noch nie gesehen, wie jemand in diesen Zustand geht. Eine Welle reinigenden Friedens kam über uns. Ich wollte diesen Moment reiner Glückseligkeit nicht stören, indem ich Amma anstarrte, aber ihr Gesicht glühte mit weißem Mondlicht, das von innen zu kommen schien. Die Pracht ihres Glühens wurde immer herrlicher. Tränen flossen über ihre Wangen. Dann konnte man ein weiches, murmelndes Lachen hören, das wie von einer anderen Existenzebene zu kommen schien. Es hielt einige Zeit an und verebbte dann. In dieser Nacht erkannte ich, dass der Pfad der Liebe viel tiefer ist, als ich mir vorgestellt hatte. Ammas Bewusstsein war während Stunden absorbiert. Ich saß nahe bei ihr, bis sie die Augen öffnete, gerade vor der Morgendämmerung. Die Mönche meditierten in der Nähe und wärmten sich in der sublimen Atmosphäre.

JEDE NACHT

Jede Nacht rief Amma eine oder zwei der jungen Frauen in ihr Zimmer, um mitzuhelfen. Meiner Ansicht nach muss man nur ins Zimmer eines Menschen gehen, um zu sehen, welche Art von Person jemand wirklich ist. Meines ist unordentlich, Ammas ist

46

unglaublich einfach. Höchstens fünf bis sechs Meter groß mit weissen Wänden, einem schmalen Bett mit Schubladen darunter, wo wir Ammas Kleider aufbewahrten. Keine Möbel, nicht einmal ein Stuhl. Amma aß am Boden, auf einer Strohmatte sitzend. Kein Telefon, nur ein Ventilator an der Decke. Die Küche bestand aus einem Gasherd mit zwei Flammen auf einem winzigen Balkon und einem winzigen Kühlschrank. Der einzige Schmuck waren eine bemalte Tonstatue von Krishna in einer Ecke und ein Bild der Göttin Saraswati an der Wand über dem Fußende von Ammas Bett.

Ich riskiere, mit der Geschichte voraus zu springen, aber ich möchte eine Anekdote teilen. Vor wenigen Jahren wurde - als Amma auf der Sommertour war - ein schöner neuer Raum für sie gebaut. An der Küste, groß, luftig, voller Licht und mit Blick auf das Arabische Meer. Frische Brisen vom Ozean her, nur das Geräusch der brechenden Wellen. Und da war eine richtige Küche. Als Amma von der Tour zurückkehrte, weigerte sie sich, die neue Wohnung zu betreten. Sie sagte, ihr ursprünglicher Raum sei gerade richtig. Und das war das Ende. Ammas Zimmer ist so wie früher, aber natürlich jetzt mit einem Telefon!

Ich komme zurück. Die Nacht in Ammas Zimmer war eine Ruhezeit für mich. Ich servierte täglich Amma ein einfaches Abendessen, während sie einen Berg Post las und die Antworten schrieb. In einigen Nächten arbeitete Amma hart. Es war eine normale Szene, sie einen Brief in der einen Hand lesen zu sehen und gleichzeitig zuzuhören, wenn jemand ihr einen anderen Brief vorlas. Wenn jemand ins Zimmer kam, machte der Vorleser eine Pause. Dann fragte Amma sofort, warum er aufgehört hatte zu lesen. "Aber ich habe zwei Ohren, es ist nicht nötig, anzuhalten." Das stimmte. Ihr Geist konnte bei allen Aufgaben voll präsent sein und sie perfekt lösen.

Es war auch immer Zeit, Probleme zu lösen, wenn Bewohner Rat brauchten. Amma hatte eine 'Politik der offenen Tür', was hieß, dass ihre Zimmertüre immer offen blieb. Wenn nötig, konnten wir jederzeit hereinplatzen. Es verwunderte mich immer, dass Amma Tag und Nacht keine private Zeit brauchte. Ihre ganze Zeit gab sie den anderen. Wenn Ammas Füße oder Waden schmerzten, pflegte ich sie zu massieren. Oder ich half, ihr Essen zu kochen. 'Schlafen' ist nicht das richtige Wort, um Ammas Zustand zu beschreiben, wenn sie sich hinlegte. Es ging mehr darum, für einige Stunden den Körper auszuruhen. Sie war sich immerzu bewusst, was alles vor sich ging. Oft weckte sie uns auf, damit wir uns um jemanden kümmern konnten, der eben in der Nacht angekommen war oder um nach jemandem zu schauen, der krank geworden war und Hilfe brauchte.

FÜR AMMA KOCHEN

Einmal wurde ich aufgefordert, für das Abendessen eine Beilage zu bereiten. Die andere Assistentin empfahl, was ich kochen sollte und gab präzise Anweisungen. Aber anstatt lückenlos mein Mantra dabei zu wiederholen, erinnere ich mich, dass ich dachte: "Oh, welches Glück für mich, dass ich dieses Gericht zubereiten darf. Amma wird es sehr genießen. Vielleicht wird sie mich nun beauftragen, immer für sie zu kochen!" Reines Ego geriet so in das Gericht anstatt reines Mantra.

Das Abendessen wurde Amma serviert, während ich für eine andere Aufgabe weggerufen wurde. Ich war enttäuscht, die Gelegenheit zu verpassen, Amma zuzusehen, wie sie mein Gericht genießen würde. Ich hatte keine Ahnung, was als nächstes kommen würde. Nach einer halben Stunde kam jemand zu mir gerannt, um mich zu holen. Man rief mich in Ammas Zimmer, weil sie sehr krank geworden sei. Als ich dort ankam, war ich entsetzt. Amma übergab sich heftig im Badezimmer und ich sollte ihren Kopf halten. Ich fühlte mich schrecklich, neben Amma zu stehen, ihr zu helfen, ihr ein Glas frisches Wasser und ein Handtuch zu reichen, damit sie ihren Mund spülen konnte, als die Übelkeit endlich vorbei war. Ich wusste, dass die Schuld bei dem Gericht lag, das ich mit so viel Ego zubereitet hatte. Welch großes Unglück!

Die Mönche fragten besorgt nach, wie ich gekocht habe, warum ich dieses Gericht wählte, das man meistens am Abend nicht zu sich nimmt usw. Als Amma alles aus ihrem Körper entfernt hatte, saßen wir zusammen. Ich erzählte allen, was das wirkliche Problem bei dem Gericht war. Ich wartete auf Ammas Antwort, aber sie brach in Lachen aus und zupfte mich am Ohr, am rechten natürlich wie gleich nach meiner Ankunft, als wir uns begegneten. Sie sagte zu allen, nicht nur zu mir, dass wir bei jeder Handlung volle, bewusste Aufmerksamkeit haben müssen. Das Mantra helfe uns dabei, wenn wir es ständig rezitieren. Es reinige jede Handlung, wenn wir es mit *shradda* (Bewusstheit) und Vertrauen rezitieren.

Wir hörten alle aufmerksam zu, ich natürlich am intensivsten, weil es wirklich mein Augenblick war, zu lernen. Amma lehrte auf solche Art, mit freundlicher Leichtigkeit, niemanden blamierend, sicherstellend, dass die Essenz übermittelt war. Nicht nur für eine Person allein, sondern auch für die anderen.

Amma fährt all die Jahre in diesem Stil fort. Viele Rügen wurden ausgeteilt, manchmal war es nicht sofort klar, warum eine spezielle Situation bei Amma eine solch starke Reaktion hervorrief. Es ist mir aufgefallen, dass Ammas Stimme immer auf dem Niveau der Person war, welcher die Lehre erteilt wurde. Jene mit scharfen Zungen erhielten scharfe Zurechtweisungen. Sanftere Naturen erhielten sie entsprechend weicher. Wenn eine Zurechtweisung verwirrend schien, wurde immer klar, was verändert werden sollte, wenn man nur genügend darüber nachdachte und in sich ging. Ammas Aufgabe war, uns von unserer Ichhaftigkeit, von "Ich" und "Mein" zu befreien. Für mich war es nötig, das Gefühl des "Ich habe das geleistet" zu verlieren. Warum sollte ich also gegen Amma reagieren - war es nicht deswegen, weshalb ich gekommen war? Um wirklich frei zu werden?

LAMPEN ANZÜNDEN

Eines Nachts nach den Bhajans trafen etliche Autos ein, die Amma und die Ashrambewohner zu einem Hausbesuch in Kollam bringen sollten. Eine der ältesten Devotee-Familien hatte einen Empfang vorbereitet. Es war bereits 21 Uhr, als wir uns in die Autos quetschten. Amma und die Frauen hinten, zwei Mönche vorne. Die anderen Autos waren mit dem Rest der Bewohner und den Instrumenten vollgepackt. Der Rücksitz mit Amma war zu eng. Es gelang mir, mich auf den Boden zu kauern, was mehr Platz für Amma schaffte und mir eine perfekte Sicht auf die Szene gab, die sich entwickelte.

Amma begann "Siva Siva Hara Hara" zu singen. Zuerst langsam, dann immer schneller und schließlich wurde es zu einem nicht endenden, superschnellen Bhajan. Amma lachte und rief; wir alle sangen aus vollen Kehlen mit. Im ganzen Auto herrschte unbeschreibliche Glückseligkeit. Ich wusste nicht, wie der Fahrer das handhaben konnte! Als das Lied endete, waren wir schon in Kollam. Ammas Stimmung war sehr gehoben und lebhaft. Ihre Augen waren wie brennende Glut.

Ich befragte Amma über dieses seltene, intensive Glücksgefühl, das ich während des Singens gehabt hatte. "Ist das echte Glückseligkeit?" Amma riet mir, die Zwischenräume zu verkleinern, wenn ich diese Glückseligkeit erfuhr, damit ich sie lange behalten kann. Dann werde es die echte Erfahrung sein, wenn alle Zwischenräume verschwunden sind.

Das Haus war für Ammas Ankunft dekoriert. Blumenketten hingen entlang der Veranda und eine riesige Öllampe brannte hell vor der Eingangstüre. Amma wurde in den Pujaraum der Familie geführt. Dort waren Obstplatten und Jasminblüten im Überfluss platziert. Die glänzenden Pujagegenstände aus Messing waren auf einem Tablett angeordnet, das neben Ammas Sitz lag. Die Mönche saßen auf engem Raum zusammen, ich saß mit dem Gesichtstuch und dem Fächer hinter Amma.

Jedes einzelne Photo auf dem bebilderten Altar war mit frischen Blumengirlanden geschmückt; jemand hatte wohl den ganzen Tag mit den Vorbereitungen im Pujaraum verbracht, der nun so perfekt war. Wo man hinblickte, war Schönheit zu sehen. Im Zentrum war ein großes Photo von Amma in Devi Bhava. Amma begann, die brandneue Öllampe zu entzünden. Sie hatte dazu eine kleinere Lampe in der Hand, die sie mit einem Streichholz angezündet hatte. Dann hielt Amma ein paar Kampferstücke mit den Fingern in die Flamme der Öllampe und legte sie brennend in das Wasser im *kindi*, wo sie umher schwammen. Wie konnte sie das tun, ohne sich die Finger zu verbrennen oder die Flamme zu ersticken? Als der Kampfer sich auf der Wasseroberfläche drehte, nahm Amma eine Fingerspitze voll heiliger Asche und sprenkelte sie in das Wasser. Nun trieb und schoss der brennende Kampfer in alle Richtungen. Amma betrachtete dieses Spiel eine Weile. Die Mönche hatten bereits begonnen, die Mantras zu rezitieren, Amma setzte auch ein. Es waren andere Mantras als diejenigen, die ich im Ashram hörte. Ohne Kenntnis von Sanskrit nannte ich sie einfach "die Hausbesuch-Mantras".

Amma hob dann das Gefäß mit dem mit Kampfer und heiliger Asche gesegneten Wasser hoch und atmete hinein, um dann diese Luft tief zu inhalieren. Es sah von meinem Blickwinkel wenigstens so aus. Der Arati-Löffel mit Kampfer wurde angezündet und Amma umkreiste damit einige der Photos, nicht aber ihre eigenen. Dann nahm sie eine Handvoll Jasminblüten in die Hand, die mit rosa und roten – mir unbekannten- Blumen vermischt waren. Sie hielt sie einen Moment über den brennenden Kampfer und warf sie segnend auf die Bilder. Sie besprengte das Zimmer und die umsitzenden Personen mit dem heiligen Wasser und begann dann zu singen:

Vedanta venalilute oro nadanta panthannalannal
ni tan tunaykkum avane enne Gitarttham ippozh evite?

Wo ist die Wahrheit der Gita, die verkündet, dass sie den Reisenden durch die trockene heiße Zeit des Vedanta zur endgültigen Stille bringt?

Das Bhajan war das Gegengewicht zum Lied, das wir im Auto gesungen hatten. Ich fühlte, wie Glückseligkeit in mir aufstieg und versuchte zu tun, was Amma geraten hatte. Die Lücken schließen. Die Gedanken ruhig stellen und den Geist auf einen einzigen Punkt richten. Löse dich für wenigstens einen Moment in göttlicher Liebe auf.

Amma wurde nachher in einen großen Raum geführt, wo sie die Familienmitglieder und Verwandten zum Darshan empfangen konnte. Wir alle erhielten ein köstliches Mahl. Es war meine erste vollständige indische Mahlzeit. Ich musste bald darum bitten, mir nicht noch mehr Essen auf den Teller zu füllen. Jedermann lachte, als ich das auf Malayalam versuchte: "Muddi!", "genug!"

Wir hatten etwa eine Stunde in dem Haus verbracht, und ich dachte, wir würden nun zum Ashram zurückkehren. Amma winkte mir, ihr zu folgen und anstatt ins Auto zu steigen, gingen wir weiter die Straße hinunter. Die Mönche holten uns erst ein, als Amma ein nächstes Haus betrat, wo vor der Türe eine Öllampe brannte. Die Familie wartete schon ungeduldig und Amma betrat ihren Pujaraum, bevor die Fußwaschzeremonie beendet war. Dort wiederholte sich dasselbe, aber Amma sang andere Lieder:

kotannu koti varshangalayi satyame
tetunnu ninne manusyan

O ewige Wahrheit, seit Millionen von Jahren sucht die Menschheit nach dir...

Amma gab auch dieser Familie und ihren Verwandten Darshan und aß ein wenig von den Leckerbissen, die angeboten wurden. Und schon ging es weiter, um das nächste Haus zu betreten, wo auch eine Öllampe am Eingang brannte. In dieser Art besuchte Amma noch sieben Häuser, ich im Eiltempo hinterher. Sie war sehr schnell! Die Mönche waren diese Geschwindigkeit gewohnt, kein Problem für sie. Als wir das letzte Haus verließen, war es zwei Uhr morgens. Der Himmel war klar und die Luft erfrischend kühl. Aber warte, Amma ging in die entgegengesetzte Richtung und ich musste rennen, um sie einzuholen. Sie ging schnell auf einen schmalen Fußweg zu, eine Abkürzung zur nächsten größeren Straße. Dort brannten Öllampen vor mindestens einem Dutzend Häuser. Ammas Fülle nahm nie ab, sie war ein mit Liebe überfließendes Gefäß und brachte Freude in jedes einzelne Haus, wo eine Öllampe angezündet worden war. Grenzenlos war ihr Enthusiasmus, all denen spirituelle Unterstützung zu geben, die ihre Ankunft erwarteten. Wir kehrten gerade vor der Morgendämmerung in den Ashram zurück.

AMMAS FAMILIE

Ammas Familie war auf viele Arten großzügig, das konnte ich sofort sehen. Sie hießen mich in ihrem Haus willkommen, gaben mir dort ein Zimmer, und ihr ganzer Besitz war dazu da, den Ashram zu unterstützen, ohne eine Gegenleistung zu erwarten. Je bekannter Amma für ihre Spiritualität wurde, desto mehr hatten sie durchzustehen. Bereits waren sechs spirituell Suchende aus drei Kontinenten eingetroffen, um nahe bei Amma zu leben! Sie hätten darauf auf viele Arten reagieren können, aber sie beschlossen, vor allem die Rolle der freundlichen Gastgeber zu spielen. Ich lernte sie in all den Jahren kennen, Ammas Vater und Mutter, ihre Brüder und Schwestern. Ich verfolgte ihre Entwicklung, wie sie die Schuljahre absolvierten, promovierten, heirateten und eigene Familien gründeten, Geschäfte aufbauten und aus eigenen Kräften erfolgreich wurden. Es war erstaunlich.

Es war sicher nicht leicht, sich den dauernden Forderungen von Ammas wachsender Mission anzupassen. Immer wieder stellten sie ihre eigenen Häuser zur Verfügung, zogen etwas weiter weg, damit die zunehmende Anzahl von Devotees untergebracht werden konnten. Die Eltern und Geschwister gaben großzügig für das Wohl des Ashrams, damit er wachsen konnte.

In den Nächten saßen sie oft in der kühlen Abendluft beisammen, sich unterhaltend und lachend, wie Familien es tun. Alles was sie hatten, teilten sie mit uns, auch das ganze Haus, das Grundstück, das Essen und das Brennholz zum Kochen. Wenn jemand spät nachts ankam oder einen Platz zum Ruhen brauchte, boten sie ihr Haus an. Viele Familien hätten sich dadurch gestört gefühlt, aber bei Ammas Familie war es genau das Gegenteil. Sie empfanden es als ihre Pflicht, die Devotees willkommen zu heißen.

Jahre später wurde aller Haus- und Grundstückbesitz, den sie weggegeben hatten, in einem Trust vereint und auf den Namen des Ordens für Sannyasa umgeschrieben, den Amma in Amritapuri gegründet hat. Kein einziges Familienmitglied hat Besitz im Ashram, obwohl ihre Anteile an Grundbesitz ohne jede Kompensation großzügig an den Trust gegeben wurden. Sie erhielten keine einzige Rupie für ihr eigenes Land. Alle Schulen, Krankenhäuser, Institutionen, die Amma ins Leben gerufen hat, gehören dem Trust, mit einem Vorstand aus Ammas Sannyasins. Ammas Name ist in keiner Übertragungsurkunde und in keinem

Rechtsanspruch auf Ashrambesitz aufgelistet. Es ist auch kein einziges Familienglied im Vorstand des Trusts. Wie erfrischend ist dies im heutigen Zeitalter.

KRISHNA BHAVA DARSHAN

An einem Morgen wurde eine große Überraschung angekündigt. Amma würde am kommenden Sonntag Krishna Bhava Darshan geben! Das war für alle sehr besonders, denn ganz früher fanden Devi und Krishna Darshan in derselben Nacht statt. Auch hatte Amma Krishnabhava schon seit längerer Zeit aufgegeben. Die Nachricht verbreitete sich rasch. Am Sonntag traf eine große Menge erwartungsvoller Devotees ein. Die Stimmung im Kalari Tempel war völlig anders. Krishna ging mit den Menschen spielerisch um, während Devi ernst war. Krishna stand die ganze Zeit mit einem Fuß auf dem schmalen Hocker. Da gab es kein Sitzen. Die Devotees füllten den Tempel und erhielten ihr Prasad stehend. Neben Amma befand sich eine Schale mit Bananenstückchen, die Amma jedem Darshanbesucher in den Mund steckte. Auch die Bhajans waren anders, meist fröhliche Krishnabhajans. Ich saß wie üblich meditierend an der Tempelwand, wollte aber nicht zum Darshan gehen. Es klingt vielleicht eigenartig, aber meine Hingabe galt ganz der Göttlichen Mutter!

Gegen Ende der Nacht kam jemand, um mich zum Darshan zu rufen, weil Amma wusste, dass ich noch nicht gekommen war. Ich sagte, dass mein Herz nur die Göttliche Mutter wollte. Am Ende des Krishna Bhava stellte Amma sich in den Tempeleingang, um die vielen Devotees, die geblieben waren, zu verabschieden. Dann begann sie vor dem Tempel zu tanzen. Ihre Arme waren erhoben, ein siegreiches Lächeln lag auf ihrem Gesicht. Sie hatte die ganze Nacht anders ausgesehen, mehr jungenhaft und schelmisch! Der Bhajan wurde schneller und Amma tanzte lange weiter. Ich bedauerte meine Entscheidung, nicht zum Darshan zu gehen, aber das konnte nun nicht mehr geändert werden. Was war ich doch für ein Narr! Soviel ich weiß, war es der letzte Krishna Bhava Darshan, den Amma hielt.

NÄHUNTERRICHT

Als ich an einem Nachmittag in Ammas Zimmer war, beschloss sie, etwas zu nähen. Es stand eine Tretmaschine in einer Ecke, die wir nun hervorholten. Amma begann. Ich hatte sie noch nie nähen gesehen und war fasziniert, ihr zuzuschauen. Sie nahm einige Röcke aus ihrer Kleiderschublade und fing mit geschickten Fingern an, die Nähte zu öffnen. Sie benützte dazu ein spezielles Messerchen so schnell, dass ich unmöglich verfolgen konnte, was geschah. Sie musterte dann den Stoff, legte das glatte Material auf der Maschine zurecht und begann ohne Hilfe von Stecknadeln zu nähen. Amma konnte in kürzester Zeit schnurgerade Nähte nähen. Sie hielt den Stoff richtig unter die Nähnadel und bediente dazu das Fußpedal als Antrieb. Es war offensichtlich, dass sie eine perfekte Näherin war! Als sie mit allen drei Röcken fertig war, legte Amma sie beiseite und fragte mich, ob ich gerne nähe. Ich bejahte, war jedoch nicht sehr erfahren darin. Sie gab mir eine Nadel, eine Fadenspule und suchte einen Rock aus, den ich säumen sollte. Ich tat mein Bestes, würde aber mindestens eine Stunde dafür brauchen. Amma schien es nicht eilig zu haben. Sie schaute mir intensiv zu. Sie ließ mir übersetzen, dass eine Nadel nur wenig Geld kostet und ein unbedeutendes Instrument war. Wenn wir jedoch unachtsam mit ihr umgehen und sie nach Abschluss der Arbeit einfach liegen lassen, könnte jemand drauftreten, und dies könnte zu einem großen Problem werden. Auch wenn etwas unbedeutend scheint, sollten wir sorgfältig und achtsam sein. Sonst kann eine kleine Unachtsamkeit große Folgen haben. Amma lehrte mich das ABC der Spiritualität, aber war ich fähig zu lernen?

PILGERFAHRT ZUM KANVA ASHRAM

Der damalige Ashrambibliothekar war ein Mann aus dem Westen. Er kannte den Leiter des berühmten Kanva Ashram in der Nähe von Varkala in Mittelkerala. Amma schlug vor, mit allen Bewohnern eine Pilgerfahrt dorthin zu unternehmen. Wir fuhren mit einem gemieteten Bus los. Meine erste spirituelle Reise mit Amma! Nach der Ankunft wurden uns die Zimmer zugeteilt. Die Frauen waren mit Amma zusammen, die Männer an einem anderen Ort untergebracht. Wieder einmal hatten die Frauen Glück! Dann halfen wir beim Gemüseschneiden und anderen kleinen Aufgaben.

Am Nachmittag versammelten wir uns alle am Tirtham Teich. Amma trug ein im Nacken gebundenes Tuch und hatte das Haar auf dem Kopf zu einem Knoten geknüpft. So sah sie für mich aus wie Lord Shiva. Es war wirklich reizend. Wir setzten uns alle für eine wunderschöne lange Meditation hin. Die Stimmung war so förderlich, dass nicht einmal ein Affe sich hätte dagegen wehren können, in tiefes Schweigen zu fallen. Es wurde uns Milchwasser und einige Snacks serviert, als wir noch in Nachwirkung der Meditation still da saßen. Amma äußerte etwas mit weicher, leiser Stimme, aber es wurde nicht übersetzt. Das war auch nicht wirklich notwendig. Ich war so zufrieden damit, Ammas Stimme zu hören und das sanfte Leuchten um sie herum im Zwielicht zu sehen. Ich erinnere mich, dass wir dort Bhajans sangen, ein einfaches Abendessen mit Kanji zu uns nahmen und uns dann zurückzogen.

Frühmorgens rief uns eine Glocke zum Archana. Amma hatte sich hingelegt, schlief aber nicht. Es schien sie nicht zu stören, als ich aus dem Zimmer schlich, ganz leise, wie eine Maus. Der Tag verging wie der gestrige; viele Gelegenheiten zu Meditation, Vedanta lesen, Tagebuch schreiben und Helfen beim Gemüseschneiden und Abwaschen.

Kanva Ashram, Tirtham Pond

Am Nachmittag geschah etwas Großartiges. Amma rief die Frauen zum Schwimmen. Wir waren zu dritt mit Amma. In der Nähe befand sich ein Teich, in dem wir baden konnten. Damals hatten wir noch nicht die heute üblichen Schwimmkleider. Wir zogen die Unterröcke hoch und banden sie über einer Schulter zusammen. Amma hatte einen langen, einteiligen Unterrock, das war einfacher. Wir tauchten langsam ein, um das Erdreich am Grund nicht aufzuwirbeln. Es war tief, wir mussten zuerst strampeln, dann ein wenig schwimmen und dann schauen, wie wir den Kopf über Wasser halten konnten. Wir wollten Amma so viel Platz wie möglich lassen, damit sie das tun konnte, was für sie entspannend war. Lange ließ sie sich im Lotussitz im Wasser treiben. Dazu schaute sie in den Himmel. Danach hielten wir uns an den Händen und schwammen im Kreis. Das war recht schwer. Sie wiederholte immer wieder: "Meine drei Schwäne, Ammas drei weiße Schwäne!" Es war ein wunderbarer Moment von Geschwisterlichkeit.

Auf einmal änderte sich Ammas Stimmung; sie forderte uns auf, aus dem Wasser zu gehen. Wir schwammen zurück an den Rand des Teichs und kletterten irgendwie heraus. Als wir zurück blickten, schauderte uns. Was sahen wir! Schlangen, viele Schlangen schwammen in unserer Richtung. Wie ein ganzes Nest voll, so sah es aus, die kamen, um Ammas Schwäne zu fressen. Wir schüttelten unsere Köpfe. Einmal mehr hatte Amma uns gerettet!

PILGERFAHRT NACH KANYA KUMARI

Mein Visum lief in einem Monat ab und mein Geld hatte stark abgenommen. So schrieb ich meinem Großvater und bat ihn, mir Geld zu überweisen. Er war immer großzügig mit mir. Innerhalb einer Woche trafen 300 Dollar ein. Inzwischen hatte sich meine Ansicht über Geld geändert. Ich brauchte es nicht wirklich und wollte es lieber Amma geben, damit die Backsteine für den Bau einer kleinen unterirdischen Meditationshöhle hinter dem Kalari Tempel bezahlt werden konnten. Aber als Amma von meiner Idee hörte, schlug sie vor, dass wir besser noch eine weitere Pilgerfahrt machen sollten, diesmal mit allen Bewohnern und so vielen Devotees, wie in einen großen Reisebus passten. Ziel war Kanya Kumari!

Die Nachricht von Ammas Einladung verbreitete sich, und ein paar Tage später stiegen wir in den Bus und fuhren gen Süden. Es wurden Snacks eingekauft, die auf dem Weg verteilt werden sollten. Esspakete mit Joghurt-Reis und Mango-Pickel wurde in den Küchen der Devotees zubereitet und große Töpfe wurden gebracht, damit wir unterwegs einfache Mahlzeiten zubereiten konnten. Amma war so praktisch und ließ aus den einfachsten Unternehmungen einen Spaß werden.

Auf dem Weg entlang der Küste hielten wir an, um auf einem bekannten Pfad ein hohes Kliff zu besteigen. Wir erwarteten eine Aussicht auf die Westküste des blauen Juwels, des Arabischen Meeres. Wir mussten einige Stunden hochklettern, manchmal über große Steinblöcke. Der steile, steinige Weg führte durch trockenes Busch- und Dornengelände, bis wir endlich den Gipfel erreichten. Amma ging die ganze Zeit barfuß! Einige der Männer trugen große Büchsen mit Keksen und Snacks auf ihren Köpfen, damit es auf dem Gipfel etwas zu essen gab. Ich konnte nicht glauben, dass sie mit solch schwerer Last aufsteigen konnten, aber sie waren so glücklich mit ihrer Aufgabe.

Der Aufstieg lohnte sich. Von oben konnten wir viel von der Küste sehen. Unter uns lag das Tal, wo verschiedene größere Tempel klar zu erkennen waren. Etwas Typisches für dieses Kliff waren seine Höhlen. Eine lag gleich neben dem Pfad, den wir benutzten. Sie hatte ein schmales Holztürchen, das mit einem riesigen Schloss versehen war. Ich war wie üblich mit Fächer und Gesichtstuch neben Amma. Ich weiß nicht, ob irgendjemand

beobachten konnte, wie Ammas Hand sich vorstreckte und für einen Augenblick über das Schloss wischte. Dann drehte sie sich zu einem Devotee um und sagte: "Sohn, kannst du versuchen, das Schloss zu öffnen?" Und als er es versuchte und es berührte, öffnete es sich so leicht, als ob der Bewohner es nicht richtig geschlossen hätte. Ich rieb meine Augen. Hatte ich diese Handbewegung gesehen oder phantasiert?

Amma betrat die Höhle und ließ sich für Bhajans und eine kurze Meditation nieder. Jemand lebte in dieser Höhle, denn es war eine Art Matratze da, spirituelle Bücher, ein kleines Schreibpult - alles ordentlich neben einem einfachen Altar, der wohl der Meditation und Puja diente. Irgendwie passten wir alle hinein, obwohl wir eigentlich zu viele Leute für diesen kleinen Raum waren. Amma sang "Mano Buddhyahamkara" und saß wie wir alle für einige Zeit still da. Jemand brachte ein paar Blumen und Wasser zu Amma, die vielleicht schon in der Höhle gewesen waren. Die Mönche sangen Mantras und Amma segnete den Altar mit Blütenblättern. Das heilige Wasser sprenkelte sie in den ganzen Raum.

Wir verließen die Höhle; Amma trug einem Devotee auf, nachzuprüfen, ob das Türchen gut verschlossen wurde. Ich hätte gerne das Gesicht des Bewohners gesehen, wenn er nach seiner Rückkehr entdeckte, dass jemand bei ihm einen Hausbesuch gemacht hatte!

In Kanya Kumari sandte Amma einige von uns auf einer schaukelnden Fähre zum Felsen, zu dem Swami Vivekananda vor beinahe 100 Jahren geschwommen war. Hier hatte er die Vision der Göttlichen Mutter erhalten. Ihr Fußabdruck ist am Felsen sichtbar. Am Fuß von Mutter Indien, wo die drei Meere zusammenfließen, ließen Mahatma Gandhi und viele andere ihre Asche ausstreuen. Man glaubt, dass die Göttliche Mutter an dieser Südspitze Indiens immer in irgendeiner Form gegenwärtig ist, allerdings oft schwer zu erkennen. Man glaubt, dass Mayi Amma - schon zu Lebzeiten eine Legende - diese Form sei.

Mayi Amma war jetzt uralt, niemand wusste ihr Alter genau; sie war vor einigen Jahren an einem Nachmittag in den Netzen der einheimischen Fischer gefunden worden. Man hielt sie für tot, aber als man ihren Körper an Land brachte, wurde sie lebendig und ging von dannen. Ihre Betreuer waren ein Rudel wachsamer Hunde. Mayi Amma unterhielt Tag für Tag ein Feuer an dieser Spitze Indiens. Sie sprach kaum und bewohnte eine kleine Hütte am Strand; es war nicht ersichtlich, wie sie ihren Lebensunterhalt bestritt. Oft wurde sie gesehen, wie sie im wilden Meer zu einem entfernten Felsen schwamm und für Stunden in der brennenden Sonne lag.

Amma wollte sie besuchen. Wir gingen zu ihrer nahe gelegenen Hütte. Bevor wir sie betraten, wurde mir eine Kamera in die Hand gedrückt und jemand sagte: "Mach ein Foto." Ich war dafür nicht sonderlich begabt und hatte nicht viel Lust ein Bild zu schießen, aber der Auftrag kam so eindringlich, dass ich eintrat und nach dem besten Platz für ein Bild Umschau hielt. Es war ein einfacher, sauberer Raum. Mayi Amma war nicht nur alt, sie war uralt. Ihre Haut war wie dunkles, geripptes Leder. Sie ruhte in einem Stuhl, die Beine lagen auf seitlichen Brettern, die dafür angebracht waren. Sie trug wie eine Fischerfrau ein einfaches Tuch als Rock und ein Tuch über der Brust. Ihr weißes Haar war sauber gekämmt und oben auf dem Kopf lag eine weiße Jasminblüte. Wie konnte sie dort oben bleiben, fragte ich mich.

Amma setzte sich auf eine Holzliege neben Mayi Ammas Stuhl. Sie war in außergewöhnlicher, sublimer Stimmung. Schweigend standen wir im Raum, sechs oder acht von uns, und nahmen die Szene in uns auf. Ich stand wie steif gefroren neben Amma, blickte Mayi Amma an, hatte die Kamera ungeschickt in der Hand und einen sehr trockenen Mund. Wie, um Gottes

Amma mit Mayi Amma

Willen, sollte ich die Nerven haben, "ein Bild zu schießen" und dabei diesen perfekten Augenblick zu stören? So stand ich einfach da wie eine Säule. Amma leuchtete in einem schwachen blauen Licht und hatte ein fernes Lächeln auf den Lippen, das ich nie zuvor gesehen hatte. Ein Gedanke ging durch meinen Kopf: "Wer ist denn diese alte Frau?" Genau in diesem Moment drehte sich Mayi Amma um und blickte mir direkt in die Augen. Sie hatte meinen Gedanken gehört! Mir blieb der Atem weg und ich sog ihren Blick in mich ein. Welch unglaublich klare, schöne Augen! In ihren tiefblauen Augen sah ich den Ozean. Der weite Ozean wogte in ihren Augen. Für einen Moment stand die Zeit still und ich fühlte, wie der Segen ihres Darshans gleich einer Welle über mich hinweg rollte. Nach einer Ewigkeit, die vielleicht nur einen Augenblick dauerte, löste sie ihren Blick. Dann knipste ich auf die Kamera, ohne zu denken. Sie schien es nicht zu bemerken oder übel zu nehmen. Darauf machte ich ein weiteres Bild mit ihr und Amma zusammen, beide sich anblickend.

DIE HEILUNG EINES KINDES

Um die Geschichte einer machtvollen Heilung, die ich kurz vor meiner Abreise von Amma erhielt, zu erzählen, muss ich zuerst die Geschichte meiner schwierigen frühen Kindheit mitteilen. Meine Eltern in Chicago waren sehr jung, als ich geboren wurde. Meine Mutter hatte die Universität verlassen, um ihren Studienfreund zu heiraten, der ein populärer Fußballspieler aus der oberen Gesellschaftsschicht war. Kurz nach meiner Geburt zogen wir nach Washington DC, wo mein Vater eine Stelle als Journalist bei der Washington Post erhielt. Er verließ meine Mutter und mich, bevor ich vier Jahre alt war. Eines Nachts kehrte er einfach nicht mehr nach Hause zurück. Meine Mutter musste sich schnell neu organisieren, weil in der Washingtoner Gegend keine Familienmitglieder lebten und keine finanzielle Unterstützung für sie da war. Wir kehrten nach Pittsburgh zurück, um mit meinen Großeltern zu leben. Es war im Jahr 1963, und Scheidung wurde damals noch verachtet. Wir lebten in einer stillen ruhigen Vorstadt mit sechs Familien in der nächsten Nachbarschaft. Traditionelle Familien. Es muss für meine Mutter schwierig gewesen sein, sich wegen unserer Situation einzuleben oder Freundschaften zu machen.

Ich erinnere mich an einen 4. Juli, den Nationalfeiertag. Alle Kinder in der Nachbarschaft hatten ihre Fahrräder dekoriert. Sie wollten damit in unserer Straße eine Parade machen und anschließend am Picknick der versammelten Nachbarn teilnehmen. Ich dekorierte den ganzen Morgen mein Fahrrad, aber als die Zeit für den Start kam, konnte ich meine Mutter nicht unter den versammelten Eltern finden. Ich rannte also zurück zum Haus meiner Großeltern, um sie zu holen. Sie sagte, sie könne nicht zur Parade kommen und gab einen Grund an, der für mich keinen Sinn machte. So rannte ich zurück und fuhr sehr schnell, damit ich die anderen einholen konnte. Es dämmerte mir erst Jahre später, dass meine Mutter sich in dieser Gruppe von Familien nicht wohl fühlte oder nicht willkommen war. Wir waren eine "andere" Familie ohne Vater. Das machte mich verletzlich.

Die Kinder spielten immer hinter dem Haus meiner Großeltern oder im Garten einer der Familien. Es war eine sichere Nachbarschaft, jeder kannte jeden. Hinter einem der Häuser befand sich ein kleines Spielhaus, wo wir es tagsüber und abends lustig hatten. Obwohl erst 5 Jahre alt, hatte ich die Erlaubnis, spielen zu gehen, wenn ich pünktlich zum Abendessen zurück war.

An diesem Nachmittag war noch kein Kind zum Spielen gekommen. Vielleicht schliefen sie noch oder waren mit ihren Familien in der Stadt. Bei unserem Spielhaus sah ich zwei größere Jungs, die ich nicht kannte. Ich spielte zufrieden im Sand, während ich auf die anderen Kinder wartete. Chuckie K. war etwas jünger als ich, sein Bruder Clifford war älter. Er muss schon ein

Teenager gewesen sein, denn er spielte nie mit uns Kindern. Die Brüder kamen in den Garten und Clifford knüpfte ein Gespräch mit den beiden Jungen an. Sie zeigten auf mich, kamen zu mir und sagten, sie wollten im Spielhaus spielen, ich solle doch auch kommen. Natürlich ging ich mit, denn wir spielten ja immer dort.

Aber das war kein Spiel. Sobald wir drinnen waren, verschlossen sie die Türe. Die beiden Jungen, die ich nicht kannte, waren auch drinnen. Alle lachten und schubsten sich gegenseitig grob herum. Einer begann, mir Befehle zu erteilen. Ich begann zu weinen, aber sie drückten mich zu Boden und taten, was einem Kind nie angetan werden sollte. Ich war entsetzt, schrie und weinte. Dann rannten sie weg und ließen mich schluchzend zurück. Ich ging den Weg nach Hause, völlig durcheinander. Die Haushalthilfe meiner Großmutter, Mary Abloff, bügelte gerade, als ich nach Hause kam. Sie blickte auf und sah sofort, dass etwas mit mir geschehen war. Sie machte mich sauber, sagte aber nichts.

Als meine Großmutter aus der Stadt zurückkehrte, wurde sie böse, dass ich meinen Hut verloren hatte. "Wo ist er?" "Ich weiß nicht, vielleicht im Spielhaus", stammelte ich. "Geh und suche ihn, er ist brandneu!", sagte sie. Ich begann wieder zu weinen. Die Haushaltshilfe bot an, mit mir zu gehen und den Hut zu suchen. Sie nahm mich bei der Hand und führte mich schweigend zum Spielhaus. Mein Hut war dort, aber sonst war niemand drinnen. Ich sagte kein Wort, ich war so traumatisiert. Es brauchte viele Jahre, um den Zwischenfall ganz zu verarbeiten und als junge Frau damit klar zu kommen.

Amma hat mein Herz endgültig von diesem Schock geheilt. Einer der tiefsten Momente, die ich mit Amma erlebte, war, als sie mir meine eigene Geschichte erzählte und in Erinnerung rief. Denn ich hatte nie jemandem von diesem Vorkommnis erzählt, nicht einmal meiner eigenen Mutter. Bevor ich nach USA zurückreisen musste, hatte Amma mich gerufen, um im Kalari Tempel bei ihr zu sitzen. Amma sagte, ich habe ein unschuldiges Herz. Auch sei ich ein Tagträumer gewesen, als ich kam. In den vergangenen sechs Monaten sei ich nun spirituell ernsthaft geworden. Sie sei glücklich, dass ich zurückkehren und im Ashram leben wolle. Man werde mir eine Empfehlung mitgeben, damit ich für immer zurückkommen könne. Mein Herz war so offen für Amma, sie gab mir alles, was ich wünschte.

Plötzlich wechselte Amma das Thema. Sie sprach von den Jungen, die mich als kleines Mädchen verletzt hatten. Amma sagte, sie haben etwas sehr Falsches gemacht und dafür leiden müssen. Aber irgendwie muss ich ihnen vergeben, sonst ruiniert das Geschehene meinen Geist, zieht mich nach unten und zerstört mich. Die Vergangenheit ist ein annullierter Scheck. Ich war bestürzt, als ich diese Worte hörte. Ich nickte mit dem Kopf, weil ich wusste, dass alles völlig wahr ist, was Amma sagt. Mir wurde in diesem Moment auch klar, dass Amma jede Kleinigkeit von uns weiß, uns aber nur das enthüllt, was absolut notwendig ist. Wie die Heilung des Leprakranken. Amma ist nicht daran interessiert, Anerkennung zu erhalten für das, was sie tut, oder für die Kräfte, die sie hat. Da ist nicht die geringste Spur von Ego oder Eigeninteresse. Sie hat einen guten Grund, einen kosmischen Grund, für alles, was sie tut. Sie ist die reine Gnade in Person.

Sie hielt mich lange in den Armen und streichelte meinen Rücken. Die schlimme Erinnerung, seit dem fünften Lebensjahr in mir schwärend, spielte sich nochmals - wie unzählige Male zuvor - in meiner Vorstellung ab. Aber zum ersten Mal empfand ich keine Panik. Die Bilder, die Schreie, die Scham stiegen hoch und verblassten. Ich wusste, es war Ammas *sankalpa* (göttliche Absicht) für mich, endlich davon frei zu werden. Ich entspannte mich, gab mich ihrer Umarmung hin und ließ mich heilen. Der Albtraum war vorbei.

Wer kann so etwas tun? Wer kann Erlösung geben? Wer kann Vorkommnisse in unserem Leben für immer ins Reine bringen und uns befreien? Im Fall des Leprakranken siegte die Manifestation der reinen Liebe über jedes biologische Hindernis zur Regeneration des Gewebes. Wir, die neugierigen Zuschauer, wundern sich. Amma will weder Berühmtheit noch Verherrlichung. Im Fall meiner sexuellen Belästigung wurde die reine Heilkraft sofort übermittelt, aber zuerst kam die göttliche Liebe. Alles Unmögliche wird möglich, wenn es den Spuren der göttlichen Liebe folgt. Wer kann das vermitteln? Nur Gott. Das sage ich ohne Zögern. In Ammas Lebensgeschichte habe ich sehr viel davon gesehen.

Einer der inspirierenden Aspekte der indischen spirituellen Tradition ist, dass Gott sich in menschlicher Form manifestiert, um den Leidenden und nach ihm Rufenden Trost und Anleitung zu spenden. Es gibt ein Sanskrit-Wort, *avatar*, für dieses Phänomen. Warum sollte Gott in den Himmel verbannt sein, um die menschliche Existenz von einem entfernten Thron zu regieren? Ich liebe die Idee eines Gottes, der auf die Erde herunter kommt und in einem menschlichen Körper unter uns wandelt. Das klingt für mich plausibel und erfreut mein Herz.

KAPITEL 3

Mit Ungeduld warten

In San Francisco zu landen war wirklich hart. Obwohl nur sechs Monate vergangen waren, erlebte ich einen tiefen Kulturschock. In dieser außergewöhnlichen Zeit hatte sich alles geändert. Amerika kam mir vor wie ein fremdes Land.

Das Indische Konsulat in San Francisco nahm meinen Antrag für ein Entry Visum an, sagte jedoch nicht, wie lange es dauern würde. Die Papiere wurden nach Delhi gesandt, um in Kerala verifiziert zu werden... Man konnte mir wirklich nicht sagen, wann ich wieder von ihnen hören würde. Den Pass wollten sie nicht behalten, ich solle ihn wieder einsenden, sobald das Visum bewilligt sei. Nein, sicher heute noch kein Flugticket buchen... und rufen Sie uns bitte nicht an, wir werden uns melden.

So machte ich mich auf nach New Mexiko. In einer Woche fand ich eine billige Wohnung und Arbeit als Köchin in einem Restaurant. Ich schaffte mir ein wenig Amma um mich herum, indem ich einen schönen Altar einrichtete und auf einer Matratze am Boden schlief. Ich spürte, dass alles gut sein würde. Ich beschloss, das Beste aus meiner Zeit in Amerika zu machen. Amma hatte betont, dass sie immer mit mir sein werde. Das wenigste, das ich also tun konnte, war, meine *sadhana* Praxis so gut wie möglich beizubehalten.

Es half mir, mich an einen Zwischenfall zu erinnern, der zirka eine Woche nach der Begegnung mit Amma geschah. Die anderen Frauen erzählten mir von *mantra diksha,* eine Initiation in die Mantra-Praxis durch den Guru. Das verunsicherte mich, da ich mein Mantra auf dem Colorado Fluss erhalten hatte. Ich fragte Amma also, ob sie mir ein Mantra geben würde, ohne zu sagen, dass ich eines aus zweiter Hand bereits erhalten hatte. Amma lachte in sich hinein, als ihr das übersetzt wurde, und bemerkte: "Aber du hast doch bereits ein Mantra von Amma bekommen." Amma war immer volle Bewusstheit! Situationen wie diese geschahen um Amma herum andauernd, und ab einem gewissen Punkt fühlte es sich lächerlich an zu sagen: "Welch ein Zufall!" Es war besser, Ammas Allwissenheit zu akzeptieren.

Die Erinnerung an dieses und andere ähnliche Geschehen hielt mein Vertrauen aufrecht, während ich auf mein Visum wartete.

Ausserdem musste ich ja Geld für meine Rückkehr nach Indien verdienen. Ich übernahm jede Extraschicht, die ich im Restaurant machen konnte. Alle Angebote zur Weiterbildung nahm ich wahr, um meine Fähigkeiten zu verbessern und eine Gehaltserhöhung zu bekommen. Wir alle wissen, dass Kochen in einem Restaurant harte, stundenlange, schlecht bezahlte Arbeit ist. Aber weil ich vierzig oder mehr Stunden pro Woche arbeitete, konnte ich eine stattliche Summe auf die Seite legen. Ich hätte in eine Stadt ziehen und eine Arbeit suchen können, die meinem Studium entsprochen hätte. Aber ich wollte sein wie der Vogel auf dem Zweig, der jederzeit bereit war zu fliegen, sobald das Visum kam. Auch wollte ich mich nicht ins Stadtleben und in die Anforderungen einer Karriere verstricken. Mein Hauptziel war, genügend Geld für die Rückkehr zu Amma zu verdienen und die Freizeit in der schönen Natur von New Mexiko zu verbringen.

Natürlich erzählte ich allen meinen Freunden, dass ich der Göttlichen Mutter begegnet war und welch wundervolle Dinge in diesem vergangenen Jahr geschehen waren. Was sie von meinen Erfahrungen genau hielten, kümmerte mich nicht. Ich glaubte nun an Amma und machte mich nicht davon abhängig, was andere dachten. In Taos steht ein prächtiger Hanuman Tempel, der

von Ram Das und den Devotes von Neem Karoli Baba errichtet
worden war. Dorthin konnte ich gehen und andere treffen, die
dem Pfad der Liebe folgten. Sie sangen *kirtans* und die Hanuman
Chalisa sehr schön und der Tempel wurde zu einem Ort, wo ich
entspannen und mich friedvoll fühlen konnte. Wie wunderbar
wäre es, wenn Amma einen Platz wie diesen in Amerika haben
könnte, dachte ich im Stillen.

Ich hatte bereits entschieden, meinen ersten Lohn der M.A.
Mission zu überweisen. Also los zur Post, wo ich mit leicht zit-
ternder Hand Ammas Adresse auf den Umschlag schrieb, der
einen Bankscheck von 1.008 Dollars enthielt. Würde das Geld
im Ashram eintreffen? Es war beinahe alles, was ich auf dem
Sparbuch hatte. Eigentlich war es für das Flugticket gedacht,
aber meine Miete war bezahlt, ich hatte einige Lebensmittel im
Schrank und wollte nun mein erstes Geld als Gabe anbieten. Es
würde mich beruhigen, wenn ich in der Wartezeit dem Ashram
helfen könnte, das Notwendigste zu beschaffen. Ich bezahlte
etwas mehr für die Versicherung des Briefes und verließ die Post
mit viel Optimismus im Herzen.

Eine Woche später geschah etwas Seltsames! Ich erhielt einen
eingeschriebenen Brief! Von meinem Großvater. Er schrieb, dass
er seit meiner Rückkehr nach Amerika oft an mich denke und
vermute, dass ich ein wenig Starthilfe brauchen könne. Er sandte
einen Scheck von 1.000 Dollar.

Die Zeit verging sehr langsam. Jeden Monat erkundigte ich
mich beim Indischen Konsulat. Immer blieb ich ein unerledig-
ter Fall. Ich hatte das Geld für das Flugticket erspart und mehr
als genug Geld für meinen Alltag. Der Ashram-Sekretär hatte
geschrieben und den Erhalt meines Geschenkes bestätigt. Er sagte,
Amma wolle nicht, dass ich das wiederhole. Ich solle mein Geld
auf einem Sparbuch anlegen, weil ich es nötig haben könnte.
Ohnehin werde ich bald zurückkehren und unvorhergesehene

Auslagen haben. Es berührte mich, dass Amma sich für mein Wohlergehen sorgte, weil ich allein in Amerika war, weit weg von meiner eigenen Familie. Es war klar, dass Geld sie nicht interessierte. So legte ich meinen Lohn in einem Sparbuch an. Sechs Monate waren vergangen und meine Ungeduld stieg. Mein *sadhana* war nichts im Vergleich mit Ammas Gegenwart. Ich empfand, dass die Welt mich hinunter zog. Ich hatte viele spezielle Träume mit Amma: wie ich ihre Füße massierte, eine lange Darshan-Umarmung, gemeinsames Schwimmen in einem Fluss… Aber das genügte nicht. Mein Herz war voll trauriger Sehnsucht.

Dann kam ein Brief von Amma. Sie ermutigte mich zurück zu kehren, wenn auch nur mit einem Touristenvisum. Beigelegt war eines ihrer leinenen Gesichtstücher. Es löste viele Erinnerungen aus, als ich es in die Hände nahm. Mein Geist fing an abzuwägen, was es bedeutet, das Langzeitvisum, auf das ich nun seit Monaten wartete, aufzugeben. Das Indische Konsulat erlaubte nicht beides. Wenn man ein Touristenvisum beantragte, wurde der andere Antrag ungültig. Ich schwankte. Amma hatte sich klar geäußert, aber der Gedanke, dass ich dann nach sechs Monaten wieder nach Amerika zurückkehren müsste, war unerträglich. Als ich so grübelte, um einen Entschluss zu fassen, geschah etwas, das Klarheit brachte.

VIOLETTES PFLAUMENMUS

An einem Nachmittag kochte ich für das Abendessen Pflaumenmus. Aus frischen Früchten, die mehr als eine Stunde kochen mussten, um einzudicken. Dann wurde das leuchtend violette Pflaumenkompott in einem Mixer püriert. Bei dieser Arbeit flog der Deckel des Mixers auf und das kochendheiße Mus schoss in mein Gesicht. Ich fiel zu Boden und meine Mitarbeiter kamen schnell, um mir zu helfen. Mit einem Blick sahen sie, dass es schlecht stand. Sie legten Eispakete auf mein Gesicht. Die Ambulanz wurde gerufen und ich wurde sofort in die Notfallstation gebracht. Ich war in einem Schock-Zustand. Ein Mitarbeiter war mitgekommen. Das war gut, denn ich konnte nicht einmal richtig sprechen. Der Schmerz war unerträglich. Er erklärte dem Arzt, was geschehen war. Die Krankenschwestern entfernten die Eispackung sorgfältig und ihre Gesichter drückten aus, dass es schlecht stand. Man bestellte Morphium. Ich wurde ins Untersuchungszimmer gerollt. Ein Spezialist wurde gerufen, der mich genau untersuchte. Er sagte, ich hätte in einem großen Teil meines Gesichtes Brandwunden dritten Grades erlitten, aber wunderbarerweise seien meine Augen verschont geblieben. Er meinte, dass alles gut kommen werde, aber vermutlich werde ich plastische Operationen benötigen. Auch bestand die große Gefahr einer Infektion. Die Brandwunde müsse eine Woche lang sehr sorgfältig behandelt werden, damit keine Komplikationen entstünden. Er wollte mich in einer Woche wieder sehen und entließ mich nach Hause.

Ich war wie betäubt wegen dieser veränderten Lage. Wie kostbar ist doch jeder Moment des Lebens, wo wir gesund sind! Wie sehr hatte ich das als selbstverständlich genommen. Es erschien nun wie ein Luxus, wegen eines Touristenvisums zu grübeln. Meine Hoffnungen waren völlig zerschlagen. Ich biss die Zähne zusammen, um nicht zu weinen. Tränen waren nicht gut für meine Verbrennungen und ich musste auf jeden Fall stark bleiben. Es hätte ja schlimmer sein können, sagte ich mir immer wieder. Meine allwissende Amma hat nicht umsonst das Gesichtstuch vor dem Unfall an mich geschickt!

Zuhause angelangt entfernte ich behutsam den Verband. Ich wollte nicht in den Spiegel schauen, sondern legte Ammas schönes, perfektes Gesichtstuch auf mein verbranntes Gesicht. Auf viele Kissen gestützt schlief ich ein. Ich hatte Ammas Mantra auf meinen Lippen und ein intensives Gebet um Hilfe in meinem Herzen.

Irgendwie ging diese Woche vorbei. Der Arzt hatte mir eine spezielle Brandcreme gegeben, aber es war schmerzhaft, sie auf die Wunden aufzutragen. Sie war schwer zu gebrauchen, denn sie war zu dick und das Eincremen schmerzte sehr. So hielt ich mich an das lindernde Gesichtstuch und wartete auf die nächsten Arzttermin. Ich war fest entschlossen, stark zu bleiben. Um dies zu erreichen, dachte ich so wenig wie möglich nach, rezitierte mein Mantra und blickte nicht in den Spiegel.

LEBEN IM GALOPP

Zu diesem Zeitpunkt startete mein Leben so schnell wie ein Pferd, das am Abend in seinen Stall zurück galoppiert. Der Doktor empfing mich mit der Frage, ob ich die gleiche sei, die er vor einer Woche in der Notfallstation gesehen hatte. Ich verstand die Frage nicht, nickte aber bestätigend. Er setzte sich nahe vor mich hin und prüfte mein Gesicht. "Wie ist es möglich? Ich habe noch nie eine solche Heilung gesehen! Was hast du gemacht?" Ich konnte die genaue Situation nicht sehr gut erklären, sagte aber, dass es sehr schwierig gewesen sei, die Creme aufzutragen und dass ich deshalb seiner Anweisung entsprechend die Wunde einfach sehr sauber gehalten hatte. Ich hatte die Brandwunde der Luft ausgesetzt und ein Leinentuch sorgfältig zum Schutz darüber gelegt... das war alles, was ich getan hatte. Er schaute mich völlig ungläubig an, aber was konnte er sagen? Er beendete die Untersuchung und sagte, dass die neue Haut in Zukunft sehr empfindlich gegen Sonne sein werde. Auch könnte sich mit der Zeit eine Rötung entwickeln, weil alle feinen Blutgefäße sich beim Erwachsenen regenerieren und deshalb deutlicher in Erscheinung treten. Er meinte, ich sei eine junge Frau mit sehr viel Glück. Er hatte keine Idee, wie gesegnet ich in Wirklichkeit war!

Für mich war es entschieden. Zurück in der Wohnung rief ich das Indische Konsulat an. Ein Touristenvisum würde genügen, ich konnte nicht länger warten. Nach langer Wartezeit kam der Konsul zum Telefon und schien etwas irritiert. Warum wollte ich ein Touristenvisum, nachdem mein Visum vor ein paar Tagen bewilligt worden war? Wolle ich meinen Pass nicht einsenden? Leicht schwindlig musste ich mich hinsetzen. Es war also Tatsache, dass ich zu Amma zurückkehren konnte!

KAPITEL 4

Eintauchen!

R eine Freude! Das sagt alles. Nach meiner Rückkehr in den Ashram lief alles wunderbar. Zum Teil weil sich seit meinem Unfall mein innerer Entschluss gefestigt hatte. Es war hilfreich zu sehen, wie vergänglich und flüchtig das Leben ist. Ich sah klar, dass dieser Moment mit Amma alles war, was ich hatte. Mein Visum galt nur für ein Jahr und obwohl es verlängert werden konnte, war diese Zeit kostbar und ich nahm mir vor, das Beste daraus zu machen.

Alle Ersparnisse aus meiner Arbeit, eine stattliche Summe, wollte ich Amma geben. Sie verweigerte jeden Cent und bestand darauf, dass ich in Vallikavu ein Sparbuch anlege. Nach einigem Widerstand stimmte ich zu, allerdings unter der Bedingung, dass ich helfen dürfe, wenn der Ashram wirklich etwas brauchte. Mein Zimmer befand sich in einer der Kokoshütten nordwestlich des Kalari Tempels. Diese Hütten sind lange, rechteckige Gebäude aus mehrern Lagen gewobener Kokosmatten, die mit starken Schnüren zusammengebunden sind. Das Gerüst dafür ist aus Bambus. In einer solchen Hütte zu leben, das war ein Traum von mir, den ich nie geäußert hatte. Bis dahin war ich in einem Zimmer in Ammas Elternhaus untergebracht. Amma änderte auch meine tägliche Routine. Statt acht Stunden Meditation und drei Stunden Seva wurde es nun umgekehrt.

SPINNEN UND SCHLANGEN

Die Hütte hatte keinen Ventilator und war gerade groß genug, dass zwei Matten darin ausgebreitet werden konnten. Damals war der Ashram auf drei Seiten von Wasser umgeben. Die Hütten standen an der westlichen Seite der Lagune. Wenn ich aus dem Fenster blickte, konnte ich Entenfamilien vorbei paddeln sehen, dazu Wasserschlangen, Schildkröten und Frösche. Menschen fuhren in Kanus vorbei. Oft sah ich auch Schlangen durch die Dachbalken gleiten. Aber ich dachte, dass es ebenso gut ihr Zuhause wie meines war, so sehr fühlte ich mich mit der Natur verbunden. Sie störten mich nicht, warum also sollte ich sie stören?

In einer Nacht kam ich sehr spät in meine Hütte. Es war nur wenige Stunden, bevor Archana beginnen würde, also wollte ich ein wenig schlafen. Aber an der Rückwand, die auch aus gewobenen Kokosmatten bestand, entdeckte ich eine große giftige Sprungspinne. Sie war kaum zu sehen, sie passte farblich zur Kokosmatte. Dann sah ich zwei… nein, eigentlich waren es drei, vier, fünf … Ich hörte auf zu zählen und entschloss mich, schlafen zu gehen. Ich befürchtete, sie würden auf mich springen, wenn ich sie zu töten versuchte. Und weiter an sie zu denken, löste nur Angst aus. Vermutlich hatte ich all diese Wochen friedlich neben ihnen geschlafen und sie einfach nicht gesehen. Und wenn es mein Schicksal war, gebissen zu werden, würde ich nur früher sterben, wenn ich sie bekämpfte. Entweder geschah es, oder nicht. Deshalb konnte ich wirklich ein paar Stunden schlafen.

Im Glauben, dass Amma über mich wachte, schlief ich sorglos. Wenn ich zurück schaue, wundere ich mich über die Ergebenheit, die ich damals hatte. Natürlich würde Amma nie vorschlagen, dass wir uns in Gefahr aufhalten, wenn sie klar zu sehen ist. Denn schließlich hat Gott uns die Kraft gegeben, Gefahr zu erkennen, aber auch die Urteilsfähigkeit, sie zu vermeiden. Aber in meinem unschuldigen Vertrauen dachte ich, dass Amma sich allem annimmt. Und sie tat es. Ich wachte pünktlich für das Archana auf. Später erzählte ich meinen spirituellen Schwestern von den Spinnen. Sie halfen mir, sie aus der Hütte zu entfernen. Ich spürte, dass sie nicht wussten, ob sie über meine Dummheit lachen oder durch mein Vertrauen beeindruckt sein sollten. Schließlich ließen sie beides gelten.

DIE ASHRAMKÖCHIN

Ein paar Tage nach meiner Ankunft setzte Amma mich als Ashramköchin ein. Welch unglaubliche Ehre, dachte ich. Es muss zehntausend Leben gebraucht haben, um diesen Seva zu verdienen. Eine junge Indern, die im Ashram lebte, sollte auch helfen. Die Küche war im Elternhaus und gekocht wurde auf offenen Feuerstellen mit eingebauten Kaminen. Die Kochtöpfe wurden auf Steinblöcke gestellt, die entsprechend der Kochtopf-größe verschoben werden konnten. Am ersten Tag kam Ammas Mutter, Damayanti Amma, persönlich, um mir zu zeigen, wie man ein Feuer anzündet. Zuerst zeigte sie mir eine einfache Puja, bei der man ein Stück weißes Kokosfleisch ins Feuer gibt, ein Gebet spricht und das zeremonielle Besprengen mit Wasser vornimmt. Sie war sehr streng. Sie belehrte mich, dass man vor Sonnenaufgang kehren soll und wie der Küchenboden gereinigt wird. Die Geräte mussten auf eine bestimmte Art aufbewahrt und das Wasser rein gehalten werden. Die Schöpfer brauchten besondere Sorgfalt. Da sie kein Englisch sprach, wäre meine Trainingsstunde für jemanden, der zugeschaut hätte, wirklich unterhaltsam gewesen.

So begann mein Tag um 4.30 Uhr mit Archana. Spätestens um 6 Uhr stand ich in der Küche. An Bhava Darshan Tagen wurden normalerweise gegen 2 Uhr die Lichter gelöscht. Es gab weder Tee noch Kaffe. Zweimal am Tag wurde gekochte Milch eins zu eins mit Wasser verdünnt und mit viel Zucker angeboten. Wenn ich zum Mithelfen in Ammas Zimmer gerufen wurde, bedeutete das, dass ich nur wenige Stunden Schlaf hatte. Und Amma schlief nie wirklich, sie lag, um ihren Körper auszuruhen.

Auch dann war sie immer gegenwärtig und aufmerksam. In einer Nacht weckte uns Amma und sagte, eine Familie sei mit dem Boot gekommen und könne im Dunkeln den Weg nicht finden. Wir sollten gehen und ihnen ein Zimmer zuteilen. Und wirklich, da standen sie, hilflos umherblickend und sich fragend, wo wohl der Ashram war, der ja tatsächlich nur aus dem Elternhaus und dem umgebenden Gelände bestand.

Aber ich schweife ab. Wenn ich vor Morgengrauen in der Küche erschien, begann der Arbeitstag mit raschem Saubermachen, einer kurzen Puja, die mich zentrierte, und dem Feuermachen. Ferner musste Reis bereitgestellt und durch Schütteln in einem weiten Korb von den Hülsen befreit werden. Dann wurde er sorgfältig gewaschen. Kein einziges Korn durfte verloren gehen. Das würde Unglück bringen. Sobald der Reis kochte, durfte nur noch warmes Wasser zugegeben werden, kein kaltes. Sonst verursachte dies Rheumatismus.

Wenn wir Kokosnüsse hatten, mussten sie auf einem speziellen Hocker mit scharfem Messer ausgekratzt werden. Es erinnerte mich an meine Melk-Tage, weil kräftige Unterarme nötig waren, um zehn Kokosnüsse schnell zubereiten zu können.

Das Frühstück wurde für zirka 25 Bewohner gekocht. Am Vormittag wurde zwar die Zahl der Mittagessen angegeben, aber meistens lief es auf 50 Personen hinaus. Das Abendessen an Devi Bhava musste für Hunderte in riesigen Kochtöpfen, in die man sich hätte hineinlegen können, gekocht werden. Nach dem Mittagessen gab es eine Pause bis zu den Vorbereitungen für das Abendessen. Oft wurden für den Bhava Darshan alle Vorräte aufgebraucht, so dass für uns Bewohner nur einfacher Kanji ohne Gemüse zum Frühstück und Abendessen übrig blieb, bis wieder eingekauft werden konnte. Manchmal war das Tage später.

Als Mittagessen hatten wir immer Reis, Gemüsecurry, einen Schöpfer voll Sambar, Rasam, Poullishetti oder Paddapu

Eine Pause vom Kochen

Dal. Keines dieser Gerichte benötigte Kokosnüsse. Sie waren zu
teuer, obwohl sie ringsherum reichlich wuchsen. Der Gemüsecurry wurde immer sorgfältig ausgeteilt. Oft erntete ich morgens
cheera, wilden Spinat, der beim Elternhaus wuchs. Es brauchte
viel Zeit, genügend einzusammeln, damit es für das Mittagessen reichte. *Chembu* oder Elefantenfußwurzel war ein weiteres
Grundnahrungsmittel. Es war ein sehr billiges Gemüse, das man
nur mit eingeölten Händen schneiden konnte, weil die Haut sonst
allergisch reagierte. Sehr nahrhaft, aber nicht sehr schmackhaft.
Ladyfinger, Drumstick und Bittermelone konnten wir uns nie
leisten. Sogar Kartoffeln waren ein Luxus. Das Kochen im Ashram erschien als das absolute Gegenteil von meinem Kochen in
New Mexiko. Es war aber sehr erfrischend, für andere zu kochen,
ohne Anerkennung zu erwarten. Wir arbeiteten in der Küche
schweigend und rezitierten das Mantra. Wir bemühten uns,
Ammas Anweisungen zu folgen.

Manchmal brachten Devotees Säcke mit frisch geernteter
cheeni, einer Variante der Tapioka-Wurzel. Dann konnten wir ein
spezielles Gericht kochen. Oft kam Amma und half beim Schneiden mit, wie sie das am Dienstag-Programm im Kali Tempel
manchmal noch macht. Als Hauptzutat hatten wir Kochbananen,
riesige Gurkenmelonen und lokale Wurzeln, Kohl und Rüben als
Gemüse. Weder Zwiebel noch Knoblauch kamen in Frage. Aber
natürlich verwendeten wir Salz, schwarzen Pfeffer, Kümmelsa-
men, getrocknete rote Chillieschoten in kleinen Mengen, etwas
Asefoetida, frische Tamarindenpaste, frischen Ingwer, frische
Curryblätter, Koriandersamen, Senfsamen und ein oder zwei
grüne Chillies zum Würzen und Abschmecken. Jeden zweiten
Morgen kam Ammas reizender jüngster Bruder Kocchupapa,
jetzt Sudhir Kumar, an die Küchentüre, um nachzufragen, ob
Einkäufe gemacht werden müssen. Dann machte er sich auf zum
nächsten Gemüsemarkt und kaufte das Benötigte.

Es war eine erstaunlich lehrreiche Zeit. Ich lernte, wie Dutzende von Gerichten richtig zubereitet werden, wie eine Mahlzeit für 50 auf 100 verlängert werden kann - und das alles in einer Sprache, die ich nicht wirklich verstand.

Der Mahlstein war das einzige elektrische Gerät, das wir hatten. Für ein Currygericht mit Kokosnuss wurde die Kokosnuss in die Vertiefung des runden Mahlsteins gelegt. Der Mörser wurde in die richtige Position gebracht und fest gekettet. Der Motor wurde angeschaltet und alles wirbelte rundum und wurde mit frischem Ingwer oder anderen Gewürzen, je nach Art der Zubereitung, vermischt. Die Maschine konnte in einer halben Stunde alles zu einer rohen Paste reiben. Für eine feinere Paste benötigte sie 45 Minuten.

Manchmal tauchte die Qualitätskontrolleurin auf - das war Amma. Sie kam unangemeldet, hielt den Finger in die sich drehende Paste und probierte. Wenn ich auch nur die kleinste Zwiebel beigemischt hatte, konnte sie es schmecken. Nicht einmal eine kleine Knoblauchzehe durfte ich beifügen! In kürzester Zeit konnte Amma feststellen, was in die Mischung gegeben worden war. Aber wenigstens hatte ich gelernt, während des Kochens mein Mantra unaufhörlich zu singen, und das war für Amma die wichtigste Zutat!

Die Feuerstellen waren aus zwei Gründen eine Herausforderung. Am schwierigsten war es, genügend trockenes Brennmaterial zu finden. Die Mittelrippe des Kokospalmblattes wurde mein bester Freund, aber sie musste völlig trocken sein, damit sie brannte. Ich schichtete die Blätter auf, damit sie langsam trocknen konnten. In der Monsunzeit war das besonders schwierig. Wir kauften nie auswärts Holz ein – das war zu teuer. Einmal fiel ein alter Baum aus Hartholz um und jemand kam, um ihn zu Feuerholz zu hacken. Das war ein Geschenk des Himmels. Jede freie Minute verbrachte ich mit der Suche nach trockenen

Kokosnussschalen, Zweigen, Palmblättern... Jegliches Holz, trocken oder nass, wurde eingesammelt und auf einen Stapel gehäuft. Damayanti Amma war unschätzbar hilfreich, wenn es darum ging, dass ich genügend Feuerholz hatte. Sie informierte mich immer, wenn sie welches herumliegen sah. Sie kümmerte sich sehr darum, dass alle Bewohner Essen bekamen, was bedeutete, dass der Koch ständig trockenes Brennmaterial zur Verfügung haben musste. Damayanti Amma war immer nett zu mir, obwohl ich mir vorstelle, dass sie sich sehr an meine Anwesenheit in der Küche anpassen musste. Nachdem die Familie einmal verstanden hatte, was Ammas Mission war, tat sie alles, um diesen winzigen Ashram zu fördern. Es war unglaublich. Alle waren bereit, das Notwendige für Ammas Devotees zu tun, auch wenn es bedeutete, mit jemandem Schulter an Schulter zu arbeiten, der von der anderen Seite des Globus kam und nichts verstand.

Die zweite Herausforderung der Feuerstellen war die große Hitze. In dieser winzigen Küche reagierte mein ganzer Körper auf sie und entwickelte überall Blasen, speziell im Gesicht. Hinzu kam, dass das Reiswasser vom gekochten Reis in ein kleineres Gefäß umgegossen werden musste. Das hieß, den Kochtopf gleich auf der Feuerstelle zu neigen, damit das Wasser in ein Gefäß floss, das darunter am Boden stand. Man stelle sich vor, mehr als 30 Liter kochendes Wasser genau in das darunter stehende, kleinere Gefäß zu schütten. Es wäre eine Katastrophe, wenn es danebenginge. Der Wasserdampf und die Hitze, die dabei entstanden, verursachten die Blasen am Körper. Aber wenn ich an Amma dachte, die ihren Devotees zuliebe so viel körperliches Leiden auf sich nimmt, wollte ich meine Blasen nicht erwähnen. Doch eines Tages geschah etwas, das mich zwang, Amma meinen Zustand zu zeigen.

BISSE VON UNGEZIEFER

Ich gab immer acht, im Ashram kein Lebewesen zu töten, auch wenn es nur ein Käfer oder eine Spinne war. Aber Damayanti Amma hat mir etwas gezeigt, das unbedingt aus der Küche entfernt werden musste, wenn man es sah: den giftigen Tausendfüßler. Sie sind flach, leuchtend braun und sieben bis zwölf Zentimeter lang. Sie warnte mich, dass sie wirklich gefährlich seien und vor allem im Ausguss und in Holzstapeln vorkommen. Sie seien aggressiv und schnell, rennen die Beine hinauf und beißen sofort. Sie sind sehr giftig und der Biss ist sehr schmerzhaft. Ich lockerte also meine Haltung der Gewaltlosigkeit gegenüber allen Lebewesen. Wenn ich einen von ihnen sah, bedeutete das sein Ende. Im Verlauf von sechs Monaten tötete ich wohl zwei oder drei. Ich fühlte mich immer ungut dabei, rechtfertigte jedoch meine Handlung damit, dass es für unsere Sicherheit war - das war auch wichtig.

Eines Nachts wachte ich plötzlich auf. Ich hörte ein Beißgeräusch neben meiner Achselhöhle. Dann hörte es jedoch auf und ich wollte wieder einschlafen, als ein Zwicken mich völlig wach machte. Ich hatte eine Sari-Bluse an und fasste an die schmerzenden Stelle. Nun wusste ich genau, was geschehen war. Unter dem Blusenärmel, zwischen meine Finger geklemmt, fühlte ich etwas Zappelndes - ein Tausendfüßler. O Gott! Ich zog die Bluse aus, und da war er. Er lag am Boden und rannte sofort an den Rand der Hütte. Ich erreichte ihn noch mit einem Handfächer und teilte ihn in zwei Stücke. Ich schwöre, dass er in zwei verschiedene Richtungen davonrannte! Die Biss-Stelle auf meinem Arm vergrößerte sich und verursachte Schmerzen, die sich meinen Arm hinunter und bis in den Nacken ausdehnten. Ich zog meine Bluse und einen Halb-Sari an und weckte zwei Bewohner, die beim Kalari Tempel schliefen, weil sie ihre Räume für die Devotees frei gemacht hatten. Ich wusste mir nicht zu helfen, wollte aber

Amma nicht unnötig stören. Ich beschrieb, was geschehen war, und fragte nach ihrem Rat, aber sie sagten, Tausendfüßler seien nicht so giftig, ich werde okay sein und am Morgen könne man dann sehen, wie der Biss aussähe. Sie gaben mir etwas heilige Asche, die wirklich linderte. Sie waren geduldig und freundlich mit mir, obwohl ich sie im Schlaf gestört hatte.

Sie hatten recht, am Morgen schien die Biss-Stelle gut auszusehen. Ein verhärteter Ring, wo das Gift eingespritzt worden war, aber sonst nichts. Ich bin allergisch auf Hummelstiche und kenne deswegen die Reaktionen auf Insektenbisse. Dies war keiner. So ging ich in die Küche, um Feuer zu machen. Nach einer Stunde, als ich den Biss ganz vergessen hatte, ging ein Adrenalin-Stoß durch mich hindurch. Es fühlte sich an, als wäre Feuer in meinem Blutkreislauf entzündet worden. Ich musste mich setzen. Die junge Inderin erkannte, dass etwas Ernsthaftes mit mir geschah. Sie legte den Kochlöffel beiseite und führte mich zu Amma. Amma sah, dass ich überall große Beulen und Hitzeblasen hatte. Dann zeigte ich ihr den Biss des Tausendfüßlers von der vorigen Nacht. Amma sagte, die Hitze des Feuers habe das Gift aktiviert und meine Reaktion darauf verstärkt. Sie rief Damayanti Amma und bat sie, mich sofort zum Arzt zu bringen. Ich betete zu Amma, dass meine Atemwege sich nicht schließen würden.

Es war damals recht kompliziert, zum Arzt zu gehen. Wir fuhren mit dem Boot über den Fluss, gingen auf der nicht geteerten Straße zur Kreuzung, dann rechts durch Reisfelder, den kleinen Kanälen entlang, die kreuz und quer durch die Felder angelegt sind. Es war schon Mittag, die Sonne brannte auf uns. Ich wurde beinahe ohnmächtig, aber die Angst davor, von den kleinen Dämmen in die Reisfelder hinunter zu fallen, hielt mich wach. Etwa zwanzig Minuten später erreichten wir das Haus des Arztes.

Er war ein älterer, intelligent aussehender Mann mit rundem Gesicht. Natürlich kannte ich die Malayalam-Worte für "giftigen

Tausendfüßler-Biss" nicht, aber eine Zeichnung in den Sand
genügte. Er und Damayanti Amma schüttelten sofort bedenklich
die Köpfe, als sie die Zeichnung sahen. Der Doktor ging ins Haus
und kehrte mit einem Glas Wasser in der einen, und drei bräun-
lich-gelben Tabletten in der anderen Hand zurück. Ich sollte eine
der kugelförmigen Tabletten schlucken und Wasser nachtrinken.
Ich tat dies. Es war erfrischend, schmackhaft, etwas stechend und
bitter. Die anderen zwei Tabletten gab er Damayanti und nahm
keine Bezahlung an. Er bot mir den bequemen Sessel auf seiner
Veranda an. Ich sank dankbar hinein und ruhte ein wenig aus,
bis wir den Rückweg antraten. Damayanti Amma entspannte sich
in der Nähe, um sich etwas von der Hitze zu erholen.

Das Ende der Geschichte geschah zwanzig Jahre später. An
einem der Dienstagsprogramme erzählte Amma von den frühen
Jahren des Ashrams. Obwohl ich es ihr nie gesagt hatte, berich-
tete Amma von den Hitzeblasen der Ashramköchin, die damit
über und über bedeckt war, sich aber nie darüber beklagt hatte.
Wenn wir je denken, Amma bemerke etwas nicht oder könnte
es nach zwanzig Jahren vergessen haben oder es als unbedeutend
einschätzen, dann liegen wir echt falsch!

NACHRICHTEN AUS DER VERGANGENHEIT BLITZEN AUF

Vor kurzer Zeit, mehr als 25 Jahre nach meinen Tagen als Ashramköchin, hielt mich einer der ersten indischen Bewohner vor
dem Kali Tempel an. Pappettan Acchan wollte mir einen Zei-
tungsausschnitt in Malayalam zeigen, "Divya Upadesham", den er
im Altpapier gefunden hatte. Er hatte darin einen Artikel gelesen,
der die Ashramköchin der alten Tage erwähnte. Als ich an ihm
vorbeiging, erinnerte er sich, dass es sich um mich handelte. Er
wollte mir den Inhalt erzählen.

Es war im Jahr 1986. Amma hatte ein Programm in Alleppy und wollte mit allen Bewohnern zur Mittagszeit zurück im

Ashram sein. Ich sollte voraus gehen und das Essen vorbereiten. Als ich im Ashram ankam, war aber schon gekocht worden. Ich war unsicher, was ich tun sollte. Warum sandte Amma mich zum Kochen zurück, wenn es unnötig war? So entfachte ich ein Feuer in der Küche. Einige kritisierten mich und forderten mich heraus, indem sie sagten, das Essen werde bestimmt verderben und müsse weggeworfen werden, weil ja nur so wenige Personen hier waren. Ich wollte aber Ammas Worten gehorchen. Wenn zu viel Essen da war, konnte es am Abend serviert werden. Amma hatte mich nicht grundlos zurückgeschickt.

Als Amma zurückkehrte, trafen mit ihr viele unerwartete Gäste ein, die sie sehen wollten. Nur dank Ammas Anweisung war genügend Essen für alle da! Ammas Worte hatten keinen für uns sichtbaren Sinn gemacht, aber die Tiefe ihrer Sicht geht niemals fehl. In dem Zeitungsartikel wies Amma darauf hin, dass der Schüler die Worte des Gurus ernsthaft befolgen soll, auch wenn er von anderen kritisiert wird, weil er weiß, dass sie die Wahrheit enthalten. Ich habe es noch nie erlebt, dass Ammas Worte zufällig oder ohne Bedeutung waren. Wenn ein verwirklichter Meister spricht, ist es die Wahrheit selbst.

Während ich für mein neues Visum in Amerika war, kam eine Frau aus den Niederlanden in den Ashram. Wir waren ungefähr gleich alt und mochten uns sofort. Alle liebten sie. Mit ihr gab es immer viel zu lachen. Da das indische Mädchen in der Küche nicht weiterarbeiten konnte, war ein Ersatz notwendig. Als die Holländerin dafür vorgeschlagen wurde, bezweifelte Amma, ob die Küche gut laufen werde mit zwei Frauen, denen die indische Küche fremd war. Aber es gab keine Alternativen. Am Anfang lief alles wunderbar. Wir mochten unsere Arbeit, wussten aber nicht so recht, was wir taten. Ich erinnere mich, dass wir an einem Abend versuchten, aus dem übrig gebliebenen Reis vom Mittagessen eine Art Reisküchlein zu machen. Das schien eine gute Idee zu sein, doch sie fielen auf dem Grill auseinander. Aber auch wenn es gelungen wäre, wie hätten die Bewohner Reisküchlein als Abendessen schätzen können! Zum Glück gelang es uns irgendwie, das Menu zu wechseln und das Kochen vor den Bhajans zu beenden. Niemand ging hungrig zu Bett.

BAU DES KALITEMPELS

Eines Morgens versammelten wir uns vor der Meditationshalle, ehe die Upanishad-Klasse begann. Die große Neuigkeit war, dass die Kokospalmen gefällt werden mussten, damit es im Vorgarten Platz für eine neue Gebetshalle gab. Jemand äußerte nostalgische Gefühle, aber Amma sagte, die Bäume würden für einen größeren Zweck geopfert. Gegenwärtig könnten nur wenige Personen an diesem Platz meditieren, doch es würde ein Ort werden, an dem viele Menschen Erleuchtung erhielten und der Welt Frieden brächten. Unsere emotionale Bindung an die Bäume sei verständlich, aber wir sollten erkennen, dass das Opfer zum Wohl der Welt gemacht werden müsste.

Nachdem die Palmen gefällt und der Platz gesäubert waren, wählte der Astrologe sorgfältig den geeigneten Tag. Amma führte eine kraftvolle Zeremonie aus, bei welcher der Grundstein in die Erde gelegt wurde. Dann wurde sofort mit den Grabungen für die Grundmauern begonnen und kurz danach trafen die Baumaterialien ein. Stahl für die Betonsäulen, Granit, der in kleine Stücke gehauen werden musste, um mit dem Zement vermischt zu werden, und Säcke mit Zement, die entlang der ausgemessenen Linie des Grundrisses aufgestapelt wurden. Es war ein wenig rätselhaft, warum ein solches Gebäude so dringend gebaut werden sollte, da wir nur zwanzig Personen waren, die im Ashram lebten. Aber Amma insistierte, dass wir keine Ahnung hätten, wie viele Kinder hierher kommen würden. Wir mussten für sie einen Platz schaffen, wo sie leben konnten.

So trugen wir Sand, Tonnen und Tonnen von Sand, jede Nacht. Wir balancierten Kochtöpfe auf den Köpfen über die schmalen Bretterbrücken, die über die Lagunen zum Meer führten. Der Sand wurde dann zusammen gepresst und zwischen die Zementbasis der Säulen des zukünftigen Kalitempels gefüllt. Es war wunderbar harte Arbeit, mit viel Mantra-Rezitation, damit wir durchhalten konnten. Nach Mitternacht, bevor wir für ein paar Stunden in unsere Unterkünfte gingen, bereitete Amma heiße Getränke zu und verteilte Snacks aus der Vorratskammer.

Manchmal fiel die Zementarbeit auf Devi Bhava Tage. Alle anwesenden Devotees stellten sich in ihren besten Kleidern in eine Reihe, um die *chutties* (eine Art Wok) mit Zement von Hand zu Hand weiterzureichen und in die Bohrlöcher für die Tragsäulen zu füllen. Manchmal mussten sie eng zusammen stehen, so dass die Schalen in den zweiten oder dritten Stock hinaufgereicht werden konnten. Die jüngeren Helfer standen dort oben auf Rampen. Alle konzentrierten sich, damit kein Zement auf die unteren Helfer fiel. Das war eine fröhliche, gute Teamarbeit, und viele hungrige Menschen kamen zum Mittagessen! So wurde der Kali Tempel auf dem Platz errichtet, wo Amma während Kali Bhava getanzt hatte, aber jetzt sah man sie eingereiht in die Devotees, die *chutties* von Hand zu Hand reichten. In Zukunft würden die Devotees den Devi Bhava im Tempel erleben, der von Kali persönlich gebaut worden war! Und Amma machte mit ihrer aktiven Gegenwart jede Aufgabe lösbar und zu einem Spaß. In ihrer Gegenwart war es möglich, mühelos zusammen zu arbeiten, um ein riesiges Projekt auszuführen.

AUSWÄRTIGE PROGRAMME

Ungefähr zu dieser Zeit begannen benachbarte Städte und Dörfer Amma für Programme einzuladen. Kollam, Alleppy, Mavelikara, Harippad, Tiruvella, Kottayam und Pandalam sind einige der

Orte, an die ich mich erinnere. Es wurde dem Ashram ein kleiner dunkelbrauner Minibus geschenkt. An der Seite war in großen Buchstaben "Mata Amritanandamayi Mission" geschrieben. Insgesamt sechs Sitzbänke links und rechts des Mittelganges boten bequem Platz für je zwei Personen oder drei, wenn man zusammen rückte. Der ganze Ashram hatte in diesem Minibus Platz; Amma saß auf der vordersten Bank rechts. Ich selbst kauerte mich zwischen die Sitzbänke. Das war überraschend bequem. Ich wollte ein bisschen mehr Platz für Amma schaffen, die in der Nacht den Devotees so viel von sich gegeben hatte. Oft geschah es, dass ich das Fußkissen für Ammas Füße sein durfte! Ein oder zwei Stunden Fahrt verflogen, ohne dass ich es bemerkte, so vertieft war ich in die hingabevolle Stimmung, die im Bus herrschte. Man konnte dicke, beige Vorhänge zuziehen und die Fenster schließen, um bei der Fahrt durch eine Stadt unerkannt zu bleiben, aber natürlich stieg dann die Hitze im Bus enorm. Amma lachte darüber und sagte, dass die Rishis in alter Zeit in Höhlen heilige Handlungen praktiziert hatten und heute genüge dafür ein Minibus. Eine der ersten Forderungen im spirituellen Leben sei, über Vorlieben und Abneigungen, heiß und kalt, Vergnügen und Schmerz hinaus zu gelangen. Wer Befreiung erreichen will, darf dadurch nicht negativ beeinflusst werden. Unser Geist sollte immer ausgeglichen bleiben.

Amma fügte hinzu, dass viele von uns aus dem Fenster in die vorbeiziehende Landschaft schauten, und erklärte, dass wir nie das Innere sehen werden, wenn wir nach außen blicken. All die subtilen Eindrücke prägen sich dem Geist ein, auch wenn wir glauben, wir würden sie nicht aufnehmen. Diese Eindrücke verursachen ruhelose *vasanas* (Tendenzen), die überwunden werden müssen. Auf einer Pilgerfahrt versuchen wir, die Gedanken ruhig zu stellen und nicht, sie zu vermehren.

Je nach erwarteter Dauer unserer Fahrt verließen wir den Ashram etwa um die Mittagszeit. Wir hielten im Haus der Gastgeber an, um uns aufzufrischen und erhielten Tee und leichtes Essen. Das war die einzige Gelegenheit, wo wir Tee trinken konnten, aber da es für die Stimmbänder schlecht ist, ihn vor dem Singen zu trinken, lehnten wir meist ab. Damals gab es noch keine Bhajanbücher, weshalb ich die Lieder, die Amma singen würde, von Hand in mein Tagebuch eintrug. Oft fühlte sich einer der Ashramiten, speziell Puja Unni, heute Swami Turiyamritananda, dazu inspiriert, ein neues Lied zu schreiben. Alle Lieder hatten eine tiefe Bedeutung und immer eine besondere Melodie. Sie waren eine Gabe der Liebe und Hingabe.

Ammas wesentliche spirituelle Lehren konnten leicht verstanden werden, wenn man ihren hingabevollen Liedern lauschte: Geist, Worte und Handlungen sollten alle der Erinnerung Gottes und dem Dienst für ihn gewidmet sein (*Manasa Vacha*); sei kein Heuchler, der im Tempel Gott verehrt und danach den Bettler am Tempeltor mit Fußtritten wegschickt (*Shakti Rupe*); erinnere dich daran, dass niemand in der Welt wirklich zu uns gehört (*Bandham Illa*); sei völlig auf dein Ziel konzentriert (*Adiyil Paramesvariye*); vergieße wie ein Kind unschuldige Tränen vor der Göttlichen Mutter, damit du das Ziel erreichst (*Ammayil Manasam*); verschmelze in einen Zustand von Einheit mit deiner bevorzugten Gottheit, indem du Meditation und heilige Handlungen praktizierst (*Karuna Nir Katale*); bade in der inneren Vision deiner Geliebten (*Kannilenkilum*); erreiche perfekten Frieden in dieser Welt des Leidens (*Ammayennulloru*). Der Weg der Liebe und Hingabe war in allen von Ammas hingabevollen Liedern betont. Wir sangen sie im Kalari Tempel, aber auch bei auswärtigen Programmen. Amma zeigte mir, wie ich den Takt des Liedes einhalten konnte, indem ich die Finger sanft auf mein Knie schlug. Wichtig war, den Körper ruhig zu halten, weil der

Geist dann bessere Konzentration erreicht. Durch hingabevolle Musik kann der Geist zu einem Punkt vollkommener Stille gebracht werden. Ich versuchte, in glückseligen Augenblicken die Zwischenräume zu schließen, wie Amma mir früher geraten hatte.

Nach dem Bhajanprogramm gab Amma bis spät in die Nacht hinein Darshan. Oft fuhren wir erst gegen zwei oder drei Uhr morgens zurück und erreichten den Ashram bei Sonnenaufgang. Ich duschte mich und ging gleich zur Küche, den Kopf voll traumhafter Musik und Ammas liebevoller Gegenwart aus der vergangenen Nacht. So wurden die Wochen und Monate zu einem Jahr. Meine spirituelle Praxis war ein Gleichgewicht von Dienst, Meditation, Studium der Schriften und Hatha Yoga. Jeder einzelne von uns folgte der speziellen Führung von Amma, die variierte, je nachdem ob man hingabevoller oder intellektueller war, mehr *tamasisch* (lethargisch) oder voll *Rajas* (Aktivität) oder *sattvisch* (rein), oder ob man heiterer oder grober im Verhalten war. Amma spiegelte perfekt wider, was jeder von uns im Herzen hatte. Wer voller Liebe war, lebte in Liebe und Inspiration. Wem es an Subtilität und Verfeinerung mangelte, wurde dauernd getestet. Jeder, der für spirituelles Lernen gekommen war, wurde von Amma je nach Veranlagung geführt. Weil wir so wenige waren, sah man leicht, wer sich Zeit für das Archana nahm und wer nicht. Wer sich zur Meditation setzte und wer keine Zeit dafür hatte. Wer enthusiastisch zum Unterricht kam oder wer dort schlief.

Eine junge Frau, die sich viele Jahre später dazu entschloss, den Ashram zu verlassen, beteiligte sich selten an den spirituellen Angeboten. Sie erklärte, dies sei ihr bei dem Seva, der ihr oblag, nicht möglich. Wenige Jahre später ließ ich selbst mein Seva zum Hindernis für meine tägliche Praxis werden, was sich verheerend auswirkte. Aus Diskretionsgründen nenne ich ihren Namen nicht, aber ich erwähne sie hier und gelegentlich an anderen Stellen, weil sie Einfluss auf meinen eigenen Weg hatte.

Andere zu beurteilen war für mich ein starkes Vasana. Ich versuchte also, ein stiller Beobachter zu werden und an meiner eigenen Verbesserung zu arbeiten. Wir ahnten nicht, dass Amma die Welt absichtlich von uns fern hielt, um uns die Gelegenheit zu geben, spirituell stark zu werden, bevor die Flut herein brauste.

KAPITEL 5

Meine Kinder weinen

Im April 1986 erhielt Amma eine Einladung nach Amerika. Wir waren damals etwa zwanzig Personen, die auf dem Grundstück der Familie Idammanel lebten. Amma nahm die Einladung an. Sie kam von Nealus Bruder, Earl Rosner, in San Francisco, und seiner Frau Judy. Das war ein Wendepunkt. Ich war gerade in der Küche und hatte noch keine Ahnung von den Vorfällen, die Amma in den Hütten mit einigen Bewohnern besprochen hatte. Nealu erschien in der Küchentüre und winkte mich heran. Er sagte: "Amma hat eben die Einladung meines Bruders nach Amerika angenommen. Sie schickt mich zu dir, um nachzufragen, was für diese Reise nötig ist." Ich erinnere mich, wie ich den Kochlöffel niederlegte, in die Flammen blickte und nachdachte. Dann platzte ich mit einigen Dingen heraus, die mir gerade einfielen: Pässe, Visa, warme Socken, einen Ort, wo Amma Bhajans singen kann, und Plakate, viele, viele Plakate, weil niemand in Amerika von Amma wusste. Als er ging, um Amma zu informieren, dachte ich: "Was weiß ich schon von solchen Dingen?", und kochte weiter.

Nach knapp zwei Stunden klopfte es an meiner Türe. Es war Swami Paramatmananda mit einer rostigen Schreibmaschine in der Hand. "Ich denke, du wirst die brauchen", meinte er und gab sie mir. "Amma sagte, du sollst diese Dinge für den Besuch erledigen."

Die Welt würde Amma begegnen! An diesem Nachmittag sagte Amma zu mir: "Meine Kinder sind überall. Sie weinen nach Amma, können mich aber nicht finden. Amma muss zu ihnen gehen." Ich wusste, dass Amma die Sache auf den Punkt brachte - ich hatte ja auch zwei Jahre geweint, ehe ich von ihr hörte. Da waren Ruhelosigkeit und innerer Schmerz gewesen, die mich suchen ließen, bis ich Amma fand. Und bestimmt war ich nicht die Einzige dort draußen, die in der Wildnis weinte. Aber wie viele Menschen lebten in den gleichen Umständen, die sie, wie mich, aus dem Haus und Alltag rissen, den langen Weg nach Vallikau antreten und mit der Fähre übersetzen ließen, um Amma zu begegnen?

EIN TAG MIT MUTTER

Mein Hirn schaltete einen anderen Gang ein und es tauchten Ideen auf. Es war klar, dass ich in die Städte fahren würde, wo Freunde und meine Familie lebten. Ich wollte so vielen Menschen als möglich erzählen, wie ich Amma begegnet war und was dort alles geschah. Wie sie den leprakranken Dattan heilte. Wie brillant sie uns auf dem spirituellen Weg führte. Amma hatte bereits eine Schule eröffnet. Ferner eine Klinik, wo ein Arzt und eine Krankenschwester in einem Zimmer den bedürftigen Dorfbewohnern gratis erste Hilfe leisteten und Medizin austeilten. Ich setzte mich mit Swami Paramatmananda zusammen, um ihm meine Ideen mitzuteilen und von ihm neue zu hören. Wir beschlossen, einen kurzen Dokumentarfilm über das Leben mit Amma zu drehen. Wir nannten ihn "Ein Tag mit Mutter". Amma segnete das Projekt und Swami Paramatmananda arbeitete Tag und Nacht, um den Film für meine Abreise fertig zu haben. Einen kürzeren Film nannten wir "Amrita Sagara: Meer der Glückseligkeit"; er handelte von Ammas Lehren. Saumya (jetzt Swamini Krishnamrita) kümmerte sich um die Untertitel. Wir nahmen an, dass diese Filme der beste Weg sein würden, um Amma möglichst vielen Menschen näher zu bringen. Nealus Mutter lebte in Chicago, meine Familie in Pittsburgh und Boston. Sein erster Yogalehrer war in Madison, sein Bruder und alle meine Studienfreunde wohnten in der Umgebung von San Francisco. An diese Orte konnte ich problemlos gehen, hatte aber noch keine Ahnung, wie ich umherreisen würde, weil ich kein Geld dafür hatte. Wir beide begannen Briefe zu schreiben. Eines Tages traf ein Luftpostbrief im Ashram ein. Absender war ein Mann namens George Brunswig aus San Francisco. Er hatte von einem Büchlein mit dem Titel "Die Mutter der süßen Glückseligkeit" gehört, worin das Leben einer indischen Heiligen namens Amma beschrieben war. Könnten wir ihm bitte das Büchlein zusenden, er werde die Buch- und Versandkosten zurück erstatten. Es war unser erster Kontakt. Ich antwortete ihm am gleichen Tag, erklärte, dass ich in die Gegend von San Francisco reisen und Kopien des Büchleins bei mir haben werde. Wenn es ihm recht wäre, würde ich ihn zu Beginn des Sommers anrufen.

RUNDREISE WIRD ZUR REISE UM DIE WELT

Das Erstaunlichste geschah, als ich in Kochi in ein Reisebüro ging. Ich erklärte, was ich benötige, nämlich ein Ticket nach San Francisco mit Rückflug nach zwei Monaten. Wir kamen ins Gespräch und ich erzählte ihr ein wenig von mir. Ich nahm an, dass es sie nicht besonders interessierte. Aber sie blickte mich bedeutungsvoll an und meinte, ich könnte einen guten Kauf machen. Mit ein wenig mehr Geld wäre eine Reise mit zwei Fluggesellschaften und zehn Städten möglich. Was, ein Ticket für eine Reise um die Welt, zehn Städte inbegriffen? Und das für nur 1.000 Dollar?! Ich fiel beinahe vom Stuhl. Das war ja genau, was ich brauchte. Es bedeutete, dass Europa leicht in die Reise eingeschlossen werden konnte. Das schien ein Start unter besonders glücklichen Umständen zu sein. Meine Eltern hatten mich lange nicht mehr gesehen und freuten sich, mir das Ticket kaufen zu können. In meinem Geist verwandelte sich Ammas Amerikabesuch sekundenschnell in eine Weltreise. Im Ashram zurück konnte ich es nicht erwarten, Amma diese große neue Entwicklung der Dinge mitzuteilen. Sie zwinkerte nicht einmal mit den Augen, sondern schaute einfach von ihrer Gartenarbeit auf. "Okay, Tochter, alles was du denkst, ist am besten. Eines von Ammas Kindern ist in Frankreich und du kannst ihm schreiben. Schau, was er dazu meint." Amma ist ein völlig losgelöster Mensch. Vermutlich hätte ich bei ihr eine stärkere Reaktion ausgelöst mit einem innovativen Vorschlag, wie man übrig gebliebenen Reis gut verwerten kann.

GESCHENKE, DIE GABEN SIND

Vor meiner Abreise ging ich zu Amma, um ihren Segen zu erhalten. Sie gab mir zwei Abschiedsgeschenke. Das erste war eine einfache, mittelgroße Messingöllampe, die ich vor jeder Videoshow auf einem Nebentisch anzünden sollte. Augenzwinkernd lächelnd sagte sie "drittes Auge" und gab Kumkum drauf. Dann zeigte sie auf den Lampenfuß, sagte "Füße" und gab zwei Tupfer auf den Rand. So konnte ich mir vorstellen, dass die Göttliche Mutter dort saß und bei mir war.

Das zweite Geschenk war ein Ring. Amma hatte ein Schmuckkästchen neben sich. Nun öffnete sie es und gab mir einen Silberring mit einem Portrait von sich auf himmelblauem Email. Sie wollte, dass ich den Ring annehme. Ich war so berührt, dass mir Tränen in die Augen schossen.

Der Ring passte genau auf meinen linken Zeigefinger. Dieser Ring war mein Trost während der ganzen Zeit, die ich reisen musste, bis ich Amma im Spätsommer wieder sehen konnte. Dann sagte Amma eindringlich: "Tochter, bitte nie um etwas, alles wird zu dir kommen." Ich hatte absolutes Vertrauen in Amma und begann meine Reise ostwärts rund um die Welt. Viele Jahre später, als ich das Ramayana zum ersten Mal las, konnte ich verstehen, warum Rama Hanuman den Ring gab, der als Identifikation für seine geliebte Sita Devi diente. Ich bin kein Hanuman, aber Ammas *sankalpa* konnte durch die Gegenwart dieses Rings, den ich trug, von den ausländischen Kindern gespürt werden.

UNTERWEGS

Als ich die Reise im Juni 1986 begann, hatte ich keine Ahnung, dass es die erste von drei Reisen hin und zurück durch die Vereinigten Staaten und Europa werden würde. Amma begann ihre Welt-Tour ein Jahr später. Vorher wurden Tausende von Kilometern zu Zehntausenden, alles mit dem Wunsch, Amma zu den weinenden Kindern im Westen zu bringen. Ich hatte keinen Plan, keine Kontaktadressen von Devotees und keinen Reiseführer. Meine Familie hatte einfach ein Ticket für meinen Besuch bei ihnen gekauft, und ich fuhr los. Sie ahnten nicht, dass mein Besuch ein Blitzbesuch werden würde und dass im folgenden Jahr eine indische Heilige namens Amma in ihrem Haus zu Gast sein würde!

Ich landete in San Francisco mit einem Rucksack, der einige Kleider zum Wechseln enthielt, die Messingöllampe, Exemplare des Büchleins "Mutter der süßen Glückseligkeit" und die zwei Videos, die wir angefertigt hatten. So machte ich mich auf den Weg durch das Land und um die Welt, zeigte die Videos in Städten, wo ich Freunde oder Familie hatte - so vielen wie möglich. Ich konnte immer damit rechnen, Nahrung und Unterkunft, liebenswürdige Freundlichkeit und großzügiges Denken zu bekommen. Immer wenn es schien, die Ideen gingen aus oder die Reise kühlte sich ab, führte Ammas Gnade mich in die nächste Richtung. Da ich nicht telefonieren konnte, musste ich notwendigerweise in meinem Herzen hören, was Amma wollte. Solche Meditationen führten in jede vorstellbare Richtung.

DIE ERSTE VIDEOPRÄSENTATION

"Ein Tag mit Mutter" wurde zum ersten Mal in San Francisco öffentlich gezeigt. George Brunswig, der Herr aus San Francisco, der geschrieben und das Büchlein "Mutter der süßen Glückseligkeit" bestellt hatte, organisierte ein Treffen von beinahe zwei Dutzend Menschen. In der anschließenden Frage-und-Antwort Sitzung wurde offensichtlich, dass einige von ihnen sich während des Videos mit Amma innerlich verbunden hatten. Als wir für einen Imbiss in den Wohnraum überwechselten, stellten sich mir zwei Frauen vor, Tina und Nancy. Sie möchten liebend gerne helfen. Ich dachte, dass Amma ohne Verzögerung zwei Engel gesandt hatte. Wir machten einen Zeitpunkt für eine weitere Begegnung aus und sie gaben mir ihre Adresse in Berkley.

WIE KÖNNEN WIR HELFEN?

Einige Tage danach fuhr ich zu ihnen. Ich fragte mich, wie es wohl gehen werde. Was war der nächste Schritt? 'Bitte um nichts, alles wird kommen' – so war Ammas Auftrag. Das machte die Dinge wirklich einfach. Tina war Mutter eines reizenden sechsjährigen Jungen. Nancy war Forscherin an der Universität Berkeley. Sie wollten mehr über Amma hören und Fragen stellen. Wir sprachen über zwei Stunden. Beim Abschied drückten sie wieder ihr starkes Verlangen aus, mir in jeder möglichen Art zu helfen. Weil noch sehr wenige Menschen in den USA von Amma wussten, dachte ich, es wäre eine gute Idee, mit ihnen zusammenzuarbeiten. Ich hatte sie nicht gefragt, sie hatten es angeboten. Das passte in die Kriterien!

Sie organisierten mehr Veranstaltungen, um die Videos zu zeigen, und halfen, die Flugblätter zu verteilen, die George und ich über Ammas Leben angefertigt hatten. Das brachte weitere Kontakte. Der Eine besuchte Mount Shasta, der Andere kannte eine Familie in Miranda. Ich konnte loslassen und es annehmen.

Mit wenigen Ausnahmen geschah in jeder Stadt, die ich besuchte, dasselbe, ungeachtet der Zahl der Anwesenden bei der Videopräsentation. Eine oder zwei, manchmal drei Personen kamen und drückten ihr großes Interesse aus. Ich besprach mich mit ihnen und beteiligte sie an der Planung. Jeder von ihnen machte auf seine Art ernsthafte Anstrengungen für diese erste Welt-Tour, lange bevor sie Amma begegneten, einfach auf Grund des Videos "Ein Tag mit Mutter." Es war für mich ein Zeichen von Ammas reiner Gnade, dass sich jedes Detail im rechten Moment manifestierte.

WAS BEDEUTET EIN NAME?

George Brunswig hatte angeboten, bei der Herstellung eines Flugblattes über Ammas Leben mitzuhelfen. Wir arbeiteten stundenlang am Entwurf. Ich hatte bereits eine Zusammenfassung von Ammas Leben und ihren Lehren geschrieben. Die Rückseite war noch frei für die Beschreibung der Tour. Unter einem meiner bevorzugten Photos stand also: ‚Daten und Orte von Ammas Besuch', und darunter listeten wir alle Städte auf wie San Francisco, Seattle, Mt. Shasta, Big Sur, Santa Cruz im Südwesten; Chicago, Madison, Pittsburgh, Boston und New York City im Nordosten.

Am gleichen Tag unterhielten wir uns auch über die Eröffnung eines Postfachs. Das würde uns eine Postadresse geben. Aber dafür brauchten wir einen Namen. Das erschien mir als wichtiger Punkt, denn alles würde damit greifbarer. George und ich überlegten hin und her. Ammas Ashram war die Mata Amritanandamayi Mission oder MA Mission. George fand, dass ‚Mission' in Amerika nicht gut ankommen würde, zu typisch christlich. Ich schlug Mata Amritanandamayi Centre oder MA Centre vor. Ich mochte die englische Schreibart, George nicht. Er sagte, es sei immer besser, die Dinge so zu buchstabieren, wie sie im eigenen Land geschrieben werden - es sollte M.A. Center sein. Ich musste seiner Logik zustimmen. In 10 Minuten wurde also der Name M.A. Center geboren. Es konnte nur mit Ammas Gnade geschehen, dass dieser Augenblick des Niederschreibens von „M.A. Center" sich so lange halten und so viel selbstlosen Dienst inspirieren konnte.

IN ALLE HIMMELSRICHTUNGEN

Norden, Süden, Osten, Westen, per Bus, Auto, Flugzeug oder Zug. Schlafen in Häusern von Familien, Freunden, Mietwohnungen, Zelten oder gelegentlich in einem Wigwam. Meine Absicht war, das Video "Ein Tag mit Mutter" in diesen zwei Tagen so oft wie möglich zu zeigen. Ob für eine Person oder einen Kreis von fünfundzwanzig, ich ging immer auf die gleiche Art und Weise vor: Die Lampe entzünden, von Ammas Leben erzählen und das Video zeigen. Danach erzählte ich jeweils von der Zeit, die ich mit Amma verbracht hatte und beantwortete Fragen, bis jedermann zufrieden war. Dann teilte ich mit, dass Amma im nächsten Sommer kommen würde, und wenn man wünschte, in Kontakt zu bleiben, um den Plan für die Tour zu erhalten, konnte man seinen Namen und Adresse in mein Tagebuch eintragen. Diese Namen wurden später die Kerngruppe der Personen in Amerika, die Amma beherbergten. Manchmal brachten Teilnehmer einen Imbiss mit und wir blieben bis spät auf, um über das spirituelle Leben mit Amma zu sprechen. Es war immer klar, wer während dieser Abendvorstellung mit Amma Verbindung aufgenommen hatte. Aus diesem Netzwerk an Menschen entstanden neue Beziehungen, mehr Videopräsentationen, mehr Kontakt zwischen Amma und ihren Kindern. Alles war geleitet von Ammas nie versagender Gnade.

Mitte August war ich 60 Tage lang pausenlos umher gereist und kehrte dankbar an Ammas Seite zurück. Ich hatte Singapur, San Francisco, Oakland, Berkeley, Carmel, Santa Cruz, Mount

Shasta, Miranda, Seattle, Olympia, Taos, Santa Fe, Albuquerque, Boulder, Madison, Chicago, Pittsburgh, Baltimore, Washington DC, New York, Boston, London, Zürich, Schweibenalp und Graz besucht.

RÜCKKEHR NACH HAUSE

Als ich im August 1986 in den Ashram zurück kehrte, hielt Amma sich auf der Veranda des Kalari Tempels auf. Einige Ashrambewohner saßen bei ihr und waren neugierig, wie ich meine Zeit verbracht hatte. Was war alles geschehen? Wann würde Amma nach Amerika aufbrechen? Welche Orte würde sie besuchen? Wieviele Personen hörten von Amma? Dieser Überfall mit Fragen war gleichzeitig aufregend und überwältigend und ich bemühte mich, klare Antworten zu geben. Dann blickte ich zu Amma hinüber. Sie war völlig still, schien alles in sich auf zu nehmen. Dann blickte sie mich mit ihren tiefen, ewigen Augen an und Stille war in der Luft.

"*Sheriyayo, mole?*" „Ist alles okay, Tochter?" war das einzige, was Amma fragte. Die Wirkung dieser einfachen direkten Frage war unbeschreiblich. Es war, als ob die Luft selber zu atmen aufhörte, bis meine Antwort kam. Zu Ende war die Zeit, in der Amma die Fähigkeit meines Herzens testete, ihre Botschaft ohne ihre physische Anwesenheit zu den weit entfernten Kindern zu bringen. Intuitiv spürte ich, dass Amma meinen Entschluss abmaß. Ich erwiderte ruhig und besonnen: "*Sheriyayi, Amme.*" (Alles ist okay, Amma). In diesem Moment fühlte ich eine Aufwallung von Energie in meiner Brust, als ob eine feine, subtile Brücke göttlicher Liebe Ammas Herz mit meinem verband. Amma lächelte mich mitfühlend an und hielt mich sehr lange in ihren Armen. Dann wollte sie, dass ich mich von den Strapazen der Reise erholte. Als ich mich verabschiedete, konnte ich unverkennbar spüren, dass zwischen uns ein enges Band entstanden war, das mir "alles was nötig ist" gibt, "ohne darum zu bitten". Meine Seele wusste, dass die Tour stattfinden und Amma bald bei ihren Kindern rund um die Welt sein würde. Gleichzeitig spürte ich, dass viele Anstrengungen und Opfer dazu nötig sein würden. Ich erinnere mich, dass mich ein großes Glücksgefühl erfasste.

Da war kein Augenblick zu verlieren. Am nächsten Tag schlug ich vor, ein Rundschreiben für diejenigen Personen anzufertigen, deren Adresse ich in einer Liste notiert hatte. "Was, ein Rundschreiben? Aber Amma hat doch die USA noch gar nicht besucht", war die allgemeine Antwort. Unzufrieden ging ich mit meiner Idee zu Amma. Sie war von Herzen einverstanden. Ich sollte ihr ein Aufnahmegerät und eine Sammlung der Fragen bringen, die mir gestellt worden waren. Sie wollte für die erste Ausgabe Fragen beantworten. Nicht nur das, sie schrieb von Hand einen Brief, der allen auf der Adressliste gesandt werden sollte. Ich schlug vor, den Rundbrief "Amritanandam" zu nennen, „unsterbliche Glückseligkeit", nach Ammas eigenem Namen.

KAUF DER FLUGTICKETS

Das Ticket meiner ersten Reise war traumhaft gewesen. Ich wollte das gleiche Ticket für Amma und die Gruppe vorschlagen. Aber da gab es ein Problem: Wir hatten kein Geld dafür. Diesen Gedanken wurde ich in den kommenden Wochen und Monaten nicht mehr los.

Schon vor meiner Zeit bei Amma war ich sehr genügsam gewesen. Ich besaß keine Kreditkarte und hatte nie ein Auto, was für eine Amerikanerin ungewöhnlich ist. Das einzig Impulsive, das ich in meinem ganzen Leben getan hatte, war die Reise nach Indien, um Amma zu begegnen. Jedoch hatte ich für den Notfall von meinen Eltern eine American Express Karte bekommen, unter der Bedingung, sie nur wenn unbedingt nötig zu gebrauchen.

Aber Amma hatte ja klar gesagt, dass sich alles Nötige von selbst einstellen würde. Die Kosten der Flugtickets würden hier keine Ausnahme sein, da war ich mir ganz sicher. Es war nur eine Frage der Zeit. In diesem Fall war es jedoch dringend, weil wir die Tickets für die Bestellung der Visa brauchten. Das französische Visum konnte auf Grund des Visums für Amerika erhalten werden, und erst danach war eine detaillierte Planung möglich. Nur dann würde der Traum, Amma zu ihren Kindern zu bringen, einen wichtigen Schritt näher zur Wirklichkeit rücken.

Ammas Worte "Meine Kinder weinen nach mir und können mich nicht finden" spornten mich an. Ich selbst hatte ja zwei Jahre geweint, bevor ich Amma begegnet war und kannte dieses Gefühl. Mehr als alles wünschte ich mir, dass Amma und ihre Kinder so vereint würden, wie es mir geschehen war. Ammas Sehnsucht, ihre Kinder zu sehen, wurde zu meiner Sehnsucht, sie bei ihren Kindern zu sehen. Ich entschied, ein Risiko einzugehen, da wir ja voran gehen mussten. Ich unterbreitete Nealu meinen Plan. Ich wusste, dass er mit seiner Mutter die gleiche Übereinkunft hatte wie ich - die Notfallkarte!

Mein praktischer Vorschlag war, dass wir auf das Reisebüro in Kochi gingen und die Kosten teilten. Ich wollte fünf Tickets kaufen, er die anderen fünf. Ich versicherte ihm, dass das Geld kommen werde, wir können vollkommen darauf vertrauen. Falls nicht, schwor ich feierlich, dass ich am Ende der Tour eine Stelle als Köchin suchen und die Schulden zurück zahlen werde. Ohne zu zögern stimmte er bei, dass es eine gute Lösung war. Wir fuhren sofort nach Kochi, ohne unseren Plan irgendjemand zu verraten. Die zwei Fluglinien waren Singapore Airlines und Delta; die zehn Städte waren Singapur, San Francisco, Albuquerque, Chicago, Washington DC, Boston, New York, Paris, Zürich und Wien. Wie ich die altmodische Maschine zehn Mal klicken hörte, als die Kreditkarten eingegeben wurden, wusste ich im Herzen, dass die Tour stattfinden wird.

DAS AMERIKANISCHE KONSULAT IN CHENNAI

Während beinahe drei Monaten galt meine ganze Aufmerksamkeit der Bestellung der Pässe, der Beschaffung der amerikanischen und französischen Visas und der Reservierung der Flugtickets für Amma und die neun anderen, die mitreisen sollten. Die Pässe erhielten wir leicht, aber für die Visas war es schwieriger. In jenen Tagen brauchte man für Amma und die Mönche amerikanische Sponsoren, sogar für Kurzbesuche. Es war schon schwierig, ein einziges Visum zu bekommen, geschweige denn sieben.

Tatsächlich war keine der Familien, an die ich mich wegen dieser Sponsorenschaft wandte, Amma je begegnet, aber alle waren bereit, die Gruppe zu unterstützen.

Ein banges Gefühl lastete schwer auf mir, als ich an der Busstation von Kayamkulam auf die siebzehnstündige Busfahrt nach Chennai wartete, um dort das amerikanische Konsulat aufzusuchen. Ich hatte dort keinen Termin und keinen speziellen Plan, wie ich die Visas bekommen könnte, auch keinen Agenten in der Stadt, der unseren Fall hätte übernehmen können. Das einzige, was ich bei einigen Nachforschungen erfahren hatte, war, dass das von uns Benötigte ohne monatelange Wartezeit nicht zu erhalten war. Wurden wir abgewiesen, mussten wir ein Jahr warten, bevor wir neu beantragen konnten. Ich wusste, der ausschlaggebende Faktor war wie immer Ammas Gnade. Eines ihrer unzähligen Wunder besteht darin, solche Dinge fließend und ohne geringste Hindernisse zu arrangieren. Aber die Anstrengung unsererseits muss gemacht werden.

Mit diesen zehn Flugtickets, Pässen und sieben Sponsorenbriefen sicher im Rucksack verstaut, bestieg ich den Bus und verbrachte die meiste Zeit darum betend, dass ich nicht mit leeren

Händen zurückkehren musste. Dazu knabberte ich an Erdnuss-Stückchen. Wenn wir die Visas nicht erhielten, waren meine Tour-Pläne zerschmettert, wenigstens hinsichtlich des Zeitplans, den ich sorgfältig erstellt hatte.

Als ich das Konsulat betrat, warteten schon Dutzende mit einer Nummer in der Hand darauf, dass sie an die verglasten Schalter gerufen würden. Als ich die lärmende, nervöse Menge überblickte, blieb die Luft stehen, so, wie ich es auf der Veranda des Kalari Tempels einige Monate vorher erlebt hatte. Ich beschloss, das Nummernsystem zu ignorieren und ging direkt auf ein Glasfenster zu, um die Aufmerksamkeit des Angestellten auf mich zu ziehen. In ruhigem Ton lehnte ich mich vor und erklärte, was ich brauchte - sieben Visas für einen zweimonatigen Besuch in Amerika in diesem Sommer. Nein, niemand der Bewerber war verheiratet, nicht einmal verlobt. Nein, niemand hatte ein Geschäft, aber ja, alle würden mit Sicherheit im August nach Indien zurück kehren. Ja, ich wusste, das brauchte Sponsoren. Ich hielt nickend das Paket Sponsorenbriefe hoch. Ich lächelte den Angestellten unsicher an und wiederholte innerlich Ammas Worte: "Bitte um nichts, alles wird kommen..." Der Angestellte öffnete die Türe und bat mich zum Interview in eines der Büros. Ich hörte mich erklären, was nötig war und beobachtete in staunendem Schweigen, wie seine Hand die Visas eines nach dem anderen in alle Pässe stempelte. So geschah es, dass in weniger als einer Stunde alle Visas ausgestellt waren. Tränen der Dankbarkeit rollten über meine Wangen, als ich auf dem Gehsteig war. Schon am Nachmittag bestieg ich den erstbesten Bus, der mich nach Hause bringen würde. Eine weitere Reise ging nach Pondicherry, um die Visas für Frankreich zu erhalten, was auch sehr glatt vor sich ging.

ACHTUNG, FERTIG, LOS!

Man kann sich jene Tage nur schwer vorstellen, als es noch keine Computer, Handys und Internet gab, aber die ganze Planung für die erste Tour wurde ohne diese gemacht. Mit der kleinen Schreibmaschine, die mir gegeben worden war, nahm ich Kontakte zu Personen auf, tippte den Rundbrief "Amritanandam" und korrespondierte mit der kleinen zerstreuten Gruppe von Menschen, die eifrig helfen wollten, nachdem sie Ammas Video im Sommer gesehen hatten. Die Planung der Europatour wurde einem Devotee überlassen, der in Frankreich wohnte: Jacques Albohair. Er kontaktierte Personen, deren Adressen ich notiert hatte und fügte weitere dazu, die er schon hatte. Während dessen gestaltete ich Ammas Tour in Amerika.

Im Januar wusste ich, dass es Zeit war, nach Amerika zurückzukehren. Wir hatten Pässe und Visas, nun galt es, das Drum und Dran der Tour vorzubereiten. Wo würden Amma und die Gruppe untergebracht werden? Welche Städte würde Amma besuchen? Sind da geeignete Hallen für Abendbhajans und Darshan vorhanden? Und all die Flugblätter und Plakate, die überall verteilt und aufgehängt werden mussten? Wer würde das besorgen können? Ich beschloss, wieder durch das Land zu reisen, obwohl es tiefster Winter war. Mehr Videopräsentationen bedeuteten mehr Kontakte. Mehr Helfer und mehr von Ammas Kindern würden von Ammas bevorstehendem Besuch hören. Es war der einzige Weg, voran zu kommen. So würde ich in San Francisco beginnen und nicht aufhören, bevor ich Boston erreichte. Ich bat um Ammas Segen, und ein Ticket wurde für mich auf den 3. Februar 1987 gebucht.

MEIN N.O.R. VISUM

Ein kleines Detail hatte ich immer beiseitegeschoben - mein eigenes Visum. Ich brauchte einen "No Objection to Return"

(N.O.R.) Eintrag, um am Ende der Tour wieder in Indien einreisen zu können. Im Vorjahr hatte ich eine Verlängerung meines Langzeitvisums bekommen, aber nun musste ich das Land wieder verlassen, um Ammas Tour zu planen. Es war im vergangenen August schon genügend schwer gewesen, das Foreigner's Registration Office in Kollam zu überzeugen, dass ich aus dem Land ausreisen musste. Wie würden sie dieses zweite Gesuch um ein N.O.R. nur sechs Monate später behandeln? Sie mochten es nicht, nahmen mein Gesuch jedoch an.

Das wirkliche Problem trat ein, als die Polizei zur Routinebefragung für den N.O.R. Prozess in den Ashram kam. Ich wurde in das Büro in Ammas Elternhaus gerufen. Zwei Polizisten wollten meinen Pass und meine Aufenthaltsbewilligung sehen und mit mir sprechen. Als wir zu dritt in dem winzigen Büro saßen, stieg in mir ein Gefühl von Klaustrophobie auf.

Zuerst wollten sie wissen, warum ich Indien schon wieder verlassen wolle. Ich sei doch mit einem Entry Visum hier. Solch häufiges Kommen und Gehen, zweimal in weniger als einem Jahr, sei nicht möglich. Hatte ich eine Erklärung dazu? Ich sagte, meine Familie müsse mich sehen und einige weitere Angelegenheiten brauchten meine Anwesenheit. Diese Antwort befriedigte sie überhaupt nicht. Sie stellten mir ein Ultimatum: Entweder hier bleiben und mein Langzeitvisum behalten oder das Land verlassen und das Visum verlieren. Auf dieses Visum hatte ich so lange gewartet und es erlaubte mir, Amma nicht alle sechs Monate verlassen zu müssen!

Mein Verstand raste zwischen den beiden Möglichkeiten hin und her, aber da war wirklich keine Wahl. Wenn ich mein Visum behalten wollte, wäre die Tour-Planung im Eimer. Das war für meinen Verstand keine Lösung, denn die Planung war zu weit fortgeschritten. Ich konnte ihre Bedingungen nicht annehmen und sagte der Polizei, ich wolle mein Langzeitvisum opfern. Ohne weitere Worte schrieben sie auf die Rückseite meiner Papiere: "Erlaubnis zum Ausreisen, Rückkehr verweigert." Das machte mein Entry Visum völlig ungültig. Mein Herz klopfte wild, als wir uns erhoben. Das war's, mein kostbares Visum ging mit einem einzigen Wort verloren. Es hatte keinen Wert, darüber nachzudenken, da konnte man eben nichts machen. Ich mochte die schlechten Neuigkeiten niemandem erzählen, das konnte auf später warten.

MANTRA DIKSHA IM KALARI TEMPEL

Die Zeit der Abreise für die zweite Organisationstour in Amerika rückte schnell näher. Amma hatte angedeutet, dass ich vorher im Kalari Tempel *mantra diksha* erhalten werde, eine formelle Initiation in die Mantrapraxis. Das war ein Moment, auf den ich mich seit meinem Eintritt in den Ashram in 1983 vorbereitet hatte. Es war mir aufgefallen, welche Transformation einige Ashrambewohner durchliefen, nachdem sie im Kalari Tempel völlig privat *diksha* erhalten hatten. Ich hoffte, ich würde ein Gefäß für Ammas Gnade werden. Es wird gesagt, dass der Guru während der Einweihung einen Teil seiner eigenen vitalen, erweckten Energie überträgt, um den Bewusstwerdungsprozess des Schülers zu beschleunigen.

Zwei Tage vorher wurde mir gesagt, dass meine *diksha* am kommenden Sonntag stattfinden würde. Ich begann zu fasten, nahm abends jedoch etwas leichte Nahrung zu mir, um meine Körperkraft zu behalten. Am späten Sonntagnachmittag, vor Beginn des Devi Bhava, nahm ich ein Bad und zog ganz neue Kleidung an. Dann setzte ich mich im Kalari Tempel zur Meditation. Während der Nacht nahm mein Gefühl der Erwartung zunehmend zu. Es war eine ungewöhnlich große Besuchermenge versammelt und Amma beendete den Darshan erst gegen halb vier am Morgen. Die Tempeltüren wurden geschlossen und ich blieb mit Amma drinnen. Sie war noch in ihren seidenen Bhava Sari gehüllt. Dr. Leela, heute als Swamini Atmaprana bekannt, war auch da, um Amma während meiner Initiation Handreichungen zu leisten.

Amma setzte mich auf den Fußschemel, den sie für Devi Bhava benutzt hatte und begab sich zum Altar hinter dem *pitham*. Meine Beine waren im Lotossitz, mein Rücken berührte leicht den *pitham* und ich blickte nach Osten gegen die geschlossenen Türen. Die Bhajanmusik auf der Veranda ging weiter, der Mönch sang wundervolle Lieder für Devi, die Göttliche Mutter. Ich richtete meine Aufmerksamkeit nach innen, von der Musik weg. Mein Blick wandte sich nach unten. Ich konnte hören, wie Amma einige kraftvolle alte Hymnen für Devi sang, die ich von Einweihungszeremonien her kannte. Ich war völlig entspannt und aufnahmefähig.

Amma stellte sich nun vor mich hin, legte mir eine Girlande aus Hibiskus-Blüten um und gab frische Sandelholzpaste auf meine Stirn. Sie hielt ihren Finger lange auf dem Platz meines dritten Auges. Ich richtete mein Augenmerk geistig auf die Silbe 'ma' und verblieb in dieser konzentrierten Bewusstheit, indem ich meine Gedanken zum Bild der Göttlichen Mutter fließen ließ. Amma setzte ihre Rezitation fort, aber in tieferen, weicheren Tönen. Ich konnte meinen Geist anstrengungslos hingeben. Da war kein Gedanke, kein Tempel, keine Zeit - nur ein Gefühl totalen Eins-Seins. Ich weiß nicht, nach wie langer Zeit Amma ein Mantra in mein rechtes Ohr flüsterte. Das andere verschloss sie mit ihrem Finger, als ob sie verhüten wolle, dass das Geflüsterte durchs linke Ohr entwich. Sie wiederholte das Mantra dreimal und ging dann hinter mir zum Altar zurück. Dann begann sie zu tanzen. Das Rascheln ihres schweren Seidensaris und das Klingeln ihrer Fußkettchen im Rhythmus der Bhajans waren unbeschreiblich schön. Tränen flossen über meine Wangen. Es verging mehr Zeit. Das Mantra echote in mir, die Mantrashakti schwang in jeder Zelle meines Körpers, und ich befand mich in einem erhöhten Zustand meditativen Bewusstseins.

Nachdem Amma sich entfernt hatte, konnten die frisch Eingeweihten solange im Tempel bleiben, wie sie es bedurften. Die ersten Sonnenstrahlen liebkosten mein Gesicht, als ich leise aus dem Tempel trat und in meine Hütte zurückkehrte.

ERLAUBNIS FÜR EINE VORBEREITENDE TOUR

(In der Übersetzung nur 'Vor-Tour' genannt.)

Einen Tag später, als ich meine Sachen packte, hatte ich eine Idee. Warum nicht eine Vor-Tour organisieren, bei der einige der Mönche voraus gesandt wurden, um Amma voran zu gehen? Wir könnten an alle Orte reisen, die Amma besuchen würde, einen Abend mit spirituellen Vorträgen und Bhajans anbieten und Videos zeigen. Die Mönche könnten zu den Besuchern über eine viel größere Erfahrung mit Amma sprechen als ich. Dazu wäre es möglich, alle Hallen und Heime, die ich im kommenden Monat eventuell arrangieren wollte, zu besuchen. So könnte geprüft werden, ob sie sich eigneten. Obwohl ich wusste, dass eine Vor-Tour noch zusätzliche Planung benötigte, entschloss ich mich, Amma deswegen zu befragen. Niemand mochte die Idee - außer Amma. Sie lächelte so entzückt, als ich ihr meine Idee einer Vor-Tour unterbreitete. Sie wählte die Mönche aus, die als Vorhut nach Amerika reisen würden. Diese Vor-Tour wurde auf den 26. März festgelegt. Die Mönche würden nach San Francisco fliegen, ein Harmonium und Tablas mitbringen, und wir würden quer durch das Land fahren. Swami Amritaswarupananda (damals Br. Balu) begann *Hari Kathas* zu komponieren, die Geschichte des Herrn in Liedern. Ein Lied würde Ammas Lebensgeschichte erzählen, das andere die von Mirabai, der großen Heiligen aus dem 14. Jahrhundert. Er wollte diese *Hari Kathas* auf der Vor-Tour präsentieren. Nachdem all dies geklärt war, reiste ich ab.

DAS GÖTTLICHE NETZ TAUCHT AUF

Diese Reise durch den amerikanischen Winter wurde bei außerge-wöhnlich kaltem Wetter durchgeführt. Aber es gelang mir, jeden Tag eine Videopräsentation zu geben und wenigstens eine richtige Mahlzeit einzunehmen. Manchmal arrangierte eine Kontaktper-son vom vergangenen Sommer eine Videopräsentation für mich, sonst betrat ich einfach einen Buchladen und fragte herum, wer ein Amma-Video sehen möchte. Ich war nicht wählerisch. Ammas Kinder waren überall und Amma war mein Leitstern. Mit Hilfe von Adressen aus dem Telefonbuch kontaktierte ich informell Mitglieder verschiedener Kirchen und spiritueller Zentren, um von Amma zu sprechen. Viele beschlossen, ein Abendprogramm in ihrer Kirche oder Versammlungshalle gratis zu veranstalten. Die Quäker, die Unitarier, das Vipassana Meditations Zentrum, das Cambridge Zen Zentrum, die Theosophische Gesellschaft, die Sufis von Boston, die Yoga Gesellschaft, der Ramalayam Tempel in Chicago, die Kirche des heiligen St. John in New York City, sogar die Harvard Universität - alle waren interessiert. Die Tour nahm Form an, die Details zeigten sich.

In den Städten, wo ich im Sommer Kontakte gesammelt hatte, kamen wir alle zu Besprechungen zusammen. Wir wollten nach geeigneten Veranstaltungsräumen suchen, einen Plan für die Bekanntmachung festlegen und Listen anfertigen. Wir spra-chen dauernd über Amma und die Vor-Tour. Jedermann konnte spüren, dass die Begeisterung anstieg. Wir lernten uns durch die Arbeit für ein gemeinsames Ziel kennen; wir wollten Amma in unsere Mitte bringen. Argloses Vertrauen in diesen selbstlosen Dienst für Amma, der sie nie begegnet waren, blühte auf. Dies zu beobachten und Teil davon zu sein, war sehr inspirierend.

Der innere Kompass lenkte diese Menschen in Ammas Richtung. Das waren deutlich Ammas Kinder, und ich wartete mit großer Vorfreude darauf, bei ihrem ersten Darshan dabei zu sein. Als die Planung sich festigte, war eine der ersten Fragen für mich, wohin Amma mit der Begleitgruppe gehen würde. Niemand kannte Amma. Die einzige Einladung, die wir hatten, kam aus der Gegend von San Francisco. Ich sah das nicht als Hindernis, sondern stellte mir immer vor, dass Amma auf die Samenkugel eines Löwenzahns blies und die kleinen Samen dort landeten, wo meine Familie und Freunde lebten. Das wurden die zentralen Städte, die Amma besuchen würde, über das ganze Land verstreut. Aber diese Samen keimten, begossen mit dem Wasser von Ammas reiner Gnade. Wie an den Ranken einer Schlingpflanze tauchten die anderen Orte auf.

Nach der ersten Videopräsentation in San Francisco kamen Einladungen nach Mt. Shasta; dies wiederum führte mich nach Miranda und Seattle. Dann folgten Carmel und Santa Cruz. Taos in New Mexico war voller alter Freunde und spiritueller Sucher, die begierig waren, Amma zu begegnen. Wie ich damals, als ich dort lebte. Es folgten Santa Fe, Albuquerque und der Lama Berg. Nealus Mutter, Phyllis Rosner, lebte in Chicago. Nealus erster Yogalehrer war in Madison. Mein Vater lebte in Boston. Ich wollte wirklich, dass Amma auch New York und Washington DC besuchen konnte. Ich fühlte, dass sie in diesen Städten wirklich Programme haben sollte, weil dort so viele weit reichende Entscheidungen gemacht werden. Ammas göttliche Energie konnte dort nur von Gutem sein. Aber wir kannten niemanden, der in Washington DC lebte und mussten dort ganz von vorne anfangen. Ich zickzackte durch Amerika, und Amma richtete dauernd Beziehungen zwischen Menschen und Städten ein. Alles was ich tun musste, war den Faden zu sehen und ihm zu folgen. Familien begannen, Amma in ihre Häuser einzuladen. Sogar nachdem ich erklärte, es würde nicht nur Amma sein, sondern zehn von uns, wollten sie uns alle ausnahmslos aufnehmen. Türen öffneten sich überall. Auf diese Art entstand ein Netzwerk von göttlichem Potenzial in diesem Land, das noch zwei Monate vorher als riesig und unpersönlich erschien. Es bildete sich ein Muster.

MIT NUR FÜNF DOLLAR IN MEINER TASCHE

Oft waren nur fünf Dollar in meiner Tasche, aber Amma stellte immer sicher, dass ich weiter kam. Ein alter Studienfreund fuhr mich mehr als 1500 Kilometer nach Taos; oder jemand aus einer Videopräsentation bot ein Ticket für den Greyhound Bus an, damit ich an meinen nächsten Platz reisen konnte. Ich legte Hunderte, dann Tausende von Kilometern in diesen sechs Wochen zurück - ich, mein Rucksack und mein intensives Verlangen, Amma zu ihren Kindern zu bringen.

Am 20. März war ich in New York City angelangt. Huh, schon in einer Woche würden die Mönche in San Francisco ankommen und wir würden die Vor-Tour beginnen. Meine Familie in Boston hatte großzügig angeboten, mich rechtzeitig zurückfliegen zu lassen, damit ich die Mönche aus Indien am 26sten treffen konnte.

Im Großen Ganzen hatte ich das Gefühl, dass alles gut voranging. Aber ich muss eine nagende Sorge zugeben. Ich hatte gehofft, dass es zu diesem Zeitpunkt mehr finanzielle Sicherheit geben würde. Bisher hatte sich nur knapp so viel Geld materialisiert, als ich bis zur nächsten Stadt benötigte. Ich musste jedoch weitermachen, denn die Planung war zu weit fortgeschritten. Diese nagende Sorge sollte deshalb nicht in meinem Weg stehen.

Ein dringenderes Problem war, dass ich keine Möglichkeit sah, nach Boston zu fahren. Ich befand mich in New York City bei einer Kindheitsfreundin meiner Mutter, Ann Wyma, die an der Universität von New York Theater unterrichtete. Sie hatte netterweise für diesen Abend eine Videopräsentation auf dem Universitätsampus organisiert. Ich war mir sicher, dass die Präsentation gut ankäme und dass jemand, dem ich noch begegnen sollte, mir eine Fahrt nach Boston ermöglichen würde. Das war früher auch schon so geschehen. Man kann sich also meine Enttäuschung vorstellen, als nur ein Mensch zu der Videopräsentation erschien! Und er war nur gekommen, weil er gedacht hatte, es sei ein Video über Fechten in Kerala. Ich tat ihm leid, so blieb er, während ich die Öllampe anzündete und von Amma und der kommenden Tour sprach. Unnötig zu sagen, dass er nicht nach Boston fuhr.

Es wurde schlimmer. Als ich die Halle verließ, begann es heftig zu schneien. Ich musste ungefähr drei Kilometer zu Fuß gehen, weil ich nicht einmal das Geld für den Bus hatte. Ich knöpfte meine Jacke zu und schleppte mich mühsam voran, den beißenden Wind direkt im Gesicht. Gnadenlos verstärkte sich der Schneefall und wurde zum Schneesturm. Plötzlich war es für mich zu viel. Ich hielt in der Mitte des Gehsteigs an und blickte zum Himmel hinauf. Ein Gefühl tiefer Verzweiflung überkam mich. Alles, was ich in dem pfeifenden Wind hörte, waren die Worte, die Amma so viele Monate vorher gesprochen hatte: "Fordere nichts, und alles, was du brauchst, wird zu dir kommen, meine liebste Tochter."

Heiße Tränen fielen auf meine Wangen und ich sank in die Knie. Mitten auf dem Gehsteig kniete ich in dieser New Yorker Nacht im Schnee. Menschen stolperten an mir vorbei und rempelten mich an in ihrer Hast, aus diesem Sturm heraus zu kommen. Und da betete ich. Schüttete mein ganzes Wesen in dieses Gebet. Es war ein Ruf nach Hilfe: "Bitte höre mich und zeige mir deine Hand, hole mich aus dieser trostlosen, verlorenen Situation heraus und lass mich wissen, dass ich dich erreiche." Es war ein Moment größter Not. "Warum sind meine Hände leer,

Amma? Warum trennen mich dreitausend Kilometer von dort, wo ich sein sollte? Wie konnte ich hoffen, weiter voran gehen zu können? Wie sollte ich die Mönche in einer Woche empfangen, wenn ich selbst nicht einmal nach Boston gelangen konnte? Hatte ich irgendetwas unterlassen? Muss ein weiteres Opfer gebracht werden?" Danach habe ich keine Erinnerung daran, wie ich die drei Kilometer hinter mich brachte, außer dass es sehr, sehr kalt war. Am nächsten Morgen erwachte ich in einer leeren Wohnung. In eher düsterer Laune ging ich in die Küche. Es lag eine Notiz auf dem Tisch. Ich las:

Liebes Gretchen, ich weiß nicht, was du vor hast, aber ich möchte dir helfen. Ann.

Daneben lagen drei Zwanzig Dollar Noten. Ich wusste, dass der Bus nach Boston 58 Dollar kostete. Meine Kehle zog sich zusammen. Amma war einmal mehr durch gekommen.

Aber das Beste stand noch bevor. Als ich später an jenem Tag bei meinem Vater in Boston anlangte, richtete er mir aus, dass zwei verschiedene Familien versucht hatten, mich zu erreichen. Sie hatten am Morgen mit der Hoffnung angerufen, mich anzutreffen und hinterließen ihre Telefonnummern. Ich rief zurück. Beide Familien sagten dasselbe: Sie könnten nicht aufhören, an Amma zu denken, seit sie vor einigen Wochen den Video gesehen hatten. Sie verspürten in der vergangenen Nacht einen Drang herauszufinden, wo ich mich aufhielt. Sie wollten einen Beitrag zu den Kosten leisten, damit die Tour stattfinden kann. Bei dieser bevorstehenden Vortour und Ammas Kommen in acht Wochen brauche ich sicher einige Hilfe. Und beide spendeten je einen Beitrag von exakt fünftausend Dollar!

Die Sonne hatte seit meinem Gebet auf der Straße noch keine Chance gehabt unterzugehen. Und Amma hatte bereits nicht eine, sondern beide Hände gezeigt. Das ist unsere Amma.

119

KAPITEL 6

Den Weg ebnen

April 1987
Oakland, Californien

In San Francisco traf ich die Mönche für die Vortour. Die Einladung für Ammas Amerikabesuch war von der Familie von Swami Paramatmanandas Bruder, den Rosners, gekommen, die dort lebten. Das Haus der Rosners in einem Vorort von Oakland war zum Heimathafen geworden. Ihre Großzügigkeit war ein willkommener, zuverlässiger Leitstern für die Organisation von Ammas erster Welt-Ttour.

Ich war eben erst aus Boston zurückgekehrt und eilte nun umher. Mit Judie Rosner überprüfte ich Listen von Nahrungsmitteln und Gewürzen. Eine weitere Liste musste für warme Kleider in der Größe jedes Einzelnen erstellt werden. Auch die Verantwortlichen der fünfzehn Orte, die Amma besuchen würde, benötigten eine Checkliste, die alles vom Empfang am Flughafen bis zu Reinigungsmaterialen umfasste. Eine weitere Liste war für die Orte der Vortour erforderlich – mit allem, von Kochtöpfen bis zu Messinggegenständen für die Puja, die beim Empfang von Amma benötigt wurden. Eine Hauptliste für die aktuellen Kontakte musste erstellt werden, wo neue Angebote, Vorschläge und Anfragen notiert wurden. Dann eine Liste für Flugtickets und Flugzeiten. Es dauerte nicht lange, bis ich eine Übersichtstabelle von allen Listen brauchte, um die Planung überschaubar zu halten.

Earl Rosner beobachtete mich und sagte: "Kusuma, mach langsamer, setz dich auf das Sofa und entspanne dich. Amma kommt, alles wird gut werden. Verdirb Ammas Süße nicht, indem du sie an so viele Orte schleppst." Ich konterte sofort, vermutlich weil ich müde war. "Ammas Süße ist immer da, sie wird sich niemals ändern. Wir haben Amma schon in unserem Leben, und nun kommt sie, um ihre neuen Kinder zu sehen. Sie reist nicht wegen uns hierher. Ammas Süße kommt in der Umarmung ihrer Kinder zum Ausdruck, deshalb können wir nur mehr und mehr Süße erwarten. Es ist Ammas größte Freude, die Lampe der Liebe in den Herzen der Menschen anzuzünden. Bitte sag das nicht wieder zu mir." Ich machte mir Vorwürfe wegen meiner scharfen Reaktion, aber Earl lachte nur wie ein großer Bruder und sagte, er bewundere meine Entschlossenheit und räumte ein, dass vielleicht er selbst sich aufs Sofa setzen sollte!

Ich fühlte mich so frisch wie eine taufrische Blume, als ich am Morgen des 26. März zum Flughafen fuhr, obwohl ich ja für die Organisation der Tour bereits mehr als fünfzehntausend Kilometer unterwegs gewesen war. Die Vortour von beinahe neuntausend Kilometern war von einem engen Zirkel spirituell Suchender aus der Gegend von San Francisco erarbeitet worden. Sie hatten Flugblätter vorbereitet, Videopräsentationen veranstaltet und Freunde und Familienmitglieder dazu eingeladen. Sie stellten ihre Fahrzeuge zur Verfügung, kauften warme Socken und Bettdecken ein, bereiteten köstliches vegetarisches Essen vor, putzen das Haus der Rosners und verbrachten Stunden damit, mir beim Zusammenstellen meiner Listen zu helfen!

Die Vortour sollte am ersten April beginnen, mit einem alten, robusten Dodge Minibus, den Jack Dawson uns ausgeliehen hatte. Ich würde die Mönche kreuz und quer durch das Land fahren und sie an all die Orte bringen, die Amma im Mai, Juni und Juli besuchen würde. Die Mönche sollten dort vor Ammas Besuch Satsang- und Bhajanprogramme halten. Meine Hoffnung war, dass mehr Menschen von Ammas bevorstehender Tour hören würden und auch, dass die Orte, wo die Programme geplant waren, überprüft werden könnten. Ich wollte unangenehme Überraschungen im Vorfeld vermeiden, nicht erst, wenn Amma da war. Ich hatte sechs Wochen veranschlagt.

Larry Kelley, ein Mann aus San Francisco, der bei der allererste Videopräsentation dabei gewesen war, sollte abwechselnd mit mir den Minibus fahren, um die ersten 1500 Kilometer nach Seattle zurückzulegen. Wir hielten am Mount Shasta, wo Swami Amritaswarupananda den ersten Schneeball seines Lebens warf und alle Mönche zum ersten Mal in einem Indianerzelt schliefen. Weiter ging es nach Miranda, wo sie alle die majestätischen riesigen Mammutbäume sahen. Ein alter Freund aus Neu Mexiko würde Larry nach weiteren dreitausend Kilometern ablösen. Scott Stevens wäre dann mein Kopilot für die weiter östlich gelegenen Orte. Wir trafen ihn in Carson, Neu Mexico, etwa auf halbem Weg.

Unser Essen kochte ich auf einem kleinen Campingherd. Meist *kitcheri*. Heißer Kakao und Tee vom gleichen Herd sollten uns die Reise ein wenig angenehm machen.

Bei unseren vielen Gastgebern hatten die indischen Mönche ihre ersten Kontakte mit einer völlig anderen Kultur. Oft bestanden die Mahlzeiten aus Gerichten, die von verschiedenen Personen mitgebracht wurden. So erhielten sie viel Nahrung, die sie erst zu 'entdecken' hatten. Swami Amritaswarupananda begegnete seinem ersten widerlichen Teller voll 'Gras', d.h. Salat. Ich lernte schnell, die Mönche den enthusiastischen Begrüßungen der Amerikaner, die einen wie ein Bär umarmen, taktvoll zu entziehen. „Wir sind Mönche, Kusuma. Kannst du uns bitte verschonen?" Jedem Mönch war ein neuer Coleman Schlafsack geschenkt worden, der ihm beim Durchqueren der Rocky Mountains im kalten Vorfrühling zum besten Freund wurde. Die Gebirgslandschaft muss auf sie wie eine andere Welt gewirkt haben. Ich kann mir nicht vorstellen, wie sehr sie sich nach Amma sehnten!

Swami Paramatmananda schrieb in *"Amritanandam"* vom März 1987:

Liebe Brüder und Schwestern,

...Wir kamen am 26. März im Haus meines Bruders Earl an, der die Heilige Mutter nach Amerika eingeladen hatte. Seither reisten wir mit Kusuma und Larry Kelly in Kalifornien, Oregon und Washington umher. Wir besuchten jene Orte, die Mutter auf ihrer Tour besuchen wird, trafen Vorkehrungen für ihre Programme und sangen auch Bhajans für die Devotees, denen wir begegneten. Sie nahmen alles gut auf und warten begierig auf Mutters Darshan im kommenden Monat. Wir spüren die göttliche Hand der Mutter bei jedem Schritt und hören erstaunt von den Erlebnissen, die sie durch Ammas Gnade erfahren haben. Ammas physische Form ist siebzehntausend Kilometer entfernt in Indien, aber ihr alldurchdringendes Selbst scheint nicht durch Zeit und Raum begrenzt zu sein. Sie segnet ihre Kinder überall auf der Welt!

Kusuma fährt uns Tausende von Kilometern durch die USA, bereitet alles für Ammas Tour vor, kocht für uns und verhält sich wie eine kleine Mutter, die in jeder Beziehung für uns sorgt. Wegen all dieser Aktivitäten war es ihr nicht möglich, diesen Monat etwas für das Nachrichtenblatt zu schreiben. Deswegen sitzt jetzt Nealu zwischen zwei Stopps an der Schreibmaschine.

In Amma,

Br. Nealu (Swami Paramatmananda)

Die Gegenwart der Mönche war bemerkenswert und sprach Bände über Ammas Größe. Swami Amritaswarupananda trug die *Hari Kathas* vor, die er komponiert hatte, und schuf damit

eine Stimmung sublimer Hingabe, während wir von Stadt zu Stadt fuhren. Swami Paramatmananda, ein Amerikaner, hielt vor jeder Vorführung des Videos "Ein Tag mit Mutter" inspirierende Reden. Für Amma sangen wir unsere Herzen aus dem Leib, ohne Mikrophon. Ihre göttliche Gegenwart war sehr kraftvoll zu spüren, und so waren die Menschen durch die Programme wie verwandelt. "Prabhu Misham" war ein Bhajan der Vortour, der die Herzen gewann. Andere waren: "Gajanana", "Kaya Pia", "Gopala Krishna", "Karunalaye Devi", "Narayana Hari" und "Gangadhara Hara". Die Frage-und-Antwort-Sitzungen nach der Videovorführung waren lebhaft und inspirierend. Bei meinen Videopräsentationen einen Monat zuvor waren jeweils nur knapp ein Dutzend Menschen anwesend, während sich die Zahl auf der Vortour nun auf fünfundzwanzig bis dreißig erhöhte. Auf dem Weg wurden immer mehr Plakate für Ammas Tour verteilt.

Nach weiteren zweitausend Kilometern hatten wir Madison erreicht. Dort, auf dem grünen Gras der Farm der Familie Lawrence, tat unser ausgeliehener rostiger Dodge Minibus seinen letzten Atemzug. Es war ein feierlicher Moment, und die Mönche zelebrierten zum Dank für seinen großartigen, selbstlosen Dienst eine Abschieds-Puja für ihn. Er hatte uns sechstausend Kilometer weit gefahren und Obdach gegeben, ohne uns einer einzigen Panne auf einsamen Strecken auszusetzen. Jack, der Besitzer, nahm die traurige Nachricht gut auf. Ich aber hatte rasch einen Plan zu machen, wie wir in der knappen Zeit die zweite Hälfte der Vortour hinter uns bringen konnten. Also hieß es, Busfahrscheine nach Chicago, einen billigen Flug nach New York und eine Bahnfahrt entlang der Ostküste nach Washington D.C. und Boston zu buchen. Um den Rückflug nach San Francisco kamen wir nicht herum. Mein Kopf und mein Herz wirbelten vor Anstrengung, konzentriert und geerdet zu bleiben und ruhig weiter zu machen.

In weniger als zehn Tagen nach unserer Ankunft in Boston kam Amma ja an der Westküste an!

Als wir uns kürzlich mit Swami Amritaswarupananda und Swami Paramatmananda an die Vortour erinnerten, fiel es uns schwer, uns auch an nur eine einzige Mühsal zu erinnern, obwohl die Reise auf der Straße sehr strapaziös gewesen war. Wir hatten auf dem Weg unzählige Male gelacht und geweint und tiefe Momente von Ammas Gegenwart und Gnade erfahren, die uns demütig machten und Tränen in die Augen trieben. Für alle von uns war es eine Zeit der Reifung in unserem spirituellen Leben. Wir setzten uns dafür ein, Amma der Welt nahe zu bringen. Das war ein großer Wendepunkt und wir wollten unser Bestmöglichstes dafür tun. Unsere Anstrengung war unsere Opfergabe; Ammas Gnade ergoss sich von allen Seiten über uns. Erst Jahre später erfuhr ich, dass es für Schüler sehr unüblich ist, dem Guru in dieser Art voranzugehen. Aber weil ich nichts Besseres wusste und Ammas Segen hatte, unternahmen wir das Notwendige, um die Nachricht von Ammas erster Welt-Tour zu verbreiten.

Ich möchte hier die Kerngruppe erwähnen, deren Mitglieder zumeist die erste Videopräsentation von "Ein Tag mit Mutter" in San Francisco besucht hatten und ohne die ich dieses Kapitel nicht schreiben könnte: George Brunswig, Tina 'Hari Sudha' Jencks, Nancy Crawford (Brahmacharini Nirmalamrita), die schon gestorben ist, Larry Kelley, der ebenfalls nicht mehr am Leben ist, Susan Rajita Cappadocia, Robin Ramani Cohelan, James Mermer, Cherie McCoy, Jack Dawson, Timothy Conway, Michael Hock, Scott Stevens, Candice Sarojana Strand, Katherine Ulrich und natürlich Earl und Judie Rosner. Sie alle waren von Anfang an dabei und brachten echte Opfer, damit Amma mit ihrer Hilfe in den Westen kommen konnte. Sie wurden auch dadurch geehrt, dass sie das Willkommens-Komitee für die Mönche auf der Vortour bildeten.

Folgende Familien beherbergten Amma und die Vortour: die Rosners in Oakland, die Familie der verstorbenen Marion Rosen, Tina & Theo Jencks aus Berkeley, Ron Gottsegen aus Carmel und Sandhya Kolar aus Carmel, Familie Iyer aus Palo Alto, Liesbeth und Ivo Obregon aus Santa Cruz, die verstorbene Elizabeth Wagner aus Weed, Susan Rajita Cappadocia vom Mount Shasta, Ken und Judy Goldman aus Miranda, Terri Hoffmans Familie aus Seattle, der verstorbene Feeny Lipscomb und Bruce Ross aus Taos, Isabella Raiser und Bob Draper aus Taos, Familie Schmidt aus Santa Fe, Rita Sutcliffe aus Taos, Familie Pillai aus Albuquerque, Balachandran und Lakshmi Nair aus Chicago, die verstorbene Phyllis Rosner aus Chicago, Barbara, David und Rasya Lawrence aus Madison, Mary LaMar und Michael Price, ebenfalls aus Madison, Phylis Sujata Castle aus New York, Gena Glicklich aus Boston, die verstorbene Mirabhai aus der Gegend von Washington D. C., Kit Simms aus Maryland, Familie Devan aus Connecticut, Familie McGregor aus Pittsburg und die Leute der Plain Pond Farm.

Ich hatte mich mit ganzer Kraft eingesetzt, nun wurde alles von Amma wunderbar zusammengefügt. Immer mehr Menschen kamen, um von Amma zu hören. Andere waren in Kontakt mit den Personen aus dem Netzwerk, die ich im Sommer kennen gelernt hatte. So kam langsam aber sicher ein weit größerer Kreis an Menschen zusammen, die halfen, Ammas Tour zu gestalten. Wie erhofft, hatte die Vortour sehr viel freudige Aufregung bewirkt. Als ein Jahr später, im Mai 1987, die Schrift "Erinnerungen an die Erste Welt-Tour" veröffentlicht wurde, hatten vierzig Programme stattgefunden, die die spirituelle Vielfalt Amerikas widerspiegelten.

Das Programm von Ammas Amerikatour 1987:

18. Mai   Ammas Ankunft am Flughafen von San Francisco

19. Mai	Yoga Society, San Francisco
20. Mai	Badarikashram, San Leandro, Kalifornien
21. Mai	Harwood Vipassana Meditationshaus, Oakland
22. Mai	Christ Episcopal Church, Sausalito, Kalifornien
23. Mai	First Unitarian Church, San Francisco
24. Mai	Cultural Integration Fellowship, San Francisco
25. Mai	Devi Bhava Darshan im Haus der Rosners in Oakland
26. Mai	Unity Church, Santa Cruz, Kalifornien
27. Mai	Women's Club of Carmel, Kalifornien
29. Mai	Quäker-Versammlungshaus, Seattle, Washington
30. Mai	Unity Church, Bellevue, Washington
31. Mai	Devi Bhava Darshan im Haus von Terri Hoffman in Seattle
2. Juni	Melia Foundation, Berkeley, Kalifornien
3. Juni	Whispering Pines Lodge, Miranda, Kalifornien
4.-6. Juni	Retreat in der Morningstar Community, Mount Shasta, Kalifornien
7. Juni	Devi Bhava Darshan, The Yurt in Morningstar, Mount Shasta
9-10.Juni	Große Halle im St. John's College, Santa Fe
12. Juni	Center for Performing Arts, Taos, New Mexico
13. Juni	Harwood Auditorium, Taos
14. Juni	Stones Blessing Tempel, auf dem Gelände der Familie Longo-Whitelock in Taos
15. Juni	Haus der Familie Pillai, Albuquerque
16. Juni	Lama Mountain Meditation Center, Lama Mountain, New Mexico

17. Juni	Devi Bhava Darshan im Haus der Familie Lipscomb-Ross, Taos
19. Juni	The White Church on Quesnel, Taos
20. Juni	Hanuman Temple, Taos
21. Juni	Sonnwendfeier der Göttlichen Mutter, bei Jameson Wells von Pot Creek, New Mexico
22. Juni	Haus der Familie Stevens, Carson, New Mexiko
23. Juni	Devi Bhava Darshan im Haus der Familie Schmidt, Santa Fe
25. Juni	Gates of Heaven, Madison, Wisconsin
26. Juni	Versammlungshaus der Quäker, Madison
27. Juni	Unitarian Church, Madison
28. Juni	Devi Bhava Darshan im Haus der Familie Lawrence, Madison
29. Juni	Ramalayam Hindu Temple, Lemont, Illinois
1. Juli	Divine Life Church, Baltimore, Maryland
2. Juli	Unitarian Church, Washington DC
4. Juli	Plain Pond Farm, Providence, Rhode Island
5. Juli	Zen-Zentrum, Cambridge, Massachusetts
6. Juli	Sufi-Orden, Boston
7. Juli	Theosophische Gesellschaft, Boston
8. Juli	Harvard Universität, Cambridge
9. Juli	Old Cambridge Baptist Church, Cambridge
10. Juli	Himalaya Institute, New York City
11. Juli	Geeta Temple Ashram, Elmhurst, NY
12. Juli	St. John the Divine Cathedral, New York City
13-14.Juli	Retreat im Haus der Familie Devan, Connecticut
15. Juli	Ammas Abflug zur Europa-Tour

Wir brachten die Vortour an der Ostküste zu Ende und flogen zurück an die Westküste, gerade zehn Tage bevor Amma eintraf. Endlich war für die Welt die Zeit gekommen, Amma zu begegnen.

KAPITEL 7

Auf der Weltbühne

San Francisco
18. Mai 1987

Die Sonne ging auf und der wundervolle Tag, an dem Amma ankommen würde, begann! Es war ein schöner, frischer Morgen. Alle Vorbereitungen für Amma und ihre Gruppe waren mit großer Hingabe und Vorfreude erledigt worden. Angefangen von Ammas Darshanstuhl bis zu frischem Gemüse, neuen Socken und frischen Betttüchern war alles vorhanden. Alle Helfer hatten sich an den Einkäufen beteiligt. Wir hatten einen weißen, zwölfsitzigen Minibus für die Fahrt über die Bay-Brücke gemietet und viele unserer Helfer waren gekommen, um Amma am internationalen Flughafen von San Francisco zu empfangen.

Es ist unbeschreiblich, was mein Herz an diesem Morgen empfand. All die Verantwortung während dieses Jahres, die zurückgelegten Kilometer, die zahlreichen Prüfungen, die damit verbundenen Strapazen und nicht zuletzt Ammas Gnade, die diesen Augenblick möglich gemacht hatte, spiegelten sich darin wider. Ich blickte in die Gesichter von Ammas Kindern, die ihr nun zum ersten Mal begegnen würden. Wie hart hatten sie gearbeitet und wie entspannt und schön sahen sie nun aus, als sie so voller Erwartung auf Amma warteten. Gabriel, den Sohn des Ehepaars Rosner, hatte ich auf meinem Arm, damit er Amma besser sehen konnte, als sie graziös wie ein Schwan durch die Wartehalle auf uns zukam. So hatte ich sie noch nie gesehen. Strahlend und präsent war sie ja immer, aber in diesem Augenblick erschien sie

mir geradezu glühend weiß. Jedes Teilchen ihres Wesens leuchtete und sendete Energie aus wie eine riesige Welle, die sich bricht.

AMMA IM HAUS!

Eine Girlande wurde um Ammas Hals gelegt. Jemand hatte daran gedacht, Schokolade mitzubringen. Es waren „Hershey Kisses", die Amma nun zu verteilen begann. Jeden umarmte sie und gab ihm einen dieser "Küsse". Während das Gepäck geholt und in die Autos verladen wurde, saßen wir um Amma herum. Sie strahlte uns mit ihrem unvergleichlichen Lächeln an. Wir verharrten schweigend und sonnten uns in ihrem Glanz, so als würde dieser Moment nie zu Ende gehen. Amma war ganz ungezwungen und fragte alle nach ihrem Namen. Jeder lachte und freute sich, ihre Stimme zum ersten Mal zu hören, als sie uns von ihrer langen Reise erzählte.

Schließlich stieg Amma mit ihrer Gruppe in den weißen Minibus und die Karawane bewegte sich ostwärts über die Bucht. Als ich einmal kurz in den Rückspiegel sah, saß Amma zurückgelehnt in ihrem Sitz, blickte ruhig aus dem Autofenster und nahm zum ersten Mal den Anblick von Amerika in sich auf.

Im Haus der Familie Rosner angekommen, gab Amma schon am nächsten Morgen Darshan für eine Gruppe eifriger Devotees, die das erste offizielle Abendprogramm nicht mehr erwarten konnten. Besonders erinnere ich mich an Steve Fleischer und seine Frau Marilyn Eto, sowie an Dennis und Bhakti Guest, die alle den Weg zu diesem Haus gefunden hatten, um Amma dort zu begegnen. Natürlich waren auch Tina, Nancy, George, Tim, Robin, James, Jack und Cherie dabei, die mir im Jahr zuvor so viel geholfen hatten.

Amma begann mit einer langen Meditation. Der anschließende Darshan wurde von einfachen *namavali bhajans* (hingabevolle Lieder, bei denen die Namen Gottes wiederholt werden) begleitet.

Amma sang mit, während sie jeden umarmte. Nach einigen Stunden wurde das Treffen beendet, um die letzten Plakate in der Stadt verteilen zu können und für das erste Abendprogramm in der Halle der Yoga-Gesellschaft von San Francisco fertig zu werden.

AMMAS ERSTES ABENDPROGRAMM
San Francisco
19. Mai 1987

Es klingt vielleicht merkwürdig, aber ich war schrecklich nervös, als ich Amma mit ihrer Gruppe in dieser ersten Nacht nach San Francisco fuhr. Meine Fingerknöchel waren weiß, so stark klammerte ich mich am Steuer fest. "Tief durchatmen", befahl ich mir selbst. Und "Wiederhole dein Mantra so oft es geht." Warum war ich so nervös? Nun, ich dachte an all unsere Anstrengungen und machte mir ernsthafte Sorgen, ob genügend Leute zum Programm erscheinen würden, ob Amma ein richtiger Empfang bereitet würde und ob die Yoga Gesellschaft enttäuscht wäre, wenn der Saal nicht voll war? Solche Gedanken verfolgten mich, bis wir bei der Halle angekommen waren. Aber was für eine Überraschung! Eine lange Schlange von Menschen, die darauf warteten, eingelassen zu werden! Eine Welle der Erleichterung erfasste mich. Augenblicklich entspannte ich mich und sprang aus dem Bus, um Amma beim Aussteigen zu helfen. Eine erwartungsvolle Menge stand bereits zur Begrüßung da. Jemand legte Amma eine Girlande um und wir wurden in den Saal geführt.

Als Bühne diente eine leicht erhöhte Plattform, die gerade groß genug war für die ganze Gruppe. Amma sang zum ersten und letzten Mal in Amerika ohne Mikrofon. Durch ihren Gesang öffnete sich der Himmel und fiel auf uns herab. "Gajanana He Gajanana", "Gopala Krishna", "Shristiyum Niye", "Karunalaye Devi", "Prabhu Misam" und "Durge Durge". Ich höre Amma diese Lieder singen, als wäre es gestern gewesen. Ich sah ins

San Francisco Airport Darshan

Publikum. Es ist schwer, die Reaktion der Leute zu beschreiben. Die meisten drängten sich vor Amma zusammen, nicht einmal einen Meter weit von ihr entfernt, und bewegten sich im Takt der Lieder, die Augen auf Amma fixiert. Alle waren wie gebannt und ganz still. Viele von ihnen hatten schon seit mehr als zehn Jahren in anderen Satsang-Gruppen Bhajans gesungen. Aber nun war ihnen anzusehen, dass sie noch nie in ihrem Leben etwas Ähnliches gehört oder empfunden hatten. Einigen rollten Tränen über die Wangen, die meisten hatten ehrfürchtige Gesichter.

Viele dieser Menschen hatten nun ein Jahr lang mit mir zusammengearbeitet. So freute ich mich darauf, ihren ersten Darshan miterleben zu können. Einige von ihnen sahen jedoch schon zu diesem Zeitpunkt so aus, als hätte der Darshan für sie bereits begonnen. Amma sang sehr lange. Niemand rührte sich. Nach den Schlussgebeten herrschte tiefe Stille. Wir blieben alle ruhig sitzen und warteten noch eine Weile, um diesen kostbaren Augenblick nicht zu zerstören.

Schließlich gab Amma bis tief in die Nacht hinein Darshan. Viele, viele Menschen hatten ihren ersten „Schokoladen-Kuss" von ihr bekommen und wurden in ihren Armen gewiegt, um nie mehr so zu sein wie zuvor.

Auf der Rückfahrt nach Oakland brachten die Mönche zum ersten Mal das Thema ‚Verstärkeranlage' zur Sprache. Bhajan-Darbietungen ohne Mikrophon und Lautsprecher waren in diesem kalten Klima einfach nicht realistisch. Amma fragte uns, wie groß denn die Hallen wären, in denen die nächsten Programme stattfinden sollten. Da wurde mir schlagartig klar, dass wir wirklich eine Verstärkeranlage brauchten.

TESTING, TESTING, ONE-TWO, ONE-TWO...

Also fuhr ich am nächsten Morgen nach Oakland, um ein geeignetes Musikgeschäft zu finden. Die Devotees trafen sich währenddessen für Morgenmeditation und Darshan im Haus der Familie Rosner. Ich trug meine weiße Ashramkleidung, wohl nicht genau das Passende für einen Gang in die Stadt. Ich fand jedoch ein Geschäft, das genau das bot, was wir brauchten. Es war ein Rock-n-Roll-Geschäft für Musikgeräte. Von der Decke hingen elektrische Gitarren, Ukuleles, Saxophone und riesige Lautsprecher. Die Wände waren mit Plakaten von Rockstars und Jazzmusikern gepflastert, viele davon signiert. Ausgestellt waren Mikrofone, Kabel, Mikrofon-Ständer, schwarze Lampen, Trockeneismaschinen, Mischpulte und Verstärker in den unterschiedlichsten Größen. All das konnte man hier kaufen. Ich fühlte mich in dieser Umgebung nicht ganz in meinem Element und wünschte, ich wäre nicht alleine gekommen. Unsicher ging ich zum Verkaufstisch, um mich beraten zu lassen.

Man hatte mich bereits entdeckt und ein Verkäufer erwartete mich dort. Ich lächelte schwach und sagte "Hi". Mein Mund war trocken, aber ich musste diese Sache durchstehen. "Ich brauche eine Verstärkeranlage." "Für welche Art von Musik?" „Für südindische Bhajan-Gesänge, vorgetragen mit lauter Stimme, begleitet von Harmonium und Tabla, und das für eine Tour." Der Verkäufer schien damit vertraut zu sein und fragte ganz selbstverständlich: "Wie viel wollen Sie ausgeben?" „Nicht zu viel." "Nur für Liveauftritte oder auch für Studioaufnahmen? Haben Sie einen Tontechniker?" „Was ist ein Tontechniker?" Er runzelte ein wenig die Stirn. "Für wie viele Musiker brauchen Sie die Anlage? Wollen Sie auch Aufnahmen machen?" "Ja, sicher."

Der Verkäufer verschwand im Hintergrund, kam aber schon bald zurück, machte auf dem Verkaufstisch Platz und stellte mir in weniger als zwanzig Minuten eine Anlage für Anfänger zusammen. Er empfahl ein einfaches Peavey-Mischpult mit eingebautem Verstärker, von guter Klangqualität und zu einem günstigen Preis, dazu zuverlässig, leicht zu bedienen, gut zu transportieren und mit zehn Mikrofon-Anschlüssen. Verkauft! Jetzt noch zwei Lautsprecher mit Ständern, ein Set aus mehreren Mikrofonen inklusive Ständer und Kabel sowie stabile Transportkisten, für die ich die Farbe Orange auswählte. All das würde in einer Woche fertig sein, ohne mein Budget zu sprengen. Klasse Verkäufer! Jetzt brauchte ich nur noch ein Mikrophon für Amma, für das ich noch ein bisschen Geld zurückbehalten hatte. "Unsere Lead-Sängerin hat eine sehr kräftige Stimme und wiegt sich beim Singen hin und her" meinte ich.

Er überlegte eine Weile, bevor er ein Mikrofon aus dem Schaukasten nahm und mir mit den Worten überreichte: "Dies ist das gleiche Modell, das Aretha Franklin jahrelang benutzt hat. Sie hat dieses Modell den teureren vorgezogen, weil ihr der Klang so gut gefiel. Er passte genau zu ihrer Stimme." Mit Aretha hatte er mich überzeugt, also kaufte ich das Mikrofon.

Dann wollte er nochmals wissen, wer denn unser Tontechniker sei. Als ich antwortete, das sei ich, ich hätte aber keine Ahnung, nickte er nur. „Gut, dann muss ich Ihnen noch erklären, wie man mit diesen Geräten umgeht."

So bekam ich einen Crashkurs über die Aufstellung der Anlage und die Bedienung des Mischpults sowie einige besonders wichtige Details. Am ersten Abend sollte ich seiner Meinung nach besser keine Aufnahmen machen. Anscheinend hatte er das Gefühl, dass ich genug hatte. Als ich in das Haus der Rosners zurückkam, war der Darshan bereits zu Ende und die Gruppe ruhte sich aus. Ich las ein Archana, betete für ein glückliches Gelingen und fuhr mit der neuen Musikausrüstung zur Darshanhalle voraus.

Dort traf ich die Devotees, die schon gekommen waren, um die Halle zu dekorieren. Immer noch voller Darshan-Glück, hätten sie nicht hilfreicher sein können. Wir trugen die neue Musikausrüstung hinein und packten sie vorsichtig aus. Ich gab mir den Anschein, genau zu wissen, was zu tun sei. Während sie die Bühne wischten, mit Blumen schmückten und den Altar herrichteten, begann ich schwitzend die Anlage aufzubauen. Dabei folgte ich sorgfältig den Anleitungen, die ich erhalten hatte, stellte die Mikrofone planmäßig und ohne die Kabel zu verwickeln auf, prägte mir ein, welches Mikrofon zu welcher Nummer auf dem Mischpult gehörte und stellte Ammas Mikrofon-Ständer auf die Seite, damit er nicht im Weg stand, wenn sich Amma setzen wollte. Ich hatte mein Bestes getan und war zufrieden. Alles lag nun in Ammas Händen. Loslassen und daran denken, dass " ich nicht der Handelnde bin", war alles, was ich jetzt noch tun konnte. Also fuhr ich rechtzeitig zu den Rosners zurück, um Amma und ihre Gruppe abzuholen.

Als wir die Halle erreichten, sprang ich gleich aus dem Bus und bat ein Gruppenmitglied, in der Nähe zu parken. Nachdem ich Amma durch die Halle auf die Bühne geführt hatte, blieb ich in ihrer Nähe, um das Mikrofon im richtigen Augenblick vor ihr aufstellen zu können. Amma setzte und verneigte sich, wie sie es vor jedem Programm tut, und blickte lange ins Publikum. Es war eine recht große Menschenmenge, die sich mucksmäuschenstill verhielt.

Amma blickte zu mir herüber und machte ein kurzes Zeichen, dass sie das Mikrofon haben wolle, so als ob es das Normalste von der Welt wäre, vor die Göttin des Universums ein Mikrofon hinzustellen. Während ich mein Mantra rezitierte, stellte ich das Mikrofon an die richtige Stelle und beobachtete, wie Amma darauf reagierte. Sie runzelte die Stirn in derselben Art und Weise, wie der Verkäufer es am gleichen Morgen getan hatte! Ich musste ein bisschen schmunzeln. Amma verpasst eben keinen einzigen Augenblick! Sie war immer bei uns, beobachtete uns und wachte gleichzeitig über uns, egal ob es sich um etwas Großes oder etwas Kleines handelte. Ihre Fähigkeit, durch subtile Kommunikation

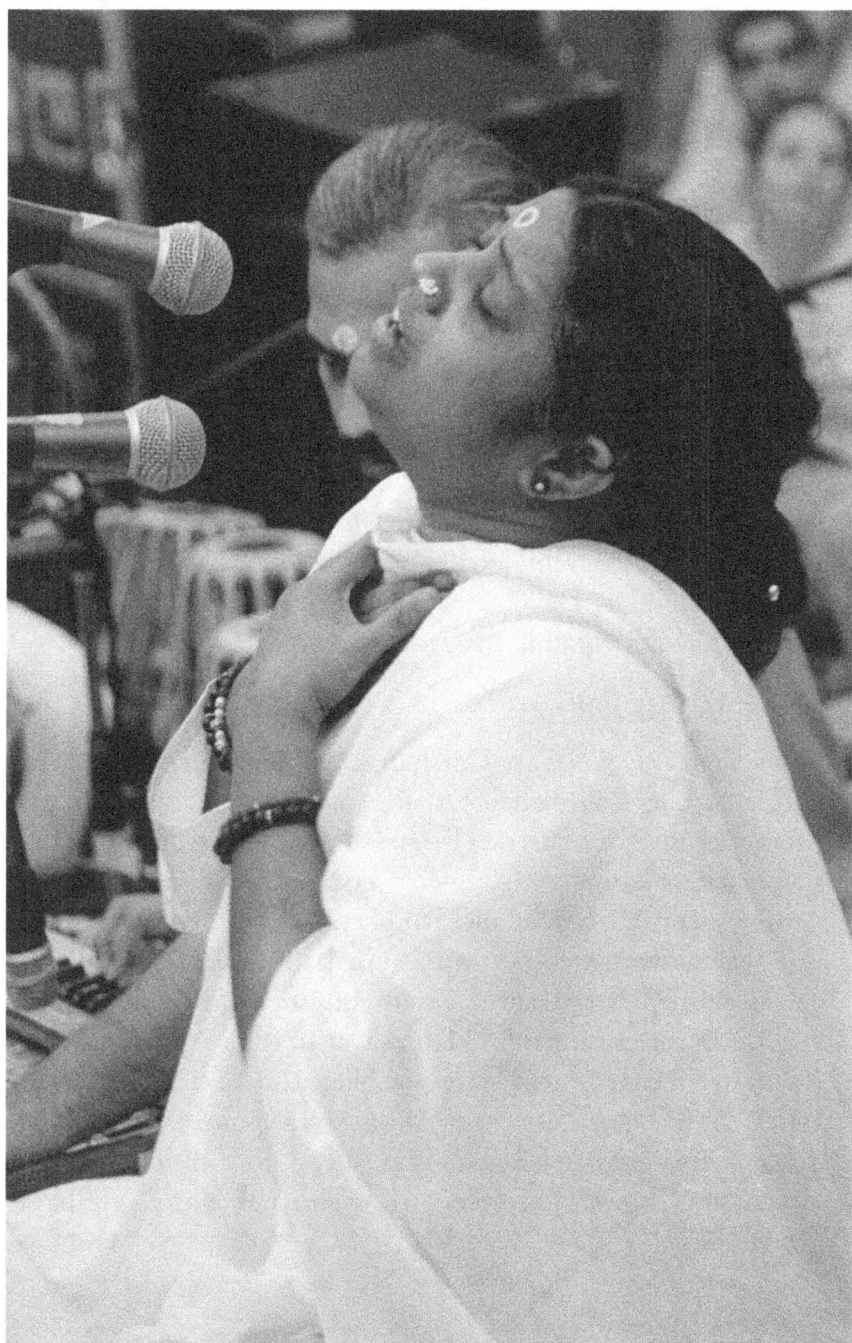

ihre Allgegenwärtigkeit zu signalisieren, ist unfehlbar. Wenn wir jedoch nicht darauf achten, ist es leicht zu übersehen. Eine halbe Sekunde nur war vergangen und alles, was ich wissen musste, war übermittelt worden. Amma lächelte mich so süß an und segnete mich, indem sie meinen Kopf berührte. Mehr war nicht nötig, um meine Nervosität zu beseitigen. Nachdem ich am Mischpult Platz genommen hatte, drehte ich langsam die Lautstärke der Mikrofone auf und seufzte vor Erleichterung. Alles ging glatt und Ammas neues Mikrofon war fantastisch.

In der Bay Area und in Nordkalifornien von Mount Shasta im Norden bis Carmel im Süden konnte man Ammas Programme in diesem ersten Jahr nahezu zwei Wochen lang genießen. Überall fühlte sich Amma sofort wohl. Inzwischen hatte sich ein harter Kern von Devotees gebildet, der bei jedem Programm dabei war. Die meisten dieser Devotees waren schon ein Jahr zuvor bei der ersten Videopräsentation in San Francisco dabei gewesen.

DER ERSTE DEVI BHAVA

Der allererste Devi Bhava Darshan außerhalb Amritapuris fand an einem ungewöhnlichen Ort in Amerika statt. Eines frühen Morgens kam Amma bei den Rosners die Treppe herunter und sah sich in jedem Zimmer um. Zuerst verstanden wir nicht, wonach Amma suchte, fanden es aber bald heraus.

Niemand wusste, ob Amma außerhalb Indiens Devi Bhava geben würde, aber genau das schwebte ihr an diesem Morgen vor. Ein Nebenzimmer des Hauses war in etwa so groß wie der Kalari in Amritapuri und hatte eine Flügeltüre zu einem größeren Wohnraum. Dieses Zimmer wählte Amma für Devi Bava aus. Schon beim nächsten Morgen- und Abendprogramm kündigten wir an, dass Amma am folgenden Tag ab 20:30 Uhr Devi Bhava geben würde.

Am nächsten Tag dekorierten wir das ganze Zimmer mit Seidensaris und suchten nach einem geeigneten Stuhl für Amma sowie einem Tischchen für das Prasad-Tablett. An der Rückwand richteten wir einen Altar mit einem Bild der Göttlichen Mutter und einer Messinglampe ein. Ein prächtiger Strauß mit wilden Blumen und eine Platte mit Früchten wurden daneben gestellt. Ein volkstümliches Mandala aus Ton, das ich in Kochi erworben hatte, diente als Hintergrunddekoration.

1987 existierten noch keine Handys und Neuigkeiten verbreiteten sich eher von Mund zu Mund. Trotzdem trafen am Nachmittag schon viele Besucher ein. Bald war das Haus so voll, dass viele in den Vorgarten auswichen und sich ins Gras setzen mussten. Vor den 'Tempeltoren' hatten sich die Mönche für die Bhajans platziert. Bald würden sich diese Tore öffnen und der westlichen Welt zum ersten Mal den Blick auf die respekteinflößende Gestalt Ammas in Devi Bhava freigeben. Schon seit mehr als einer Stunde wurden Bhajans gesungen, was die Devotees in erwartungsvolle Stimmung versetzte. Im Inneren des ‚Tempels' waren wir zu dritt damit beschäftigt, Amma herzurichten. Der Pujari hatte eine mehrstufige Arati-Lampe gebracht, die mit Kampfer gefüllt war. Ammas Begleiterin war mit letzten Vorbereitungen beschäftigt, während ich die Krone putzte. Amma hatte für diese Nacht einen schönen tiefgrünen Sari ausgewählt. Nachdem ich die Krone für Ammas Segen auf den Peetham gestellt hatte, wartete ich auf das Zeichen, um die Tempeltüren für das Eröffnungslied "Ambike Devi"zu öffnen.

Obwohl ich schon viele Devi Bhavas mit Amma im Kalari Tempel erlebt hatte, fühlte ich, dass es in dieser Nacht anders war, so als ob ein stiller, aber deutlich pulsierender Energiestrom tief aus der Erde in den Raum strömen würde.

Schließlich war Amma bereit. Sie saß mit geschlossenen Augen auf dem Peetham und hielt Blütenblätter in beiden

Händen. Sehr subtil konnte ich Schwert und Dreizack erahnen. Unglücklicherweise hatte es Ammas Assistentin versäumt, Glöckchen für die Fußgelenke mitzubringen - das erste Mal, dass so etwas geschah!

Ammas Körper vibrierte mit hoher Frequenz. Die Luft wurde sehr heiß und schien vor Elektrizität zu knistern. Als die Arati-Lampe angezündet wurde, neigte sich das Zimmer plötzlich etwas zur Seite. Ich erinnere mich noch, dass ich dachte: "O nein, genau in diesem Augenblick ein Erdbeben?" Ich sah meine beiden Mithelfer im ‚Tempel' an. Auch sie hatten einen sehr ernsten Gesichtsausdruck, was mich nicht gerade beruhigte. Was ging hier vor? Als ich zu Amma blickte, erkannte ich, dass sie die Ursache dieses Phänomens sein musste. Alles ging direkt von ihr aus. "O je!", dachte ich im Stillen, "Amma hebt noch das ganze Haus aus seinen Grundfesten." Im gleichen Augenblick kam mir ein seliger Gedanke. Ja, genau in diesem Moment offenbart sich die göttliche Urmutter des Universums in Amerika und durchbohrt mit ungeheurer Kraft mühelos den schweren Schleier der Materie. Es schien eine Ewigkeit zu dauern, bis sich der Saal wieder stabilisiert hatte, und Amma gab das Zeichen, die Tempeltüren ein zweites Mal zu öffnen. Kampferrauch schwebte in der Luft. Amma strahlte eine solche Hitze und ein solches Licht aus, wie ich es bisher noch nie erlebt hatte. Dann empfing sie die ersten Devotees zum Darshan. Ich hatte das Gefühl, als hätte sich die Erde aufgetan und Amma würde die Urenergie aus den tiefsten Winkeln der Existenz herausholen, um sie hierher nach Amerika zu bringen. Ich erinnere mich noch wie ich dachte: "Die Dinge hier werden nie mehr so sein wie bisher."

1987 feierte Amma an den ungewöhnlichsten Orten Devi Bhava. In Mount Shasta z. B. in einem Indianerzelt, das auf einer Wiese am Berghang stand - und das in einer Vollmondnacht. In Madison saß Amma in einer rustikalen Scheune, die

144

um die Jahrhundertwende erbaut worden war und auf dem Grundstück der Familie Lawrence stand. Auch die Häuser der Familien Schmidt, Hoffmann und Ross-Lipscomb beherbergten Amma als Devi, die ihre Devotees empfängt. Für Amma gab es keine Grenzen, sich in der ganzen Kraft und Herrlichkeit der Göttlichen Mutter zu manifestieren, hatten ihre Kinder sie doch endlich gefunden. Sie wischte die Tränen ab und dachte weder an Zeit noch Ort.

MOUNT SHASTA

Mount Shasta ist der kalifornische Arunachala, ein Berg, der von vielen als heilig betrachtet wird und Gott Shiva verkörpern soll. 1986 kam ich durch Larry Kelley mit Susan Rajita Cappadoccia in Kontakt, einer temperamentvollen Fünfundzwanzigjährigen, die genauso alt war wie ich. Susan fühlte sich schon bei der ersten Videopräsentation sehr mit Amma verbunden. Ihr unermüdlicher Einsatz machte es möglich, dass Amma auch in ihre Heimatstadt Mount Shasta kommen konnte.

Sie lebte in einer Gemeinschaft namens 'Morgenstern', die über ein Anwesen in Hanglage mit atemberaubender Aussicht verfügte. Dort fand Ammas Programm statt, wobei die ganze Stadt den Berg zu ihr hinauf zu pilgern schien. Amma genoss die Schönheit dieses Ortes ebenso wie wir und zeigte uns verschiedene Dinge, die ihre besondere Aufmerksamkeit gefunden hatten. Nach Beendigung des Programms wanderte Amma im Gelände umher und sah das Indianerzelt, das auf einer prächtigen Blumenwiese stand. Amma prüfte einige Augenblicke lang die Umgebung und erklärte nach einem Blick in das Zelt, dass sie dort am folgenden Abend Devi Bhava feiern wolle. Durch diese Ankündigung stieg die Stimmung der Devotees noch mehr an.

Am nächsten Tag, als Amma Darshan gab, galt unsere ganze Aufmerksamkeit dem Zelt, das in einen Tempel verwandelt werden sollte. Wir schnitten rundum sorgfältig Stauden und Gebüsch weg, um Platz für die Devotees zu schaffen, und deckten den Boden vor dem Zelt mit Planen ab. Ein kleiner Platz innerhalb des Zeltes wurde für die Bhajans der Mönche hergerichtet. Wir rollten das Segeltuch des Zeltes zur Hälfte zurück, damit man hinein blicken konnte, hängten farbenfrohe Seidensaris an die Innenwände und errichteten direkt hinter Ammas Peetham einen kunstvollen Altar. Zur Eröffnungszeremonie kamen etwa zweihundert Menschen. Rajita schrieb später darüber wie folgt: "Als die Vorhänge sich öffneten, blickte ich auf Amma und sah eine göttliche Flamme. Ihr Körper vibrierte, als ob sich ein mächtiger, rauschender Fluss in ihrem Inneren befände. Es war außerordentlich kraftvoll."

Große Freude erfüllte mich, als ich Amma in solcher Pracht vor den Menschen sitzen sah. Jeder gefahrene Kilometer, jedes verpasste Essen, die Erschöpfung und sogar der Verlust meines Visums – all das war es wert, nun die Vereinigung der Göttlichen Mutter mit ihren Kindern sehen zu können. Mein Instinkt war die ganze Zeit richtig gewesen: Es gab eine Göttliche Mutter in dieser Welt und ihre Kinder fanden sie!

LIMONADE AM FLUSSUFER

Auf der Fahrt nordwärts von Santa Fe nach Taos führt die Straße lange direkt am Rio Grande entlang. Auf dieser Strecke gibt es Stellen, wo nicht einmal genügend Platz für einen Reifenwechsel vorhanden ist, so schmal ist die Straße. Ungefähr in der Mitte dieser fünfzehn Kilometer langen Strecke sagte Amma, sie sei durstig. Ich überlegte einen Augenblick, wusste aber, dass meilenweit kein Laden oder Café in Sicht war. Amma wiederholte, dass sie so Durst habe. Was konnte man da machen? Schließlich fiel mir ein, dass wir uns ganz in der Nähe von Meadows Haus befanden, der Freundin, die mir vor so vielen Jahren von der

'Göttlichen Mutter in Indien' erzählt hatte. Wir näherten uns der Brücke zu ihrem Grundstück und ich verließ mit Ammas Erlaubnis die Landstraße.

Die Brücke ist erwähnenswert, weil sie sehr alt ist, wackelig aussieht und nur aus Holzplanken besteht, die an Stahlseilen befestigt sind, die über dem wilden Fluss aufgespannt sind. Obwohl die Brücke nicht sehr stabil aussieht, wurde sie vom Staat in jeder Saison wieder für Autos und Lieferwagen freigegeben. Als die Mönche den Zustand der Brücke sahen, riefen sie laut "Stopp". Ich hielt an und erklärte ihnen, dass sie sicher sei. Sie erlaubten mir aber nicht, darüber zu fahren. So stellten wir das Auto ab und gingen mit Amma zu Fuß über die Brücke.

Könnt ihr euch die Überraschung von Meadow, Ajna und Riversong vorstellen, als sie sahen, wer da auf ihr Haus zukam? Die Drei rannten aus ihrem Garten auf Amma zu. Während Amma sie umarmte, erzählte ich die Geschichte von Meadow, die mir einst von Amma erzählt hatte. Amma lächelte verständnisvoll. Scheinbar zufällig hatten sie gerade eine große Kanne Kräutertee zubereitet. Sie brachten Gläser herbei und wir erfreuten uns gemeinsam am Rauschen des Flusses, der Sicht auf die farbenfrohen La Baranca-Klippen genau hinter uns und am köstlichen Kräutertee. Als ich Meadow und ihre Töchter betrachtete, die überglücklich in Ammas Gegenwart versammelt waren, wurde mir klar, dass Amma deshalb so um ein Getränk gebeten hatte, weil sie hierher kommen wollte, um Meadows Wunsch nach einer Begegnung mit der Göttlichen Mutter in Fleisch und Blut zu erfüllen. Nach all den Jahren wusste ich, dass Ammas Wege so sind. Anstatt kühne Ankündigungen zu machen, die ihre Allwissenheit enthüllen würden, handelt sie so, als bräuchte sie irgend eine Kleinigkeit, oder findet einen Vorwand, damit sie eine passende Gelegenheit arrangieren kann, um die unschuldigen Wünsche ihrer Kinder wahr werden zu lassen. So bleiben ihre wahren Kräfte immer verborgen. Es gibt ähnliche Geschichten aus dem Leben Sri Krishnas. In der Tat ist es ein Zeugnis von Ammas Demut, dass sie oft Umwege geht, um ihre Allwissenheit zu verbergen.

HOLPERIGE MOMENTE

Alles in allem lief auf dieser ersten Tour alles sehr glatt - es sei denn, wenn nicht. Aber solche schwierigen Momente waren Meilensteine bzw. große Prüfungen für mich. Zurückblickend sehe ich sie als bestimmende Momente auf meiner spirituellen Reise mit Amma. Meine Fehler brachten mich zu einem besseren Verständnis über den spirituellen Weg und zwangen mich zur Selbstkorrektur.

Ein solcher Moment ereignete sich bald nach Beginn der Tour. Dennis und Bhakti Guest aus Orinda hatten uns großzügig einen Westfalia VW-Bus für die Fahrt nach Miranda und Mount Shasta geliehen. Von der Bay Area bis nach Miranda ist es eine lange Strecke und mit einem zusätzlichen Fahrzeug hatten Amma und wir etwas mehr Platz zum Ausstrecken. Die Fahrt von Miranda nach Mount Shasta war wunderbar, aber sehr kurvenreich. Mein erster Fehler bestand darin, den falschen Weg einzuschlagen. Auf der Karte war es der kürzeste Weg, aber die Straße war für alle eine Tortur. Mehr als drei Stunden qualvoller Fahrt. Allen wurde übel, außer mir, der Fahrerin, aber obwohl wir die Fahrt so schnell wie möglich hinter uns bringen wollten, konnte man auf dieser zweispurigen, kurvigen Nebenstraße nicht schneller vorankommen. Meine Seelenqual wuchs proportional zum Stöhnen, das von den rückwärtigen Sitzen kam. Wenn ich nur eine bessere Route gewählt hätte! Ich schwor mir selbst, von nun an die ortsansässigen Devotees nach einer geeigneten Route zu fragen. Im Moment konnte ich jedoch nichts anderes tun, als mich auf die Straße vor mir zu konzentrieren und zu versuchen, den Unebenheiten auf dem unbekannten Weg vorsichtig auszuweichen. Aber das Schlimmste stand noch bevor.

Als wir endlich in Mount Shasta ankamen, nahm ich die falsche Ausfahrt, weil ich mir die genaue Wegbeschreibung des Devotees nicht notiert hatte, bei dem Amma untergebracht werden sollte. Schlimm! Anscheinend mangelte es mir komplett an Aufmerksamkeit, als ich diesen Teil der Reise plante! Bedenkt - damals gab es noch keine Handys für einen Notruf! Ich fuhr rückwärts zur Hauptstraße zurück und erinnerte mich, dass die richtige Ausfahrt "Edgewood-Weed" lautete, nicht Mount Shasta. Als ich dort abbog, blinkte mich ein Auto an. Es war eine Devotee aus der Gegend, die uns bemerkt hatte. Das war wenigstens jemand, der aufmerksam war! Ich fuhr auf einen grasbewachsenen Rastplatz und wartete auf die Devotee, die erst umkehren und uns wieder einholen musste.

In diesem Augenblick fing Amma an, mich zu tadeln. "Wusstest du, wohin es ging, oder wusstest du es nicht? Warum hattest du die Fahrt nicht sorgfältiger vorbereitet?" Es gab nichts, was ich hätte sagen können. Amma war im Recht. Ich war nicht aufmerksam gewesen und hatte mich nicht um die Details gekümmert. Wenn Amma einen Schüler rügt, haben ihr Worte sehr viel Kraft, die Kraft des Universums. Das trifft dich ins Innerste. Das vergisst du nicht mehr. Amma tut das ganz bewusst, weil sie bei der betreffenden Person einen Eindruck hinterlassen will, der ihr zu größerer Aufmerksamkeit verhilft. *Sraddha* d. h. Aufmerksamkeit, ist für einen spirituell Suchenden unerlässlich. Ohne sie gibt es keinen Fortschritt. Denn wie soll man negativen Handlungen, Worte und Gedanken in positive umwandeln, wenn man nicht wachsam genug ist, um sie überhaupt zu bemerken? Das alles war mir klar, aber etwas in mir sträubte sich dagegen. Ein Teil von mir dachte: "Nun komm schon, das ist doch nicht mein Fehler. So etwas passiert nun mal." Vielleicht weil ich Ammas Lehre nicht vollständig annehmen konnte, geschah das nächste Malheur.

An diesem Punkt waren die Devotees auf den Seitenstreifen gefahren und winkten mir, ihnen zu folgen. Ich schaltete den Rückwärtsgang ein und plötzlich, "bumm", stieß das Auto gegen etwas Hartes. Alle riefen laut aus. Ich schaltete den Motor ab, zog die Handbremse und sprang aus dem Auto. Im Gras versteckt befand sich ein etwa ein Meter hoher Stahlpfosten, der in der rückwärtigen Stoßstange eine dicke Beule hinterließ. Was hatte dieser Pfosten dort zu tun? Ich wusste es nicht, aber er war unversehrt geblieben. „Ruhig bleiben und weiter geht's." Wenigsten konnte ich von diesem Pfosten lernen, was ich von meiner spirituellen Lehrerin nicht hatte annehmen wollen. Als ich ins Auto zurückkletterte, lächelte Amma. Sie sagte, ich solle mich nicht sorgen, ich hätte alle von der Übelkeit geheilt!

Den Weg verlieren, das kann passieren - aber die Beachtung der Details hätte das verhindert. „Nimm alles, was kommt, Lob oder Tadel, mit ruhigem Geist an", das war die andere Lektion für mich. Ich hatte voll Inbrunst darum gebetet, dass ich das Ziel des spirituellen Lebens erreiche, aber damit das geschehen kann, muss ich zuerst mein Ego und meinen Stolz verlieren. Das ist schwer, kein Zweifel, aber das ist eine Voraussetzung, um das Ziel zu erreichen. Wir lernen nichts, wenn wir für das, was wir verpfuscht haben, einen süßen Lutscher bekommen.

Wenn Amma bei einem ihrer Schüler fehlende Wachsamkeit bemerkte und dieser selbstzufrieden blieb, obwohl sie ihn darauf aufmerksam gemacht hatte, dann tat sie nur ihre Pflicht, wenn sie streng zu ihm war. Amma nimmt ihre Rolle als Lehrerin ernst. Je mehr wir danach verlangen, das Ziel zu erreichen, umso strikter wird sie dabei sein, die Wurzeln unserer Negativität auszureißen. Aber wir müssen die Rolle des Schülers genauso gut spielen - mit Ernsthaftigkeit und Aufrichtigkeit, damit sich unser Charakter verändert. Wenn Amma uns auf etwas hinweist, das korrigiert werden muss, sollten wir dazu bereit sein. Andernfalls vergeuden wir nur Zeit.

Es schien mir, dass das Zusammenleben mit Amma Licht auf die besten und die schlechtesten Seiten in einem Menschen wirft. Ammas Gegenwart kann damit verglichen werden, dass frisches Wasser in eine schmutzige Flasche gegossen wird. Zuerst kommt schmutziges Wasser heraus, erst dann das klare Wasser. Dieser Prozess kann sehr lange dauern, vielleicht mehrere Leben, abhängig davon, wie viel Schmutz in der Flasche ist. Man sollte viel Dankbarkeit und Einsicht haben, um zu verstehen, was vor sich geht. Dann kann man den Schmutz erkennen und ihn entfernen, damit das Gute zum Vorschein kommt.

Amma wird den Zweck erfüllen, für den wir zu ihr gekommen sind. Sie wird uns zum Ziel führen, indem sie aufmerksam den umher wandernden Geist ihres Schülers betrachtet. Aber wie es mit schlechten Gewohnheiten und schlechten Schülern so ist, war für mich noch eine weitere Kollision auf dem Weg nötig, bis ich dies wirklich verstand.

Das geschah in Neu Mexiko. Amma war in Taos eingetroffen und das Harwood Auditorium war gut gefüllt. Unsere Unterkunft für jene Nacht war außerhalb der Stadt in Taos Mesa. Der Hausbesitzer, der uns eingeladen hatte, befand sich zu jener Zeit auswärts. Ich hatte die Vorbereitungsarbeiten im Haus an ein lokales Ehepaar delegiert, während ich mich um die Details des Abendprogrammes kümmerte. Leider stellte es sich heraus, dass das Haus nicht bereit war, als wir nach einem langen Darshan spät in der Nacht dort eintrafen. Das war die schlimmste Nacht der ganzen Tour für mich. Als wir beim Haus ankamen, war niemand zum Empfang da, es war verschlossen und dunkel. Ich fragte mich, ob es das falsche Haus sei. Aber nein, da traf das Ehepaar ein. Meine Erleichterung war aber nur von kurzer Dauer.

Nachdem sie uns ins Haus geführt hatten, warf ich einen Blick in die Küche. Da befand sich schmutziges Geschirr im Abguss. Als ich Amma in ihr Zimmer begleitete, sah ich, dass die Betten nicht überzogen waren. Das Haus war nicht einmal für einen gewöhnlichen Gast hergerichtet, geschweige denn für die Göttliche Mutter. Solche Dinge sind für Amma nicht sehr wichtig, aber ich war zu Tode erschrocken, weil ich meine Pflicht einer letzten Überprüfung der Unterkunft völlig vernachlässigt hatte. Es war kein kleines Detail und man konnte nichts ändern, weil es etwa drei Uhr morgens war. Amma ertrug diese Erfahrung ohne Kommentar. Sie setzte sich hin, um ihre Briefe zu lesen und das Nachtessen einzunehmen.

Amma konnte meine innere Haltung beurteilen und sah, dass ich keine Rüge brauchte. Ich hatte die Lektion bereits aus der Situation gelernt. Es war beinahe unerträglich für mich, dass Amma wegen meiner mangelnden Wachsamkeit praktisch auf der Straße stand. Aber eine der jungen Frauen aus der Gruppe, die seither Amma verlassen hat, war in jener Nacht gnadenlos. Ich muss zugeben, dass ich immer noch diese "Ich-tue-das-Beste-was-ich-kann"-Attitude an mir hatte, als ich ihre Worte über mich ergehen lassen musste, obwohl ich ja alles tief bereute. Das Gute daran war, dass dies nie mehr geschah. Die schlechte Nachricht ist: Der folgende Tag kulminierte in einer Serie von Entscheidungen meinerseits, welche die Lektion noch viel dramatischer machte. Wir ließen das schmutzige, schlecht ausgerüstete Haus hinter uns und fuhren an einen wunderschönen Platz in den Lama Bergen, etwa zwanzig Kilometer nördlich von Taos. Die Straße war wenigstens nicht kurvig, aber der Weg war sehr lang. Viele Devotees waren von Santa Fe und Colorado angereist, um diesem Programm in den Lama Bergen beizuwohnen. Der Ort war für seine Stille bekannt. Ein Sufi Meister hatte dort seine Zeit mit Lehren verbracht und sein Grab befand sich dort. Ich war von der Katastrophe der vergangenen Nacht immer noch durcheinander. Ich suchte nach einer Freundin, Rita Sutcliffe, um abzuklären, ob sie ihr Haus nach dem Morgenprogramm für Ammas Ruhepause zur Verfügung stellen konnte. Sie war von Herzen einverstanden und eilte nach Hause zurück, um alles für Amma und die Gruppe perfekt herzurichten. Dadurch verpasste sie das wundervolle Darshanprogramm des Morgens.

Ich war zufrieden, dass der Fehlschlag der vergangenen Nacht sich nicht wiederholen würde. Aber ich erkannte nicht, dass ich einen neuen blinden Fleck schuf, indem ich alles in meine Hände nahm, ohne es mit Amma abzusprechen. Dadurch entstand später ein noch größeres Problem. Ich hätte Amma informieren sollen, dass ein anderes Haus in der Stadt nahe beim Ort des Abendprogramms hergerichtet wurde. Aber ich tat das nicht, weil ich dachte, ich hätte die Situation in der Hand. Kein Problem.

Um die Mittagszeit warteten immer noch viele Menschen auf ihren Darshan. Ein Mann kam auf mich zu. Er stellte sich als Richard Schiffmann vor und sagte, Amma hätte eingewilligt, vor dem Abendprogramm in sein Haus höher oben am Berg zu kommen. Um höflich zu sein, ließ ich ihn sein Haus beschreiben, obwohl ich wusste, dass Rita in der Stadt unten ihr Haus für Ammas Kommen vorbereitete. Er sagte, es sei eine kleine Hütte ohne fließendes Wasser, etwa zwanzig Minuten entfernt und über eine nicht geteerte Straße zu erreichen. Nein, das konnte nicht geschehen, dass ich Amma und die Gruppe nach allem, was vergangene Nacht geschehen war, dort hinauf brachte! Ich erklärte ihm, dass bereits andere Vorbereitungen im Gange sind und es nicht möglich war, Amma zu seiner Hütte zu bringen. Zweiter Fehler. Ich hätte bei Amma nachfragen und herausfinden müssen, was sie Richard versprochen hatte. Nach Ende des Morgenprogramms fuhren wir den Lama Berg hinunter zur Hauptstraße. Wir waren noch nicht einen Kilometer gefahren, als Amma sich erkundigte, wohin wir fuhren. Als ich ihr von dem neuen Arrangement erzählte, fragte sie mich, warum wir nicht zu Richards Haus gingen. Hatte er mir nicht gesagt, dass Amma wünschte, sich dort auszuruhen? Ich bejahte, aber da er kein fließendes Wasser hatte und seine Hütte sich zwanzig Minuten auf einer nicht geteerten Straße den Berg hinauf in der entgegengesetzten Richtung befand, hatte ich entschieden, dass ein Stadthaus die bessere Wahl war. Der Mönch, der heute Swami Poornamritananda ist, hatte bisher alles übersetzt. Aber nun hielt er an und fragte sanft: "Was hast du getan, Kusuma?" Ich wiederholte das Gesagte, weil ich dachte, er hätte es nicht klar gehört. Er blieb still, weil er eine solche Nachricht nicht übersetzen wollte.

Amma brauchte keine Übersetzung. Ihr Schweigen in der Nacht vorher wäre nun ein Balsam gewesen für die Rüge, die ich jetzt erhielt. Ich hatte den Fehler der vergangenen Nacht schnell gut machen wollen und schoss einen großen Bock. Ich hatte vergessen, was für Amma wirklich wichtig ist, nämlich spirituelles Wachstum für mich und alle anderen. Natürlich wusste ich sehr gut, dass der Zweck des Zusammenlebens mit dem Guru darin besteht, das eigene Ego und das persönliche Selbstwertgefühl zu überwinden. Um das zu verwirklichen, fällt man keine Entscheidungen für den Guru.

Noch schlimmer, Amma hatte Richard einen Besuch in seinem Haus versprochen. Durch meine gedankenlose Handlung hatte ich Amma daran gehindert, seinen Wunsch zu erfüllen. Amma hatte ihr Wort gegeben, und ich hatte es blockiert. Sie konnte nun nicht zurückhaltend sein und musste mir deutlich zeigen, was ich getan hatte. Wenn ich mit dieser Gewohnheit fortfahre, werde ich für mich und andere mehr Probleme schaffen. Amma schnitt diese Neigung sofort bereits im Knospenstadium ab.

Auf gewisse Weise war es gut, dass ich das Auto zu fahren hatte - direkt neben ihr zu sitzen und sie anzuschauen, wäre vielleicht tödlich gewesen. Die Lektion traf mich wie ein Volltreffer. Amma erklärte, dass sie die Tour nicht länger mit mir als Verantwortlicher machen wolle, jemand anderer solle mich ersetzen. Niemand atmete. Als wir bei den Devotees anlangten, rannten diese mit unschuldigem Lächeln und einer wunderschönen Girlande aus dem Haus, um Amma zu empfangen. Einer der Mönche stieg aus dem Wagen und erklärte ihnen, dass Amma gleich herauskommen werde, sobald eine Diskussion beendet war. Ich zog mich selber aus dem Führersitz, stellte mich vor Amma hin und bat sie um Vergebung. Ich schätzte es, dass Amma in ihrer Rolle als Guru so aufrichtig war und hoffte, dass ich ein empfänglicherer Schüler werden würde. Wenn wir im Meer ertrinken und der Rettungsschwimmer kommt uns holen, nützt es nichts, auf ihn zu klettern und zu schreien: "Bitte rette mich!" Man muss sich ihm überlassen und sich von ihm an die Küste ziehen lassen. Amma rettete mich und das wenigste, was ich tun konnte, war, mich retten zu lassen! Ich versprach feierlich, alle Details der Tour mit ihr abzusprechen, vor allem wenn jemand kam, der sagte, dass Amma ihm einen Hausbesuch versprochen hatte.

Der Zorn eines wahren Meisters wie Amma wird mit einem verbrannten Seil verglichen, das stark aussieht, jedoch zu Asche zerfällt, wenn man es berührt. Oft habe ich gesehen, dass Amma in einem Augenblick zornig zu sein schien und im nächsten strahlte und lachte. Oder sie schalt einen Schüler ernstlich, um ihm liebevoll und besorgt nachzusehen, sobald er sich abwandte und weg ging. Schon in jenen Tagen, nur nach wenigen Jahren mit Amma, *wusste* ich, dass Amma niemals wirklich zornig ist und Zorn nur zum Besten ihrer Schüler vorschützt. Wenn sie die Schüler auf einen Fehler aufmerksam machen will, bekommen sie das zu spüren. Aber Amma ist nicht nachtragend. Wurde die Lektion einmal gelernt oder zumindest ohne inneren Widerstand akzeptiert, ist es bereits vorüber. Ihr scheinbarer Ärger erlischt wie eine Flamme im Wind. Ammas Zorn kann wild aussehen. Aber muss eine Mutter ihre Kinder nicht schelten, damit sie wach und bewusst werden und in der Zukunft nicht größere Fehler machen? Ammas Schelten aus mütterlicher Liebe hat eine Gruppe von Schülern entstehen lassen, die erstaunlich fest auf dem Boden stehen, dabei zugänglich und sehr realistisch bezüglich ihrer eigenen Mängel sind. Sie können sogar nach all diesen Jahren über sich selbst lachen.

HÖHEPUNKTE IN DEN SÜDLICHEN ROCKY MOUNTAINS

Irgendwie fand ich die Kraft, in der Gruppe weiter zu machen. Welche Wahl hatte ich? Ich konnte nicht auf meinen Fehlern ausruhen. Tatsächlich war der Zweck ja, dass ich ihnen nicht wieder zum Opfer fallen werde. Ich betete dafür, dass ich eine Schülerin werde, die Amma danken kann für ihre Hinweise, die sich verbessern kann und nicht eine, die sich Ammas Belehrung widersetzt. Aber es war nicht einfach. Das Ego ist schwer auszumerzen, wenn es sich einmal komfortabel eingerichtet hat!

Da gab es eine junge Frau - sie ist nicht mehr im Ashram -, die bekannt war für ihre intensive Liebe zu Amma, ihre Hingabe und Selbstaufopferung. Aber gleichzeitig empfanden jene, die sie gut kannten, schmerzhaft ihre emotionale Unreife. Sie kritisierte andere ungerecht mit messerscharfer Zunge, direkt ins Gesicht. Sie war von eigenwilligem Charakter, konnte keinerlei Kritik an ihren eigenen Mängeln ertragen und sträubte sich vor den notwendigen Schritten zur Verbesserung. Sie war eine seltsame Kombination von Unnachgiebigkeit und Hingabe. Aber warum sollte man sich einem Wandel entgegensetzen? Ich wollte nicht so sein. Das würde meinen Fortschritt auf dem Weg nur hemmen. Außerdem war es schmerzlich und peinlich, die gleichen Fehler ständig zu wiederholen.

HAUSBESUCH BEI HANUMAN

Ein ungeplanter Halt war alles, was es brauchte, um mich wieder in Ordnung zu bringen. Während wir in Taos waren, hatte ich Geschichten von den speziellen Plätzen erzählt, die sich in der Umgebung befanden und von denen ich den Hanuman Tempel sehr bevorzugte. Amma wurde davon angeregt und bestand darauf, dass wir einen Umweg dorthin machten, um Hanuman, dem größten Devotee des Herrn, Ehre zu bezeugen. Wir fuhren also dorthin und parkten, ohne großes Aufsehen zu erregen. Amma betrat den Schrein und setzte sich still in die Mitte des Raumes. Das *murti* (Statue der Gottheit) war aus weißem Marmor von Jaipur und stellte einen Hanuman dar, der durch die Luft flog. Er hatte eine Keule über der Schulter und Sri Ramas Fingerring in der Hand. Sein Gesicht drückte Hingabe und Frieden aus. Amma betrachtete dieses Gesicht mit offensichtlichem Vergnügen. Diese mehr als überlebensgroße Statue von zwei Tonnen war ein Meisterwerk. Sie kam auf dem breiten Altar zwischen Blütenblättern, Puja-Gegenständen aus Messing, brennenden Kerzen und Schalen mit Prasad wunderschön zur Geltung.

Ammas Besuch hatte sich schon herum gesprochen. Devotees erschienen und die Mönche holten die Tablas und ein *mrdangam* (Trommel mit zwei Seiten) herbei. Amma begann zu singen: "Sri Rama Jaya Rama", gefolgt von "Sita Ram Bol" und "Mano Buddhyahamkara". Dann erhielten etwa dreißig anwesende glückliche Seelen Ammas Darshan. Still, wie sie gekommen war, verließ Amma danach den Tempel.

DER CHARME VON SANTA FE

Familie Schmidt war außergewöhnlich vom ersten Moment an, als ich sie 1986 bei der ersten Videopräsentation von "Ein Tag mit Mutter" in ihrem Heim kennen lernte. Steve war ein bekannter Anwalt und Cathy (jetzt als Amrita Priya bekannt) war

Musiklehrerin. Sie gehören zu den praktischsten, fleißigsten und fröhlichsten Menschen, denen ich je begegnet bin. Ihre Kinder Sanjay und Devi waren süß und wissbegierig. Sie wohnten in der hügeligen Wildnis außerhalb von Santa Fe. In ihrem Adobe-Haus befand sich ein Meditationsraum, in welchem zwanzig Menschen komfortabel sitzen konnten. Es fiel mir sofort auf, wie friedlich die Energie dort war, weil sie sehr viel meditierten. Es ist die gleiche Familie, die mich in Boston gerade vor der Vortour spontan angerufen und eine großzügige Spende gemacht hatte.

Ich war nicht im geringsten überrascht, als ich Amma an einem Morgen in die Räume des Hauses blicken sah - es war ein Zeichen, dass etwas Kosmisches im Gang war.

Amma rief uns alle in den geräumigen Wohnraum und fragte, ob es möglich wäre, dort mit einem Vorhang einen Platz für einen kleinen Tempel abzuteilen. Steve und Cathy waren begeistert.

Wir begannen sofort mit den Vorbereitungen. Da war eine große Sammlung von Kachina-Puppen auf dem Kaminsims, die weggepackt werden mussten. Möbel wurden verrutscht und Ammas Sitz ausgewählt. Irgendwie verbreitete sich die Nachricht und am nächsten Abend traf eine Menge von Menschen ein, für die Parkmöglichkeiten und Platz im Haus geschaffen werden mussten. Während dieser Devi Bhava Nacht hatte ich Steve hie und da betrachtet, um seine Reaktion auf das Geschehen zu sehen. Er war zunehmend von Staunen ergriffen und befand sich in glückseliger Verfassung. Cathy war die freundlichste Gastgeberin, die erst aufhörte, nach den Gästen zu schauen, als alle sich wohl fühlten. Sie macht das bis heute so.

Ihr Grundstück wurde nach wenigen Jahren das Heim des "Amma Zentrums von Neu Mexiko." Es ist bis heute einer von Ammas Ashrams in Übersee, wo viele Langzeitprojekte ausgeführt werden wie 'Ammas Küche' (regelmäßige Essensausteilung an Heimatlose) und Meditationsanleitung in Gefängnissen. Ähnlich wie der Ashram in San Ramon hat auch das Amma Zentrum in Santa Fe eine starke Beziehung zu Mutter Natur. Es wurden Gärten für organisches Gemüse angelegt und ein Treibhaus mit Sonnenenergie gebaut. Auch werden Kurse für Gartenanbau im Ökosystem des wüstenähnlichen Gebirges durchgeführt.

SOMMER-SONNENWENDE 1987

Ein besonderes Programm wurde für den 21. Juni organisiert. Ein lokaler Künstler, Jameson Wells, der aus schwarzem Granit eine vierseitige Statue von Göttin Kali gemeißelt hatte, lud uns auf sein Grundstück ein. Es war eine Wiese längs des Pot Creek Flusses. Dort sollte eine "Sonnenwendfeier der Göttlichen Mutter" zelebriert werden. Wir hatten sieben quadratische Platten angefertigt, mit einem Dreieck bemalt und obendrauf einen erhöhten Punkt in die Mitte gelegt. Damit wurden die sieben *chakras* (Energiezentren im Körper) dargestellt. Wir legten die Platten in einer geraden Linie aus, mit der Skulptur als Kopf. Die Familie hatte eine große gelb-weiße Markise aufgespannt, aber es erschienen so viele Menschen, dass nicht alle am Schatten sitzen konnten. Sie waren der brennenden Mittagssonne ausgesetzt, womit Amma nicht einverstanden war. Sie ließ die Platten mit den Chakras einsammeln und forderte alle Anwesenden auf, sich unter der Markise zusammen zu drängen. Wir sollten die Göttliche Mutter in uns selbst visualisieren. Es war der Beginn der Devi Puja (Verehrung der Göttlichen Mutter), die später zur Atma Puja wurde, welche bis heute im Ausland vor allen Devi Bhavas ausgeführt wird. Während die Devotees sich unter der Markise so gut wie möglich umgruppierten, besprach Amma sich kurz mit den Mönchen. Amma erklärte dann, dass wir die 108 Namen von Devi im traditionellen Vorsprech- und Antwortstil rezitieren werden. Wir wurden angewiesen, die Verehrung geistig durchzuführen. Diese *manasa puja* könne sogar wirkungsvoller sein als die äußere Verehrung, wenn sie in der richtigen Haltung von Hingabe und Enthusiasmus offeriert wird.

Der Mönch rezitierte den ersten Namen: *Om para shaktyai namaha* — Ich verneige mich vor der höchsten Energie in der Form der Göttlichen Mutter — und wir wiederholten dies nach jedem Namen und führten dabei eine Handbewegung zum Herzen aus, um dort symbolisch eine Blume zu pflücken, die wir dann mit einer weiteren Handgeste zu Füßen der Devi legten. Es symbolisierte eine Gabe des Herzens an das Göttliche.

Amma erwähnte auch, dass man ein Ideal wie Weltfrieden oder Mutter Natur verehren konnte, wenn man sich nicht die Göttliche Mutter vorstellen wollte. "Glaubt an euer eigenes Selbst und geht auf dem Pfad voran", pflegte Amma immer zu sagen.

Alle hatten der Übersetzung aufmerksam zugehört. Unter Ammas Anleitung übten wir die Antwort ,*Om para-saktyai-namah*' und die Handbewegung für die Gabe aus dem Lotos unseres Herzens mehrmals gemeinsam. Es war so poetisch, spontan und klar. Am Ende der Zeremonie fühlten sich alle erhöht. Niemand, ich eingeschlossen, hatte je etwas Ähnliches erlebt! Dann sang Amma einige Bhajans — "Kali Durge Namo Nama", "Para Shakti, Param Jyoti" — und gab allen Darshan. Wir waren den ganzen Nachmittag in glückseliger Stimmung. Bald war es Zeit, von diesem liebevollen Zusammensein der Devotees Abschied zu nehmen. Viele von ihnen folgten uns einige Tage später nach Madison.

GROSSARTIGES MADISON

Die unvergesslichen Momente der Vortour in Madison hatten für Ammas bemerkenswertes Programm des ersten Jahres die Bühne bereitet. In mancher Hinsicht schien es, als ob wir alte Freunde besuchten, wie wir für einen Aufenthalt bei Familie Lawrence eintrafen. Sie lebten auf einer Farm von ungefähr 30 Hektar im

Waldgebiet außerhalb von Madison. Und sie waren alte Freunde: Barbara Lawrence war Swami Paramatmanandas erste Yogalehrerin gewesen und sie war es, die ihm vor mehr als 20 Jahren die erste Bhagavad-Gita in die Hand drückte. Ihre Tochter Rasya, die heute mit Amma in Indien lebt, erinnert sich, dass ihre Mutter über ihn sagte: "Aus ihm könnte ein guter Mönch werden."

Sie pflanzten auf ihrem Land Alfalfa-Gras, und Amma fiel die majestätische Schönheit der Ahornbäume auf. Die Milchscheune aus der Jahrhundertwende wurde einige Tage später in einen Tempel für Ammas Devi Bhava Darshan umgewandelt. Nach intensiver Reinigungsarbeit öffneten sich die Tore der Scheune für eine unglaubliche Devi Bhava Szene, die mit der Herrlichkeit der aufragenden Ahornbäume wetteifern konnte. Dutzende von neuen Devotees nahmen daran teil.

Mary La Mar und Michael Price aus Madison stellten Amma ihr geräumiges Haus für einen wundervollen Tagesdarshan zur Verfügung. Sie waren die andere der zwei Familien, die mich in Boston kontaktiert und eine große Spende angeboten hatten, als ich mit der Vortour in einer Krise steckte. Sie waren so warmherzig und natürlich und sorgten für alle, die eintrafen, um Amma zu begegnen. Perfekte Gastfreundschaft des amerikanischen Mittleren Westens.

Während dieses Tour-Aufenthaltes im 'Land des Herzens', kamen mir bei vielen Gelegenheiten oft die Tränen wegen der Liebe, die dort zu verspüren war.

Die Sufi Gemeinschaft beherbergte eines von Ammas Abendprogrammen am 'Himmelstor' und ich erinnere mich immer noch daran, wie die 'Jaya'-Gruppe aus ganzem Herzen sang.

Ein Junge, der 1986 mit seiner Familie einer der ersten Videopräsentationen beiwohnte, war damals acht Jahre alt. Heute lebt Vinay seit vielen Jahren in Ammas Ashram in Indien, wo er seine ganze Zeit und kreative Energie dem Projekt 'Die Welt umarmen' widmet. Es ist die Dachorganisation von Ammas weitem Netzwerk karitativer Werke rund um die Welt.

ABSCHLIESSENDE GEDANKEN ZUR ERSTEN TOUR DURCH AMERIKA

Die Geschichten der ersten Tour durch Amerika sind noch lange nicht alle erzählt. Aber ich will sie für ein weiteres Buch aufheben. Ammas Freude an ihren Kindern war die andauernde Begleitmusik der Tour. Die tiefe Schönheit, die in das Leben von Vielen gelangte, war transformierend.

Die Zeit war herangerückt, da Amma nach Paris fliegen würde, um den letzten Teil ihrer ersten Welt-Tour zu beenden. Sie war zuletzt noch im Haus der Familie Devan. Für mich war es qualvoll. Ich hatte die Tour mit einem äußerst knappen Budget führen müssen und für alles war gesorgt worden. Aber jetzt war jeder Cent ausgegeben. Ich hatte kein Visum für Indien. Amma ermutigte mich, in Europa weiter zu machen, aber ich wusste, dass das nicht möglich war. Ich sprach mit einem der Mönche und teilte ihm mit, dass ich irgendwo arbeiten würde, damit ich wie versprochen die Schulden zurückzahlen konnte. Auch erwähnte ich, dass ich mein Entry Visum hatte aufgeben müssen, um die Amerikatour zu planen. In all dem Trubel während der Tour hatte ich keine Gelegenheit gehabt, Amma solche Details zu erzählen. Dazu hätte es mir auch die Stimmung verdorben. Wie alles sich aneinander gereiht hatte, war meine eigene Wahl gewesen. Ich wollte jedes Opfer bringen, damit die Tour stattfinden konnte. Die Erfüllung für mich war, Amma mit ihren Kindern zu sehen. Warum sollte ich mich also deswegen nun ärgern? Ich war sicher, dass ich in sechs Monaten bei Amma in Indien sein konnte. In der Zwischenzeit war viel für die nächste Tour zu organisieren, denn Amma hatte den Devotees bereits versprochen, im kommenden Jahr zu ihnen zurückzukehren.

Als Amma durch den Mönch hörte, was geschehen war, hatte sie eine andere Vorstellung. Sie rief mich zu sich, damit ich ruhig bei ihr sitze. Amma wollte, dass ich meine Geschichte einer Handvoll Devotees erzählte, die seit zwei Tagen hier verweilten, um von Amma Abschied zu nehmen. Amma sagte, es sei wichtig für mich, meine Geschichte zu erzählen und dann geschehen zu lassen, was geschehe. So tat ich eben dies. Wir saßen in einem kleinen Kreis beisammen und ich erzählte. Wie wichtig es für mich gewesen war, Amma nach Amerika zu bringen, damit sie ihren Kindern begegnen konnte. Wie mein eigenes Leben sich seit der Begegnung mit Amma unermesslich verändert hatte und dass ich das für andere auch wollte. Aber auch meine Verpflichtung für mein eigenes spirituelles Leben war mit dieser Aufgabe gewachsen. Ich erkannte, wie notwendig es ist, dass ein verwirklichter Meister kommt und uns zur Wahrheit führt. Ich sprach während zehn, höchstens fünfzehn Minuten - die ganze Zeit mit gesenktem Blick. Ich konnte es nicht ertragen zu sehen, wie die Menschen reagieren würden. Als ich geendet hatte, verneigte ich mich vor dem Kreis der Anwesenden und bat um Entlassung. Ich bemerkte, dass einige von ihnen sich Tränen abwischten. Unverzüglich luden sich mich in ihre Häuser in der Gegend der Bucht ein und versprachen zu helfen, soviel wie ihnen möglich war. Sie wollten sich an der Planung für das nächste Jahr beteiligen und sofort damit beginnen. Einer der Devotees machte sich gleich auf den Weg, um ohne Aufhebens Vorkehrungen zu treffen, damit ich mit seiner Familie an die Westküste zurückkehren konnte.

Als ich in Ammas Zimmer kam, um ihr zu erzählen, was geschehen war, hatte sie auf mich gewartet. Ich sollte ihr das Essen servieren. Ich muss hilflos gewirkt haben, aber Amma fragte schelmisch: "Warum so traurig?" Ich antwortete: "Weil Amma weggeht." Amma erwiderte sofort: "Wohin?"

Amma sagt immer, wo Liebe ist, gibt es keine Distanz. Ich hatte diese Wahrheit sehr tief erfahren, aber in diesem Moment war ich verzweifelt. Amma davonfliegen zu sehen und nicht zu wissen, wann ich sie wieder 'treffen' werde, war sehr schmerzlich.

KAPITEL 8

Mit der Strömung gehen...

Es war mir früher als erwartet möglich, nach Indien zurückzukehren. Nach Ammas Abreise nach Europa konnte ich mit
einigen Devotees in die Gegend von San Francisco zurückfliegen.
Mein Plan war, so schnell als möglich das geschuldete Geld zu
verdienen und so viel Zeit wie möglich mit den Devotees zu verbringen, damit sie in der spirituellen Stimmung bleiben konnten,
die Amma auf der Tour geschaffen hatte. Wir begannen die erste
M.A. Center Satsang Gruppe und trafen uns wöchentlich in
Hari Sudhas (Tinas) Haus in Berkeley. Wir begannen den Abend
mit einem Video von Ammas Tour und wiederholten dann die
108 Namen der Göttlichen Mutter, die wir mit Amma während
der ganzen Tour rezitiert hatten. Dann sangen wir beinahe eine
Stunde lang Bhajans und schlossen mit einer fünfzehnminütigen
stillen Meditation. Anschließend verzehrten wir die mitgebrach-
ten Speisen, erzählten Geschichten von Amma und beantworteten
Fragen bis spät in die Nacht. Devotees aus der ganzen Gegend
um San Francisco beteiligten sich an diesen Satsangs. Manchmal
luden sie mich ein, sie auch in ihren Häusern anzubieten. Es war
eine Zeit der Spontaneität und des Enthusiasmus. Alle wollten
mithelfen, damit Amma im nächsten Jahr sicher wiederkommen
konnte.

Eine Arbeitsstelle musste ich nie suchen, weil meine Schulden
von Devotees übernommen worden waren. Sie bestanden darauf,
anonym zu bleiben. Auch ein Flugticket nach Indien wurde für
mich gekauft. Weil alles durch Ammas Gnade geschah, konnte
ich es dankbar annehmen. Mitte August war ich zurück bei

Amma. Mein Sadhana und die gemütliche Hütte beim Kalari Tempel waren wie alte Freunde, die mich willkommen hießen.

FEIER VON AMMAS 34. GEBURTSTAG

In Indien wird der Geburtstag am Tag des Geburtssterns gefeiert. So fiel die Feier dieses Jahr auf den 10. Oktober. Ammas Geburtsstern leuchtete über uns und die ganze Gebetshalle des beinahe fertig gestellten Kali Tempels war mit Tausenden von Devotees gefüllt, so wie Amma es voraus gesagt hatte. Wie wusste Amma, wann sie mit dem Bau des Tempels beginnen musste? Dieses Detail hat mich immer verwundert. Während der Feier wurden zum ersten Mal *Mata Amritanandamayi Astottara Sata Namavali*, also die 108 Namen von Amma während der Pada Puja rezitiert. Sie waren von einem älteren Ashrambewohner, dem preisgekrönten Poeten Ottur Namboodiri, verfasst worden. An diesem Tag begann für Amma und ihre Kinder ein neuer Zeitabschnitt. Die Einsamkeit der vergangenen Jahre war vorbei. Amma blieb jedoch dieselbe reine Seele wie immer, die sich um die Devotees kümmert und ihnen Freude und Friede schenkt. Sie war mehr denn je die Mutter der Welt.

REISEN MIT AMMA

Amma unternahm mit der zunehmenden Zahl an Ashrambewohnern weitere Fahrten in Indien. Es wurden Orte in Kerala und Tamil Nadu besucht. Wir waren dem Minibus entwachsen. Ein größerer Bus wurde dem Ashram geschenkt. Im November reisten wir zum ersten Mal nach Mumbai. Ich bewunderte Ammas Durchhaltekraft, als ich während den Programmen hinter ihr saß und sah, wie ihre göttliche Anwesenheit in alle Gesichter Schönheit zauberte, nachdem die Menschen in ihren liebenden Armen gewesen waren. Und dies Stunde um Stunde, Tag um Tag. Am Ende eines Programms ging Amma auf kürzestem Weg in das für sie hergerichtete Zimmer und begann die Post zu lesen, sich mit den lokalen Organisatoren zu treffen oder Ashrambewohner zu sehen, die ihrer Führung bedurften. Wir alle halfen bei den Programmen mit, aber niemand konnte mit Amma Schritt halten. Ich saß stundenlang fächernd hinter Amma, wenn es heiß war, versuchte sie zu überzeugen, dass sie etwas Wasser trinken sollte und hatte immer ein frisches Gesichtstuch für sie bereit. Am Ende eines Darshans war ich reif fürs Bett, Amma hingegen stieg in ein wartendes Auto, um bis zum Morgengrauen noch zehn Hausbesuche zu machen. Und immer schuf sie eine Stimmung von Lachen und Freude. Trotzdem wachte sie über ihre Schüler, um falsches Verhalten zu korrigieren. Amma war sowohl auf der Bühne als auch außerhalb ein Ozean des Mitgefühls.

Alle Programme in Indien waren gut geplant und viele Menschen konnten Amma zum ersten Mal sehen. Ich lernte einige wichtige Details, als Amma die lokalen Organisatoren anleitete: die Menschen auf irgendeine Art zu beteiligen, wenn sie mithelfen wollten, und niemanden abzuweisen. Neue Besucher mit einem Lächeln zu begrüßen und sich darum zu kümmern, dass alle gegessen und einen Ruheplatz bekommen haben. Als wir nach Kerala zurückkehrten, machten viel mehr Menschen die Pilgerfahrt zum Ashram. Alle Zimmer im Kali Tempel füllten sich.

INTROSPEKTION

Ich war mit einem dreimonatigen Touristenvisum nach Indien zurückgekehrt. Im November würde ich mich um eine dreimonatige Verlängerung bemühen müssen, was damals noch erlaubt war. Ich konnte nur hoffen, dass man mir im Foreigners Registration Office in Kollam (DSP) verziehen hatte. Der Gedanke, im November das Land schon wieder verlassen zu müssen, war mir unerträglich.

Aus diesem Grund war jeder Tag wie ein Geschenk, ich nahm nichts als selbstverständlich hin. Jede Nacht hielt ich Innenschau und versuchte, meine Mängel klar zu sehen. War ich geduldig und freundlich gewesen? War ich achtsam und hatte ich laufend Mantra Japa gemacht? Das waren für mich während der Tour schwierige Punkte gewesen. Hatte ich das Archana richtig gemacht? Falls nicht, las ich es vor dem Einschlafen noch einmal. War es mir möglich, jemandem zu helfen, wenn auch nur ein wenig? Hatte ich an Mutter Erde gedacht und etwas für ihre Heilung getan? War mein Herz heute Amma näher gekommen? Während der Tour hatte Amma mich zu dieser Introspektion angeleitet und ich wusste, sie war genauso wichtig wie das Wasser zum Trinken.

Eine junge Frau, die nicht mehr im Ashram ist, wurde auf mich eifersüchtig. Ich versuchte, mich davon nicht beeinträchtigen zu lassen. Mein Dienst war eine Liebesgabe und ich wollte aufpassen, um nicht in diese Dynamik hinein zu geraten. Ich wollte aber auch nicht, dass sie mich ablehnte, denn ich hatte beobachtet, dass sie denen das Leben schwer machen konnte, die sie nicht mochte, indem sie ihnen den Zugang zu Amma blockierte. Es ist unvermeidlich, dass um Amma herum Wut, Eifersucht, Stolz und Verurteilung aufkommen, denn das sind ja genau die negativen Eigenschaften, von denen wir uns reinigen wollen. Introspektion half mir, meinen Anteil in solchen Situationen zu sehen. Als ich Amma von der sich zusammen brauenden Situation erzählte, wies sie darauf hin, dass es meine Pflicht sei, an mir selbst zu arbeiten. Hingegen sollte ich mich nicht darum kümmern, was andere tun. Sie sagte dies sehr deutlich.

Amma gebraucht oft das Bild der Steinmühle, um die Situation zu beschreiben, in der wir uns in einer spirituellen Gemeinschaft befinden. Die scharfen Kanten der Steine reiben sich aneinander, bis jeder Stein perfekt poliert ist.

EIN NEUES SEVA

Amma sandte mich von der Küche ins Büro. Ich sollte die neuen englischen Bücher bearbeiten und verbessern, die der Ashram herausgeben wollte. *Mata Amritanandamayi: Eine Biographie* war das erste, gefolgt von *Für meine Kinder*, eine Sammlung von Ammas Lehren. Ich half auch mit, *On the Road to Freedom* von Swami Paramatmananda zur Veröffentlichung fertig zu machen. Zusätzlich sandte ich monatlich neues Material und ein Foto von Amma für ein Rundschreiben an die Devotees vom M.A. Center. Sie machten Fotokopien und versandten es an ungefähr hundert Abonnenten. Damit ich die Artikel schreiben konnte, bat ich Amma, mit einem Kassettenrecorder bei ihr sitzen und Fragen stellen zu dürfen. Sie bejahte sofort. So war jede Ausgabe mit Weisheit gefüllt. Amma war reiner Satsang, wenn sie über spirituelle Weisheit sprach, und ihre Antworten waren immer druckreif formuliert. Alles war reine Amma, ohne Vermittler, und so blieb es bis zum heutigen Tag.

DIE SERIE DER AMRITANJALI

Die Bhajans wurden in einem improvisierten Studio aufgenommen. In einem kleinen Haus, das ein holländischer Devotee gebaut hatte, wurde alles schalldicht gemacht und die Aufnahmegeräte in einem Nebenraum installiert. Heute ist es die Vishuddhi Ayurveda Klinik. Die Aufnahmen wurden während ein bis zwei Wochen gemacht und der ganze Ashram war voll damit beschäftigt. Es verbreitete sich eine unglaublich aufgeladene Atmosphäre, wenn Amma stundenlang mit den Sängern und Musikern arbeitete. Im Zeitraum von etwa 3 Jahren entstanden 10 Sammlungen von Bhajans, aus denen die Serie der Amritanjalis entstand. Heute, im Jahr 2012, gibt es mehr als 1000 Lieder in 35 Sprachen. Es ist kaum zu glauben! Die kraftvollen Bhajans können nun von allen Devotees jederzeit abgespielt werden. Sie erinnern mit ihrem tiefen Inhalt auch immer an den Weg, auf dem wir das Ziel erreichen können.

Die Einnahmen aus den Kassetten ermöglichten es Amma, Hilfsprojekte für die Bedürftigen zu entwickeln, was ihr sehr am Herzen liegt. So entstand als erstes das karitative Krankenhaus in Amritapuri. Stipendien für Studenten konnten gewährt werden. Ein Waisenhaus für 500 Kinder hatte in einer Nachbarstadt Konkurs gemacht. Es konnte von Amma übernommen und völlig saniert werden.

ICH SINGE MEIN LIED

Beinahe täglich entstanden in der inspirierenden Ashram-Atmosphäre neue Bhajans. Auch ich verfasste wieder einige Lieder, war jedoch zu schüchtern, um sie vorzusingen. Eines Abends nach den Bhajans forderte Amma uns beim Weggehen plötzlich auf, einzeln ein Lied zu singen. Als ich an die Reihe kam, flüsterte ich dem Harmonium-Spieler zu: „Bitte, spiel *Iswari jagad–iswari*", und trug das Lied dann voller Hingabe und mit höchster Konzentration vor. Eigentlich war es tief in mein Gedächtnis eingegraben, weil wir es auf der Vortour so oft zusammen gesungen hatten. Jahre später erfuhr ich, dass Amma in der Nähe gesessen und zugehört hatte. Sie fragte jemanden neben ihr, wer da singe. "Kusuma", und sie antwortete: "Aber ihr habt mir doch immer gesagt, sie könne nicht singen!"

iswari jagad-iswari paripalaki karunakarisasvata mukti dayaki mamakhedamokke ozhikkanne

O Göttin, O Göttin des Universums, Erhalterin, du gibst uns Gnade und ewige Befreiung, bitte nimm allen Kummer von mir…

PLANUNG DER AMERIKATOUR 1988

Im Februar war es Zeit, nach Amerika zurückzukehren, um Ammas zweite Sommertour vorzubereiten. Neben den zwölf bisherigen Programmplätzen hatte Amma die Einladung zweier neuer Orte angenommen: Boulder, Colorado, wo Swami Paramatmanandas Schwester lebte, und Temple, New Hampshire, wo eine Devotee-Familie, Jani und Ganganath McGill, ein Kur-Zentrum hatten. Ferner hatte Amma meinem Vorschlag zugestimmt, einige Meditationswochenenden zu planen. Dieses Jahr war keine Vortour notwendig. Ich suchte alle geplanten Städte auf und organisierte mit den ortsansässigen Devotees die Hallen. Welcher Unterschied bestand in der Zusammenarbeit im Vergleich mit letztem Jahr! Da war ein solches Einvernehmen, so viel Enthusiasmus und freudige Aufregung.

LASS KOMMEN, WAS KOMMEN MAG

An allen Orten, die ich besuchte, zeigten wir das Video *Ein Tag mit Mutter* und ich kochte ein Benefiz-Abendessen, um Geld für die Tour zusammen zu bringen. Manchmal besuchten Künstler und Musiker den Abend. Sie hielten aus eigener Initiative kleine Auktionen ab oder spielten für uns auf ihren Instrumenten. Die Spenden stellten sie für die Tour zur Verfügung.

Wir machten generell keine Spenden-Sammlungen. Wenn jemand fragte, wie man etwas beitragen kann, erzählten wir vom Ashram in Indien und den karitativen Werken, die schon im Gange waren, mehr aber nicht. Auch heute, in den großen Hallen, sind höchstens ein oder zwei Spendenbehälter aufgestellt.

Ich hatte vorgeschlagen, Umschläge drucken zu lassen, die anlässlich der Atma Puja ausgelegt werden könnten. Dies als Antwort auf Fragen von vielen Devotees, die nicht wussten, wie sie diskret eine Spende machen können. Für Ammas Programme wurde nie Eintrittsgeld erhoben und für die Meditationswochenenden

172

Mit Hari Sudha und Suneeti

wurden praktisch nur die Selbstkosten berechnet. Sie sind erschwinglich, sogar heute, wo es überall eine Fülle von teuren Kursangeboten gibt. Ich hatte die Vorbereitungen der Programme mit sehr engem Budget zu machen, aber irgendwie wurden die Ausgaben immer gedeckt. Ammas Worte: "Bitte um nichts, alles wird kommen", erwiesen sich als immer wahr.

PADA PUJA AND ARATI

Ich fügte den täglichen Programmen zwei traditionelle Praktiken bei:

Pada puja für Amma (zeremonielle Fußwaschung), wenn sie die Halle betrat und *arati* (brennenden Kampfer vor der Gottheit schwenken) am Ende der Abendprogramme. Amma war nicht sonderlich begeistert von der Idee, stimmte aber zu, als ich ihr sagte, wie glücklich die Devotees sind, mit diesen Handlungen ihre Liebe und Hingabe ausdrücken zu können. Die Gegenstände für diese Zeremonien waren aus einfachem Messing oder Stahl. Ich zeigte vor den Programmen, wie diese Zeremonien durchzuführen sind und erklärte ihre tiefere Bedeutung. Ich wollte, dass alle Kinder Ammas eine Chance bekämen, und solche unvergesslichen Zeremonien können sie näher zu Amma bringen.

Die Zeremonien werden auf Ammas Welt-Touren immer noch durchgeführt. Diese liebevollen Verehrungsrituale beglücken die Devotees. Der Guru braucht unsere Verehrung nicht. Amma sagt oft, dass die Sonne das Kerzenlicht nicht braucht, um leuchten zu können. Ebenso brauchen Guru und Gott unsere Verehrung nicht; aber wir erfahren dadurch eine Reinigung des Geistes und eine stärkere Annäherung an unsere eigene wahre Natur. Handlungen, die Liebe und Verehrung für den Guru und die Wahrheit, in der er verankert ist, ausdrücken, bewirken eine Reinigung und schaffen eine tiefe Verbindung. Das ist die Quintessenz des Weges der Liebe.

FREIWILLIGE HELFER FÜR 1988

Wir hatten keine Gruppe von Helfern, die die Tour begleitete, aber es gab einen Kreis eifriger Devotees, die mitmachten und mit uns so viele Städte als möglich besuchten. Sie halfen nun auch bei den Vorbereitungen für die Sommertour. Tina und Nancy, die inzwischen Hari Sudha und Suneeti heißen, kamen bis an die Ostküste mit. Sie übernahmen unter anderem die Verantwortung für die Hallen und die Dekoration des Tempels für Devi Bhava. Ron Gottsegen aus Carmel verpasste auf dieser Tour kein einziges Programm. Er half mit am Schaltbrett des Tonsystems, besorgte das Mischen und die Aufnahmen. Er war überhaupt bereit, alles zu machen, was notwendig war, ob das nun hieß, Gemüse für das Mittagessen einzukaufen, Amma und die Mönche vom Haus zur Halle und zurück zu fahren oder an den Flughäfen mit Tickets und Gepäck zu helfen. Er war sehr fröhlich und humorvoll; die Zusammenarbeit mit ihm war leicht und er brachte Amma während der Tour oft zu vergnügtem Lachen. Wir hatten zwei Freiwillige als Fahrer, Scott Stevens und Ramana Erickson, die den kleinen, roten Chevy Lieferwagen mit Instrumenten und Material quer durchs Land fuhren. Das Fahrzeug wurde von Sheila Guzman großzügig zur Verfügung gestellt. An den Seitentüren war das 'Om-Zia' Symbol aufgemalt. Es war das Wahrzeichen der ersten Touren, das heute auf den T-Shirts und Gebetsfahnen wieder populär ist. Das 'Om-Zia' entstand während der Vortour, als wir nach einem Logo für 'Ost begegnet West' suchten, das wir auf einigen Flugblättern und Plakaten verwenden wollten. Das 'Zia' ist ein heiliges Symbol der Zuni Pueblo Indianer von New Mexico. Es stellt die Sonne, die Lebensspenderin, dar. Die Strahlen gehen in vier Richtungen, was die vier Jahreszeiten, die vier Tageszeiten, die vier Himmelsrichtungen und die vier Lebensstadien (Geburt, Jugend, Alter und Tod) symbolisiert.

Larry Kelley schlug vor, dass wir das Sanskritsymbol für 'OM' (der Ur-Klang der Schöpfung) in die Mitte des Sonnenkreises setzen.

EIN HAUS FÜR DAS M.A. CENTER FINDEN

Amma hat während der Amerikatour 1988 ihren Segen gegeben, dass die Devotees der San Franzisko Gegend ein Haus für ein Meditationszentrum suchen können. Es sollte ein Zuhause werden für Amma-Kinder, die nicht im indischen Ashram leben konnten und Ammas Führung im Frieden einer ländlichen Umgebung folgen wollten.

So verblieb ich nach der Tour in Amerika und half mit, ein geeignetes Objekt zu finden. Es formte sich ein Suchkomitee mit Ron Gottsegen, Steve Fleischer, Bhakti Guest und mir. Wir besichtigten mit einem Makler etwa ein Dutzend Häuser. Eines stach besonders hervor: eine Rinderfarm im Crow Canyon in San Ramon. Auf uns machte die Allee von zwölf starken Eukalyptusbäumen, die zum Haus führte, sofort großen Eindruck. Mir war es, als stünde eine Reihe von Devotees mit *Arati*-Tellern dort, um die Straße zu segnen, wenn Amma für das Programm eintraf. Ich fühlte mit absoluter Sicherheit, dass dies der perfekte Platz für das Mata Amritanandamayi Center (M.A. Center) in Amerika war. Die anderen Komiteemitglieder waren der gleichen Ansicht. So beschlossen wir, Amma anzurufen. Wir beschrieben das Haus und alle Details dem Mönch, der übersetzen sollte. Er rief uns nach einiger Zeit zurück, um Ammas Entscheid mitzuteilen. Ihre Antwort war knapp und präzis: "Wenn ihr sicher seid, gibt Amma ihren Segen." Sie erinnerte uns wieder daran, dass ein solches Zentrum zum Wohl der Welt gegründet wird, nicht Amma zuliebe.

Nun war noch ein kleines Detail zu regeln, nämlich die Bewilligung für den Betrieb eines Meditationszentrums inmitten einer Landwirtschaftszone. Das ganze Gebiet war durch den

Williamson Akt geschützt, der nur wenige Aktivitäten erlaubt. Ich forschte die Umgebung aus. Es waren alles Viehfarmen mit Ausnahme eines Heimes für verwahrloste Jugendliche. In einer Meditation kam mir eine Idee. Warum können wir die Rinderfarm nicht zu einer organischen Farm umwandeln, die ein Lernzentrum mit Schwerpunkt auf Meditation sein wird? Es gibt ein ähnliches Meditationszentrum auf der nahe gelegenen Landzunge von Marin. Gleich am Morgen rief ich Lynn Lanier an, jetzt bekannt als Brahmacharini Rema Devi. Sie war eine Devotee mit abgeschlossenem Studium in Landschaftsarchitektur. Wir arbeiteten zusammen einen Plan für die Crow Canyon Farm aus, der uns zu der benötigten Bewilligung verhelfen sollte. Nach einer Woche waren wir soweit. Wir mussten zu einer Verhandlung erscheinen, wofür ich mir das Überkleid eines Bauern, alte Cowboy Stiefel und einen Hut auslieh. Unser schriftlicher Vorschlag hatte 20 Seiten und skizzierte die Schaffung eines Obstgartens, eines großen Gemüsegartens, eines Treibhauses, eines Kräuter- und Blumengartens. Bienenhaltung, Produktion von Fruchtgelees und Konfitüren, von Kräutersalben und Heilcremes, Meditationswochenenden, kostenlose Kurse für organisches Gärtnern usw. waren ebenfalls in dem Plan aufgeführt. Ich stellte alles in 30 Minuten vor. Nach längerem Schweigen bemerkte der Hauptverantwortliche: "Nun, ich denke, dass alle Fragen, die wir hätten haben können, bereits beantwortet sind." Ein Nachbar, der zu der Verhandlung erschienen war, vielleicht um Protest einzulegen, ersuchte nur darum, die Bienenhaltung beiseite zu lassen, weil er fürchtete, dass seine Reitanstalt leiden könnte. Die Bienen könnten die Pferde oder die Reiter angreifen. Dieser Einspruch wurde sofort angenommen und wir erhielten einstimmig die Bewilligung zum Betrieb des M.A. Center in Craw Canyon. Alle Formalitäten wurden in 10 Minuten erledigt und dank der großzügigen Spende eines Devotees, der bescheiden

anonym bleiben wollte, hatte das M.A. Center eine Liegenschaft
zur Verfügung. Wir riefen als erstes Amma in Indien an, um ihr
die gute Nachricht mit zu teilen.

PILGERORT – SAN RAMON ASHRAM

Die Morgenprogramme dieser Tour fanden im MA Center statt,
während die Abendprogramme überall in der Gegend von San
Francisco gehalten wurden. Innerhalb eines Jahres konnten wir
eine richtige Halle bauen und Amma konnte alle Programme vor
Ort durchführen. Seit 25 Jahren sind Tausende von Menschen in
den San Ramon Ashram gekommen, um Ammas Segen und Trost
zu erhalten. Sie leisten in der schönen Umgebung auch unzählige Stunden selbstlosen Dienst, um die Programme möglich zu
machen und helfen bei den karitativen Projekten der Umgebung
mit. Sie beteiligen sich dazu an der Bereitstellung materieller Hilfe
für Ammas Projekte in Indien.

Amma hat gesagt, dass San Ramon ein Pilgerzentrum sei,
ein Heiligtum und Zufluchtsort, weil dort so viele Opfer und
Gebete dargebracht werden.

Anfänglich wurde ein Obstgarten mit rund 30 Bäumen
angepflanzt. Das Anbaugebiet für Gemüse und andere essbare
Pflanzen hat sich inzwischen auf mehr als 10 Hektar ausgedehnt
und wächst stetig weiter. Ein Blumengarten und ein Treibhaus
wurden ebenfalls angelegt. Auch Solarzellen sind installiert. Es
finden viele Trainingskurse statt, um die Gemeinschaft zu ermutigen, mit der Natur zu arbeiten, damit die natürliche Harmonie
der Erde zurück gebracht werden kann. Dutzende von karitativen
Projekten nahmen ihren Anfang im M.A. Center, wo unzählige
Devotees durch ihre praktische Mithilfe Ammas spirituelle Lehren konkret anwenden können.

DIE AMERIKATOUR 1988

Dieses Jahr verlief alles auf der Tour glatt. Es waren schließlich 20 Programmplätze geworden. Es hatte sich überall herum gesprochen, dass man Amma nicht verpassen darf, wenn sie zurückkehrt und so kamen sehr viele Menschen, um ihren Segen zu erhalten. Alle haben ihre spezielle Geschichte davon zu erzählen, wie sie Amma begegneten. Es sind Geschichten von Augenblicken, in denen Leben verändert wurden. Ein anderer meiner Träume wurde wahr. Ich durfte sehen, wie rundherum die Liebe wirkte.

Wir alle lernen den Weg der Liebe von der Göttlichen Liebe selbst kennen - Amma befindet sich in diesem Zustand höchster Einheit, und unsere eigene Liebe entzündet sich spontan in ihrer Gegenwart. Wir hatten hart gearbeitet, dachten Tag und Nacht an Amma, um sie in unsere Mitte zurückzubringen. Sie ihrerseits hat die Lampe der Liebe in unseren eigenen Herzen angezündet. Die Liebe, die wir für Amma empfinden, wird tausendfach zu uns zurückreflektiert. In der Vergangenheit wussten wir alle von der weltlichen Liebe, der Liebe, die selbstsüchtig und oft herzzerreißend ist. Aber *prema*, die höchste Liebe, die sich im Schlafzustand befindet, wird geweckt, wenn wir einer Großen Seele wie Amma begegnen. Es ist eine aufheiternde und verwandelnde Erfahrung. Wenn unsere Inspiration andauert und wir uns auf den spirituellen Weg begeben, können wir in der Gegenwart einer verwirklichten Seele große Fortschritte machen. Natürlich können wir auf eigene Faust spirituelle Praktiken ausüben; sie werden uns aber nicht so schnell weiter bringen. In vielen Fällen verfallen wir ohne Meister einer Selbsttäuschung und glauben, wir können uns selbst zur Erleuchtung führen oder wir seien bereits erleuchtet.

Dass Amma so weit reist, um ihren Kindern zu begegnen und sie auf dem Weg der Liebe zu führen, hat auf das Leben ihrer

Mithilfe zur Vorbereitung von Ammas erstem Besuch
im San Ramon Ashram 1988

Kinder eine enorme Auswirkung. Es machte mich glücklich zu sehen, wie diese individuellen Wandlungen stattfanden.

Während der Tour 1988 kochte ich sehr oft, speziell während der beiden 'Retreats'. Amma half persönlich mit, das Gemüse für das Abendessen zu schneiden, das sie anschließend im Wald der Mammutbäume von Miranda selbst servierte. Jedermann war entzückt! Auch heute noch serviert Amma am zweiten Abend der Retreats ein Essen als Prasad.

Diesmal reisten sehr viele Devotees während der ganzen Tour mit. Da wir noch keinen festen Mitarbeiterstamm organisiert hatten, waren wir froh um all die helfenden Hände, die in der Halle das Herrichten und die Reinigung besorgten. Ich hatte als Hauptverantwortliche für die Programme immer einen Schlüsselbund bei mir und musste die Hallen vor jedem Programm öffnen und am Ende wieder abschließen. Wenn das Programm bis spät in die Nacht hinein dauerte und eine Sperrstunde bestand, half Amma persönlich mit, zusammen mit den Devotees die Halle aufzuräumen und den Büchertisch sowie das Tonsystem einzupacken.

Gegen das Ende der Tour nahm Amma Einladungen für das kommende Jahr nach Los Angeles und Maui auf Hawai an, was die Zahl der Programmorte für 1989 auf 17 erhöhte. Nach den Amerikatouren flog Amma jeweils direkt nach Europa, wo die Tour nach London, Paris, Zürich und Deutschland führte.

EIN GROSSER WECHSEL

Ein ganzes Jahr war im Nu verflogen. Es war 1989. Ich konnte nur wenig Zeit mit Amma in Indien verbringen, weil die Koordination von Ammas Touren mehr Vorausplanung erforderte. Ich war aber glücklich, Amma bei ihrem ersten Besuch in New Delhi und Kalkutta begleiten zu dürfen. Die Einweihung des neuen Brahmasthanam Tempels in New Delhi ist mir eine kostbare Erinnerung. Auch stimmte es mich dankbar zu sehen, wie viele Menschen aus dem Westen nach Indien reisten, um Zeit mit Amma zu verbringen. Ihre Gesichter begannen bald einen Frieden auszustrahlen, wie nur spirituelle Praktik ihn bewirken kann. Suchende aus der ganzen Welt traten dem Ashram bei, um 'Renunciates' zu werden und ein Leben des selbstlosen Dienstes mit Amma als Guru zu führen. Die Göttliche Mutter verband sich mit ihren Kindern, das war klar zu erkennen.

Amma hatte immer die Energie zur Verfügung, die im Moment nötig war. Nach jedem Programm saß ich mit Amma zusammen und wir besprachen, wie alles von statten gegangen war. Ich bewunderte immer Ammas absolute geistige Ausgeglichenheit. Nichts konnte ihren Energiestrom vermindern, nichts brachte sie aus der Fassung; sie floss über vor Energie und Bewusstheit. Die strapaziösen Touren gingen in Indien und im Ausland pausenlos weiter, aber Amma war immer bei vollen Kräften. Wir, ihre Kinder, hatten zu kämpfen, um Schritt zu halten. Als ich auf die Tourpläne zurückblickte, wurde deutlich, dass pausenlos Programme von Mitte Mai bis Mitte Juli durchgeführt wurden. Anschließend ging es weiter nach Europa! Wenn ich versuchte, einen freien Tag für Amma einzuschmuggeln, damit sie ein wenig ruhen konnte, füllte sie die Lücke sofort mit etwas anderem, sobald sie es bemerkte.

Es war nun sicher, dass die Welt-Touren jedes Jahr gemacht werden. Das bedeutete, alles schnell zu vergrößern, damit jedermann teilnehmen konnte. Die Kochrezepte für die Retreats mussten verdoppelt und größere Hallen gesucht werden. Das Tonsystem benötigte zwei zusätzliche Lautsprecher und ein nagelneuer großer Chevy Lieferwagen wurde gespendet, der das ganze Material quer durch das Land fuhr. Amma wünschte wirklich, dass ich die Europatour mitmache. Das gab mir die Gelegenheit, Ammas Programme auf der Schweibenalp und in

Zürich mitzumachen. Es waren die zwei Orte, wo ich 1986 den Video *Ein Tag mit Mutter* gezeigt hatte.

EINE EINZIGE BERÜHRUNG

Etwas Interessantes geschah auf der Amerikatour 1989, als ich Amma und die Gruppe gleich nach dem Ende des Devi Bhava von New York nach Boston fuhr. Es war eine unglaubliche Menschenmenge zum Programm erschienen. Der Devi Bhava in der Kathedrale St. John the Divine im Herzen von New York City dauerte bis zum Sonnenaufgang. Als wir wegfuhren, begann ein leichter Nieselregen. Ich musste den Weg durch alle Umleitungen und Abzweigungen zur richtigen Brücke nach Boston finden. Ich benötigte volle Konzentration und es war niemand da, der uns hätte führen können. Ich hatte die Straßenkarte für die Innenstadt auswendig gelernt, damit ich mich nicht verfahre. Hinten im Auto fand ein interessantes Gespräch zwischen Amma und den Mönchen statt. Ich bat meinen Beifahrer, Swami Poornamritananda, für mich zu übersetzen. Es schien, dass einer der Mönche gefragt hatte, ob es notwendig war, in diesem Stil weiter zu machen und Jahr um Jahr zu den gleichen Plätzen zu fahren. Amma würde ja bald ihre dritte Weltreise beenden. Würde es nun nicht genügen, in Indien zu bleiben? Amma könnte ihre Programme nun in Indien durchführen, weil so viele ihrer spirituellen Kinder ihr endlich begegnet sind. Sie würden bestimmt nach Indien kommen. War es wirklich notwendig, dass Amma jedes Jahr ein dermaßen strapaziöses Reiseprogramm auf sich nahm? Ammas Antwort kam umgehend: "Sohn, wenn du zurückkehren und im Ashram meditieren möchtest, hat Amma nichts dagegen. Aber Ammas Leben ist nur dafür da. Wenn Amma jemanden nur einmal berührt, ändert das den Gang seines Lebens für immer. Nur einmal zu Amma zu kommen, genügt. Es ist Ammas *sankalpa*, in dieser Welt so viele Menschen wie möglich zu umarmen. Amma wird bis zum letzten Atemzug nicht damit aufhören." Es herrschte tiefe Stille im Auto. Nur die Scheibenwischer waren zu hören. Ich fuhr unter dem Eindruck von Ammas bewegender Aussage nach Boston. Die Kilometer schmolzen dahin.

AMMAZENTRUM IN NEW HAMPSHIRE

Im Juli 1989 endete Ammas Tour an der Ostküste im Kur-Zentrum von Jani und Ganganath McGill in Temple, New Hampshire. Es wurde bald zum 'Ammazentrum New Hampshire.' Jani hatte 1987 vom ersten Moment der Begegnung an eine innige Beziehung zu Amma. Seither hat sie bis heute immer bei der Amerikatour mitgeholfen. Die Familie tat alles, was notwendig war, ob das hieß, ihr Zentrum für das erste Retreat an der Ostküste zu öffnen oder ihre Scheune vor Ammas Ankunft wochenlang auszuräumen, damit der Devi Bhava dort stattfinden konnte. Ich glaube auch, dass die McGill Familie außerordentlich gesegnet war, die einzigen Devotees zu sein, die Guru Purnima in ihrem großen Meditationsraum in Ammas Gegenwart feiern konnten. Der Vollmond ging genau am Ende der Tour auf, bevor Amma nach Europa abreiste. So hatte die Familie die Ehre, eine Handvoll Devotees zu betreuen, die sich zusammen fanden, um diesen für einen Guru-Schützling heiligsten Tag zu feiern.

Die Tour war zu Ende und alle waren mit dem Gepäck beschäftigt, weil der Flug nach Europa am nächsten Morgen abgehen sollte. Amma gab mir Anweisungen für die Tour des kommenden Jahres, weil ich zur vorbereitenden Planung in Amerika bleiben und erst später nach Indien zurückkehren wollte. Es ist die Gelegenheit, wo Amma neue Städte für zusätzliche Programme bewilligt und mir immer einige neue Ideen gibt.

NEUE IDEEN...

Dieses Jahr war nicht anders gewesen, aber niemand konnte erraten, was Amma im Sinn hatte! Sie wies mich diesmal an, neue Länder, nicht Städte, zu besuchen! Ich sollte nach Kanada, Japan und Australien fliegen, um dort die allerersten Programme zu organisieren. Amma sagte, ihre Kinder in jenen Ländern sehnten sich nach ihr und es sei Zeit, dass sie hinging, um ihnen zu begegnen. "Nun gut, aber wir kennen niemanden aus diesen Ländern." Doch nickte ich mein Einverständnis, ohne zu zögern. Ammas erste Welt-Tour war genauso zustande gekommen und meine Erfahrung war, dass mit Ammas Segen alles möglich ist. Es ist nicht notwendig, viel darüber zu sprechen; Amma wird den Weg weisen.

Die Planung der Amerikatour 1990 ging gut von statten. Es kam nur eine neue Stadt dazu: Dallas. Die große Änderung war bei den Retreats. Sie sollten in Maui, Los Angeles, San Ramon, Seattle und New Hampshire stattfinden. Sie mussten ohne organisierte freiwillige Helfer, ohne Handys, und ohne Laptop oder Computer geplant werden. Es war entscheidend, dass eifrige Devotees an jedem Platz mithalfen, die Sommertour auf die Beine zu stellen. Ich verbrachte die meiste Zeit mit der Koordination in den neun Regionen. Ich bereiste sie alle, suchte nach geeigneten Möglichkeiten, kochte ein Benefiz-Essen und sprach mit Familien, die bereit waren, Amma und die Mönche zu beherbergen. Als Hauptköchin musste ich sehr genaue Listen zusammenstellen, denn während der Tour war keine Zeit, da hatte ich mich um andere Details zu kümmern. Mitte September hatte ich die meisten Reisen beendet und war zufrieden mit dem Stand der Planung für die Amerikatour.

In Kanada lief alles bereits auf vollen Touren, nachdem ich in Vancouver mit einer Familie gesprochen hatte, die Amma im vergangenen Mai in Seattle kennen gelernt hatte. Sie waren in gehobener Stimmung, als sie hörten, dass Vancouver in die nächste Tour eingeplant war und sie Amma und die Gruppe in ihrem Haus beherbergen konnten. Sie begannen sofort mit der Planung von Ammas Programm und hatten Familienfreunde, die mithelfen wollten. Alles Drum und Dran für ein gutes Programm kam problemlos zusammen. So konnte ich meine Aufmerksamkeit dorthin lenken, wo es wirklich notwendig war.

ZAUBERWÜRFEL

Ich konzentrierte mich im Herbst vor allem auf Japan und Australien. Diese Programme sollten auf der Hinreise nach Amerika stattfinden, damit Geld für die Flugtickets eingespart werden konnte. Das gleiche 'Rund um die Welt' Ticket war mit einem kleinen Aufpreis für Australien immer noch zu einem guten Preis erhältlich. Wenn die beiden Länder auf den Anfang der Tour im Mai gelegt wurden, konnte Amma dorthin gebracht werden. Das gab mir drei Monate Zeit, um für die beiden neuen Länder zu planen. Es ließ nicht viel Platz für meinen erhofften mehrmonatigen Aufenthalt bei Amma in Indien.

Amma hatte mir zwei neue Zauberwürfel gegeben - ihre Namen waren Australien und Japan. Ich hatte nur eine Adresse in Australien. Sie war von einer Dame namens Patricia Witts aus Sydney, die Amma im vergangenen Jahr in Kerala aufgesucht hatte. Für Japan war kein einziger Kontakt vorhanden. Einen Brief an Patricia Witts zu schreiben, war leicht. Ich stellte mich darin vor und ließ sie wissen, dass Amma im kommenden Mai in Australien sein werde. Ich würde Sydney gleich nach Neujahr besuchen, um Ammas Besuch zu planen. Könnte ich sie dann treffen und ein oder zwei Videopräsentationen in Sydney machen? Würde sie gerne mithelfen? Patricia schrieb zurück: "O ja, das wäre wundervoll." Das genügte vorderhand. Ich konnte mich bezüglich Australiens entspannen. Wenn ich einmal dort war, würde Ammas Gnade wie immer fließen.

Japan war eine völlig andere Geschichte. Ich schrieb einige Meditationszentren und philosophische Gruppen an, die in verschiedenen Büchern auf der letzten Seite aufgelistet waren. Ich schrieb sogar dem Gründer der 'One Straw Revolution', einem Bio-Bauern mit spirituellen Ideen über Mutter Natur, erhielt aber nie eine Antwort. Schließlich fuhr ich von San Ramon aus nach San Francisco, wo ich das Stadtquartier der Japaner auskundschaftete. Ich ging die engen Straßen auf und ab, blickte mich in Läden und Cafés um, las Plakate und klopfte suchend ganz Japantown ab. Schließlich begegnete ich in einer dunklen Buchhandlung jemandem, der an Meditation interessiert war. Ich erzählte ihm von Amma und dem beabsichtigten Programm in Japan. Würde er jemand kennen, der daran interessiert wäre? Ja, Ja, antwortete er. Wir fuhren zum San Ramon Ashram zurück, damit ich Ammas Video zeigen und mehr über den Besuch in Japan sprechen konnte. Er war sehr berührt und machte sofort einige Telefonanrufe, um einen Kontakt für mich zu finden. Er bemühte sich sehr, war aber nicht erfolgreich. Er konnte nicht viel mehr tun, weil er schon lange Zeit nicht mehr dort lebte. Aber er gab mir einige Adressen von Personen, die er kannte. Ich könne sie anschreiben und es auf diese Art versuchen. Es war nicht viel, aber damit musste ich weitermachen. Ich schrieb anfangs Dezember 1989 insgesamt sieben Briefe, aber der Briefkasten des M.A. Center blieb immer leer.

Die Zeit wurde knapp, mein Flugticket war auf den 9. Januar gebucht. Von dort würde ich am 18. Januar nach Australien fliegen, um mich mit Patricia zu treffen. Am 27. Januar würde ich nach Malaysia abfliegen und versuchen, dort ein Programm zu organisieren. Am 8. Februar wollte ich zurück bei Amma sein und an der Nordindientour teilnehmen. Ich hoffte wirklich, dass ich mir für das alles genügend Zeit eingeräumt hatte.

Neujahr war gekommen, aber da waren keine Antworten aus Japan. Ich musste mit leeren Händen im tiefsten Winter nach Tokyo fliegen. Vor fünf Jahren war ich allein nach Amerika gereist, um Ammas ersten Besuch zu planen, aber ich konnte mich dort auf Familie und Freunde verlassen. Ich fühlte mich total abgeschnitten. Es blieb nichts anderes übrig, als meine kleine Reisetasche zu packen und zu beten. Ich vergoss Tränen für Japan.

SAN RAMON ASHRAM

7. Januar 1990

Tag des Jubels! Ein Brief aus Japan war angekommen. Eine junge Japanerin, Masako Watanabe aus Tokyo, hatte geschrieben. Es war ein kurzer Brief mit einer lustigen Kreditkarte aus Plastik als Beilage. Sie schrieb:

„Liebe Kusuma, ich habe deinen Brief erhalten. Was du tust, scheint interessant zu sein. Ich lege eine Telefonkarte bei, damit du mich anrufen kannst, wenn du im Flughafen Narita ankommst. Mit freundlichen Grüßen, Masako Watanabe."

Das genügte, um weiter zu machen. Dieser kurze Brief gab mir das Gefühl, dass das Japanprogramm stattfinden wird. Es braucht nur einen Menschen in einer Stadt (oder einem Land!), damit Ammas Gnade fließen kann; Patricia in Australien und Masako in Japan. Ich hatte nie zuvor eine Telefonkarte gesehen. Ich betrachtete sie verwundert und dankte Amma dafür, dass sie auf so außergewöhnliche Art arbeitet. Mein Herz war sich sicher, dass alles bereits eingefädelt war.

So war es auch. Zwei Tage später rief ich Masako nach meiner Ankunft an. Sie holte mich ab und brachte mich in ihre winzige Wohnung nach Shinjuko, einem Vorort von Tokyo. Sie sprach perfekt Englisch und wir mochten uns spontan. Sie war als Austausch-Studentin in Amerika gewesen. Deshalb hatte sie mir die Telefonkarte geschickt. Sie wollte mit mir, die einen so ungewöhnlichen Brief geschrieben hatte, ihr amerikanisches Englisch auffrischen! Sie ahnte noch nicht, dass sie dazu bestimmt war, Ammas erste Übersetzerin in Tokyo zu sein. Sie würde mit Koizumi-san vom College für Frauen in Tokyo zusammenarbeiten, um das das erste Japanprogramm vom 18.-20. Mai 1990 auf die Beine zu stellen. Im folgenden Jahr sandte Amma Brandon Smith (jetzt Brahmachari Shantamrita) nach Japan, um ihren zweiten Besuch vorzubereiten. Seither dient er Amma im japanischen Zentrum und an anderen Orten rund um die Welt.

SYDNEY UND MELBOURNE

Es war eine Erleichterung, in Sydney anzukommen. Nach all den Hürden, die in Japan zu überwinden waren, schien es hier, dass alles möglich sein würde. Patricia Witts war eine sehr nette Mutter in mittlerem Alter, die drei erwachsene Kinder im Gymnasium und im Geschäftsleben hatte. Wir erlebten eine prächtige Videopräsentation in ihrem Haus in Chatsworth und an einem weiteren Ort. Darauf erwärmte sie sich mit praktischem Enthusiasmus für die Idee, in Sydney die Rolle von Ammas erster Gastgeberin zu spielen. Sie sah die Notwendigkeit und dachte, dass sie ja auch in Ammas Haus in Kerala gewesen war. Warum sollte sie diese Gastfreundschaft nicht erwidern? Es war keine Zeit zu verlieren. Wir fuhren in der Gegend umher, um nach einer Halle in der Nähe der Familie Witts zu finden, wo Amma untergebracht werden sollte. Patricia hatte auch mit Personen in Melbourne Kontakt aufgenommen. Wir buchten ein Busticket für mich und ich fuhr hin, um in Melbourne die gleiche Videopräsentation zu wiederholen. Ich wurde von einer reizenden Gruppe reifer spiritueller Suchender empfangen. Sie hatten schon viele Jahre mit verschiedenen Lehrern aus Indien meditiert, Satsangs beigewohnt und Pilgerfahrten gemacht. James Conquest, Eugenie Maheswari Knox und Campbell McKellar waren alle an diesem ersten Abend zugegen. Bis zum heutigen Tag setzen sie ihren Dienst fort, Ammas Empfang im M.A. Center in Melbourne zu organisieren.

Während zehn vollgepackter Tage suchte ich Hallen, zeigte die Videos, hielt Besprechungen und händigte Listen aus, die wir in Amerika verwenden. Alle, denen ich begegnet war, wollten das Nötige tun, damit Ammas Programme durchgeführt werden konnten. Als es für mich Zeit war, nach Indien zurückzukehren, hatte ich das Gefühl, dass alles auf bestem Weg war, um Amma im Mai für eine robuste Australien-Tour zu empfangen.

KAPITEL 9

Herbst 1990

Tarangayita apime sangat samudrayanti

Auch wenn sie (die negativen Neigungen) sich zu Beginn
nur als kleine Wellen zeigen, werden sie in schlechter
Gesellschaft zu einem Meer.

Narada Bhakti Sutras, Vers 45

Ich war in den fünf vergangenen Jahren pausenlos unterwegs,
um Ammas Programme rund um die Welt zu organisieren.
Meine Arbeit wurde zu meinem einzigen Sadhana. Das schöne
Gleichgewicht meiner frühen Jahre mit Amma wurde durch
meinen Mangel an shraddha untergraben. Meditation, Satsang
und Studium waren weggefallen wie trockene Blätter an einem
verwelkten Zweig. Dazu kam, dass ich kein Yoga mehr übte und
aufhörte Sanskrit zu lernen. An diesem Punkt meines Lebens
war dafür einfach kein Platz. Wir hatten alle sehr viel Arbeit.
Wenn ich die ganze Zeit in Amma lebe und atme, brauche ich
mich nicht zu sorgen, dachte ich sehr ichzentriert und gab meine
wichtigste Praxis auf.

Zu dieser Zeit begannen mich gelegentlich negative Gedanken zu stören. Anfänglich schwirrten sie wie lästig summende
Moskitos durch meinen Sinn. Ich nahm sie nicht wirklich ernst
und verscheuchte sie einfach in die dunklen Ecken meines Ver-
stands. Aber sie kehrten dauernd zurück. Plötzlich sah ich in allen
um mich herum nur noch Fehler. Eine Person empfand ich als

irritierend, eine andere war faul oder ein freiwilliger Helfer kam zu spät und ich geriet außer mir.

Die junge Frau, die später die Organisation verließ und mit der ich wegen ihrer Eifersucht vorsichtig umgehen musste, schien mir unaufrichtig zu sein. Sie ermöglichte Schmeichlern den Zugang zu Amma, um dann hinter ihrem Rücken schlecht über sie zu sprechen. Obwohl sie geliebt und respektiert war, pflegte sie Situationen zu manipulieren und versuchte alles zu kontrollieren. All dies staute sich in mir auf und machte mich sehr wütend.

Diese scheinbar unbedeutenden Gedanken und Situationen häuften sich langsam und vergifteten meine Sichtweise. So geht es mit negativen Gedanken: Wenn wir nicht aufpassen, lullen sie uns in Selbstzufriedenheit und Selbstgefälligkeit ein und werden zu einem negativen Geisteszustand. Und bald filtern wir unsere Wahrnehmungen durch diesen negativen Geist. Bevor es uns bewusst wird, werden wir von unserer Negativität wir von einem Wirbel aufgesogen und treffen eine schlechte Entscheidung nach der anderen. Wir ertrinken förmlich in den unausweichlichen Konsequenzen unseres Handelns.

Sri Krishna warnt Arjuna unmissverständlich in den Versen 62-63 des zweiten Kapitels der Bhagavad Gita:

Dhyayato visayanpumsah sangastesupajayate
Sangatsanjayate kamah kamat krodho'bhijayate

Durch Verweilen bei Sinnesobjekten entsteht Bindung. Aus Bindung wird Verlangen geboren, durch Verlangen entsteht Wut.

Krodhad bhavati sammohah sammohat smrti vibhramah
Smrti bhrams'ad buddhinas'o buddhin asat pranas'yati

Aus Wut entsteht Täuschung; durch Täuschung geht die Erinnerung verloren; durch den Verlust der Erinnerung wird die Urteilskraft zerstört; durch die Zerstörung der Urteilskraft geht man zugrunde.

Im Jahr 1990 befand ich mich in einem tiefen Sumpf, den ich mir selbst geschaffen hatte. Ich war durch mein negatives Denken emotional vertrocknet und wegen dieser Gedanken, die ich nicht loswurde, bedrückt. Ich war von dem dauernden Reisen körperlich müde und wegen der fehlenden spirituellen Praxis spirituell verdorrt. Die Gefahr, in welcher ich mich befand, erkannte ich nicht. Ich unterließ den Versuch, die Hand nach meinen älteren spirituellen Brüdern auszustrecken, die mir so lieb gewesen und mir durch dick und dünn zur Seite gestanden waren. Und das Schlimmste war: Ich vertraute mich nicht einmal Amma an. Die dumme stolze Einstellung, dass niemand wissen sollte, was in mir tobte, führte mich an einen gefährlichen Kreuzweg, ohne dass ich es selbst bemerkte. In anderen Worten: Mein Ego, das ich transzendieren wollte, wurde nun mein engster Vertrauter.

Je verschlossener mein Herz wurde, desto mehr sonderte ich mich von Amma ab. Meine Grübeleien begannen ihr eigenes Leben zu führen, und bald war für mich ein Jahr voller Elend und selbstgeschaffener innerer Konflikte verstrichen. Andere erlebten ihre beste Zeit: die Programme dehnten sich rund um die Welt aus - Amerika, Kanada, Europa, Australien, Singapur und Japan hatten ihr Herz und ihre Arme für Amma geöffnet. Aber ich armes Ding rollte mich in Selbstmitleid zu einem kleinen Ball zusammen.

Zurückblickend ist mir klar, dass andere wahrnahmen, wie schmerzhaft dieses Jahr für mich war. Einige sagten später, dass ich unnahbar gewesen sei. Niemand konnte die Mauer durchbrechen, die ich errichtet hatte. Ich hörte auf nichts, ließ niemanden an mich heran, nicht einmal Amma. Schließlich führte mein geschwächter Zustand dazu, dass Begierde ihren hässlichen Kopf zeigte und mich völlig verschlang. Sie fraß mich auf und spie mich in einem Land auf der anderen Weltseite aus, weit weg von Amma. Verwirrende Träume tauchten auf, Phantasien der perfekten Beziehung, des perfekten Lebens, alles womit ich der Ironie, in der ich gefangen war, entfliehen konnte: Ich hatte alles, worum ich gebetet hatte, ich diente Amma bis zu meinen Grenzen, aber ich hatte mein Verlangen verloren, das Ziel zu erreichen. Alles fühlte sich flach und widersprüchlich an. Ich hatte meine Demut, mein Gleichgewicht, alles was ich anstrebte, verloren. Meine starrköpfige Natur warf mich in eine Folge von unseligen Entscheidungen, die in meinem Leben immer noch nachwirken. Jetzt endlich kann ich die tiefe Harmonie sehen, die all dem zugrunde liegt. Dies kam jedoch später. Sehr viel später.

Bei mir begann nun die Phase des Projizierens, d.h. ich warf den anderen insgeheim vor, was ich selbst erlebte. Wenn wir beginnen, unseren inneren Prozess nach außen zu verlegen, indem wir andere zur Zielscheibe machen und vorgeben, sie wären die Quelle unseres Elends, haben wir die Höhe der Selbsttäuschung erreicht. Es ist das "Oh-ich-Arme"-Syndrom, das uns schneller herunterzieht als ein Wirbelsturm, der sich auf die Küste von New Orleans zubewegt. Es ist ein brutaler, erbarmungsloser Geisteszustand, der niemanden verschont, letztlich nicht einmal uns selbst. Wenn man die Wahrheit: *tat tvam asi*, 'Du bist Das', vergisst, folgt eine schreckliche Zerstörung. Unser ganzes spirituelles Leben wird über den Haufen geworfen. Wir nehmen an, was wir ablehnen sollten, und lehnen ab, was wir am meisten benötigen würden.

Man nehme Wut, Entrüstung, ein zügelloses Ego und Selbstgerechtigkeit, mische es mit ein wenig Selbstmitleid und einer großen Prise Dickköpfigkeit... und man hat das Rezept für eine Katastrophe. Was mit Kleinigkeiten begann wie verletzten Gefühlen, sich missverstanden und nicht wertgeschätzt fühlen, nörglerisch und aufbrausend mit anderen zu sein oder sie als kleinlich und unehrlich zu beurteilen, geschah nun immer häufiger. Und schließlich wurde ich von all dem völlig über den Haufen geworfen wie Gulliver, der von den Liliputanern überwältigt wurde.

Erst Jahre später erkannte ich, wie schräg meine Wahrnehmung geworden war. Anstatt meine Schwächen in meinem Inneren zu suchen, beschäftige ich mich eifrig mit den Mängeln der anderen. Ich hatte nicht verstanden, warum Amma das Benehmen um sie herum toleriert. Später erkannte ich, dass sie keineswegs damit einverstanden ist, es jedoch wie eine Steinmühle benützt, bei der die Steinbrocken sich mit ihren scharfen Kanten aneinander wetzen und so poliert werden. Das ist in Gemeinschaften oft der Fall. Ich brauchte diese Lektion. Ich kann andere nicht kritisieren, solange ich selber mit meinen schlechten Eigenschaften kämpfe. Ich hätte meine Augen besser auf den Guru richten und nicht erlauben sollen, dass die negativen Eigenschaften einer Person, die Amma nahe zu stehen schien, meine Sicht verdarben. Anderen die Probleme vorzuwerfen, die ich mit Eigenwillen, Arroganz und Wut selber geschaffen hatte, war einfacher als Innenschau. Diese Muster aus Vorwürfen und Projektionen lösten zusammen mit der Feindseligkeit, die seit einem Jahr in mir brodelte, den perfekten Sturm aus.

Manchmal fehlt uns die Reife, um unsere spirituellen Lektionen auf freundliche, sanfte Art zu lernen. Dies war bei mir zweifellos der Fall. Im September 1990 hatte ich die vorbereitende Planung für die Amerikatour 1991 beendet. Ich legte alle Papiere mit den Reiserouten und der gesamten Planung auf meinen Schreibtisch im Ashram von San Ramon. In einem Spiralordner legte ich sorgfältig alle Kontakte auf der ganzen Welt ab, meine detaillierten Notizen von fünf Jahren Tour-Planung, Vorbereitungspläne für die Retreats, Rezepte usw. Zusammen mit dem

Hauptplan für die Tour 1991 legte ich diesen Ordner ebenfalls auf den Schreibtisch. Ich hatte nicht die Absicht, Ammas Tour auseinander fallen zu lassen, nur weil es mir so mies ging. Als ich das Büro verließ, sagte ich zu einem Ashrambewohner, der in der Nähe arbeitete: "Auf meinem Schreibtisch liegt etwas, das ihr benötigen werdet." Ich verabschiedete mich wie es sich gehört vom verantwortlichen Mönch und sagte, dass ich eine Pause benötige. Dann packte ich meine wenigen Habseligkeiten in das Auto meiner Schwester und fuhr davon.

So verließ ich Amma, die in meinem Leben am Wichtigsten gewesen war und die mir alles gab, was ich brauchte, ohne viel zu ihr zu sagen. Es war ein vermessenes, unheilvolles Ende einer großartigen Phase meines Lebens.

LIEBES TAGEBUCH...

Nach meinem Weggang vom San Ramon Ashram war die erste wichtige Sache, die ich tat, in mein Tagebuch zu schreiben. Ich hielt fest, was mir als fehlgeschlagen erschien. Ich war an die Küste von Mendocino in Nordkalifornien gefahren; ich erinnere mich, wie ich die Ebbe betrachtete, die sich an der Flussmündung langsam zurückzog. Es war ein wohltuender Ausblick, der mir half, wieder zu mir zu kommen. Das mit Salzwasser vermischte Süßwasser bringt dort eine überaus vielfältige Natur hervor. Ich verbrachte meinen dreißigsten Geburtstag auf dem Fluss und fuhr dann nach New Mexico zurück, wo alles begonnen hatte. Es gelang mir eine Arbeit in einem Restaurant und eine Unterkunft zu finden. Mein Tagebuch hatte ich irgendwo verstaut und bald vergessen.

Ich hatte einen Freund. Die Beziehung endete in einer Katastrophe. Meine außergewöhnlichen Erinnerungen vergrub ich. Ich unternahm überhaupt keine Anstrengung, zu Amma Kontakt aufzunehmen und ihren Rat zu suchen. Ich machte nicht in der Satsang Gruppe mit, die sich im nahe gelegenen Santa Fe traf. Irgendwie brach ich auch die Kommunikation mit meinem eigenen Herzen ab. Ich baute in meinem Kopf eine Festung, in der ich all die selbstkritischen Gedanken verschloss, damit ich das tun konnte, was ich wollte. Aber was wollte ich eigentlich? Einem Beobachter könnte man verzeihen, wenn er dächte, ich wäre versessen darauf gewesen, mein Leben kaputt zu machen. Ich lebte in diesen Monaten, als ob es auf nichts mehr ankäme. Das moderne Zeitalter des Zynismus war die perfekte Bühne für mein in sich selbst verbohrtes, schmollendes Ich. Niemand konnte mir etwas sagen, und ich wollte es ohnehin nicht hören. Obwohl es ein selbst auferlegter Rückzug war, rezitierte ich seltsamerweise immer noch mein Mantra, als ob ein Teil von mir mein spirituelles Leben zerbröckeln sah und sich weigerte, es ganz los zu lassen. Vielleicht war es eine unbewusste Angst, ich könnte es vergessen und meinen Weg zurück zu Amma nie mehr finden. Obwohl ich dabei war, mein Leben in den Abfall zu werfen, fühlte ich wie in einem schwachen Pulsieren tief in mir, dass ich Amma immer noch liebte und hoffte, dass sie mir vergeben und mich retten werde. Irgendwie ging ein Jahr vorüber.

Beim Frühjahrsputz 1992 stieß ich auf mein Tagebuch aus der Zeit, als ich weggegangen war. Ich war schockiert, als ich es las. Beinahe alle Klagen endeten damit, dass ich jemand anderem die Schuld gab. Aber viel Leid hatte ich durch meine eigenen Handlungen und falschen Wahrnehmungen verursacht. Plötzlich konnte ich die Wahrheit so klar sehen. Das Atmen fiel mir schwer und Tränen strömten über mein Gesicht. Es ekelte mich vor mir selbst und ich saß lange Zeit wie betäubt da.

Dann fasste ich einen Entschluss. Es war ein starker Drang in mir, nach Taos Mesa zu gehen. Dort sammelte ich trockenes Salbeigestrüpp, grub sorgfältig ein Loch in die Erde und entzündete ein Feuer. Die Flammen schossen auf, wie das bei Salbei geschieht, und ich verbrannte darin mein Tagebuch. Dann fasste ich den festen Entschluss, eigentlich war es ein Gelübde, mit mir selbst ins Reine zu kommen. Ich wollte eine Liste zusammenstellen, eine neue Liste. Nicht über andere Personen, sondern über mich. In jener Nacht erkannte ich, dass man Glück wählen muss, es ist nicht ein Geschenk, das uns von anderen gegeben wird. Und es wurde mir klar, dass echte Heilung nur stattfindet, wenn wir aufhören zu tadeln und anfangen, anderen und uns selbst zu vergeben. Rückblickend scheint es, als ob nach dieser Entdeckung nur wenige Schritte nötig gewesen wären, um zurück in Ammas Arme zu kommen. Aber die Büchse der Pandora kann nicht so leicht verschlossen werden, wenn sie einmal geöffnet ist. Als spirituell Suchende - als Menschen - sind wir eine eigenartige Kombination aus freiem Willen und Schicksal; ersterer ist nicht leicht auszuüben, letzteres nicht leicht zu manipulieren.

Wenn wir willentlich wählen, unseren eigenen Weg zu bestimmen, können wir sicher sein, dass das Universum für etliche karmische Jahre sorgt, bevor der Bogen sich dorthin zurückbiegt, wo wir ihn haben wollen.

Ich begann nun wirklich zu weinen. Aus der Tiefe meiner Seele flehte ich Amma an, mich zu retten, mich aus dem schlammigen Pfuhl zu fischen, in den ich mich selbst geworfen hatte, mir die Kraft zu schenken, dass ich mit Überzeugung zurückkommen kann, und mir zu beweisen, dass es nie zu spät ist, zum spirituellen Leben zurückzukehren. Ich hatte genügend gelitten, um zu wissen, dass die spirituellen Wahrheiten, die Amma lehrt, authentisch sind. Niemand würde mich je mit solch reiner Liebe lieben wie Amma. Ihre Gnade ist legendär. Wie konnte ich vergessen, wie Amma den leprakranken Dattan heilte. Wie konnte ich von *maya*, der Illusion der Wirklichkeit, den schillernden Eintagsfliegen der Welt, so hypnotisiert werden?

Ich fasste allen Mut zusammen und entschied, es sei Zeit, die Suppe auszulöffeln. Ich versprach mir selbst, irgendwo auf der Sommertour in Amerika einem Bhajan Programm beizuwohnen. Ehrlich gesagt - ich war nervös und fürchtete mich davor, Amma zu sehen. Wie würde sie reagieren? Was würden alle anderen dazu sagen? Was, wenn es schrecklich würde? Trotz meines inneren Zögerns jagte mir der Gedanke, es nicht zu tun, noch mehr Angst ein!

Mein Drang, Amma zu sehen, wurde unwiderstehlich, als ich nach 10 Jahren ein Klassentreffen in Berkeley besuchte. Ich erzählte dort einigen alten Freunden aus der Studienzeit von meiner Zeit mit Amma. Niemand war Amma je begegnet, so konnte ich leicht einige Erinnerungen mitteilen. Bis plötzlich jemand sagte: "Amma ist in der Stadt, lasst uns zu einem Programm gehen!" Mein Magen zog sich zusammen. War ich bereit? Einfach nur zu einem Programm gehen? Gehen und Amma sehen! So wie Hunderte von anderen Menschen, die das in der gleichen Nacht auch machten, gingen wir hin.

BERKELEY 1992

Kannunir kondu nin padam kazhurkam
katyayani ni kaivitalle…

Mit meinen Tränen will ich deine Füße waschen, o Katyayani, aber bitte, verlasse mich nicht!

Amritanjali, Band 1

Das Programm fand nahe beim Campus von Berkeley statt, wo ich unzählige Programme für Amma organisiert hatte. Theoretisch hätte ich entspannt sein können, aber ich war es nicht. Beim Betreten der Halle war ich extrem nervös. Aus der Distanz sah ich, wie die beiden, die ich am meisten mochte, in meine Richtung kamen: Swamiji und Brahmacharini Nirmalamrita, meine alte Freundin von der ersten Videopräsentation 1986. Es ist kaum zu glauben, aber ich rannte kopflos aus der Halle. Ich war bereit, Amma zu sehen, aber nicht meine lieben Brüder und Schwestern. Ich fürchtete mich vor ihrer Reaktion. Kann man sich die Überraschung meiner Studienkollegin vorstellen, als sie sich umdrehte und sah, dass sie allein war? Sie holte mich ein und fragte, was mit mir los sei. "Ich dachte, du wollest Amma sehen, warum bist du hinaus gerannt?" Ich brachte eine lauwarme Entschuldigung vor, und wir gingen zusammen weg. Sie war etwas verstimmt, denn wir hatten durch dichten Verkehr fahren müssen, um pünktlich an das Programm zu kommen. Und nun drehten wir einfach um und gingen.

In dieser Nacht versuchte ich meinen inneren Zustand zu analysieren. Vielleicht war ich nicht so bereit zur Begegnung mit Amma, wie ich gedacht hatte. Warum diese starke emotionale Reaktion auf meine früheren spirituellen Freunde? Ich folgerte, dass ich mehr Vorbereitung und Selbsthinterfragung brauchte, bevor ich zu Amma gehen konnte. Aber ich kam nicht so leicht davon. Am nächsten Nachmittag kam meine Studienkollegin vorbei und erklärte, dass wir am Abendprogramm teilnehmen werden, ob mir das passt oder nicht. Sie wollte kein Wort hören und forderte mich auf, zum Auto zu kommen. Auf dem Weg rezitierte ich wie verrückt mein Mantra. Nun geschahen wirklich unerwartete Dinge, die völlig außerhalb meiner Kontrolle waren. Es blieb mir nichts übrig, als mich zu ergeben. Es war dieses Mal leichter für mich, die Halle zu betreten. Ich stellte mir vor, einen unsichtbar machenden Umhang zu tragen, und ließ meine Freundin einen Platz wählen. Ich blickte nach unten, um meine Nerven nicht zu verlieren.

Die Bhajans waren unglaublich, sie beruhigten mich wie noch nie zuvor. Bald hatte ich das Gefühl einer glückseligen, willkommenen Entspannung und konnte meinen ersten Atemzug tun. Nach dem Arati und den abschließenden Gebeten fühlte ich eine sanfte Hand auf meiner Schulter. Es war eine andere liebe Freundin, Brahmacharini Rema Devi von San Ramon, die wie ein Engel aussah, mit einem großen Lächeln im Gesicht. Sie nahm mich bei der Hand und führte mich zwischen all den Menschen hindurch direkt zu Amma. Diesen Moment werde ich nie vergessen. Es war mir, als ob alle in der Halle gleichzeitig zu atmen aufgehört hätten. Amma blickte auf, unsere Augen versenkten sich ineinander und wir beide brachen in Tränen aus. Amma zog mich auf ihren Schoß und hielt mich für lange Zeit in einer äußerst liebevollen Umarmung. Sie gab mich frei und wir blickten uns wieder in die Augen. Dann lachten wir laut und weinten wieder. Swamiji und Swami Paramatmananda, Ron, Steve Fleischer und Bhakti kamen alle nahe zu Ammas Stuhl. Alle strahlten mich so liebevoll an, dass ich nicht mehr denken konnte. Es war, als schwämme ich in einem Topf, der nach allen Seiten vor göttlicher Liebe überfloss.

Meine Freundin war verblüfft über diese gefühlvolle Szene. Später in jener Nacht, als wir die Halle verließen, sagte sie: "Ich habe in meinem Leben noch nie so viel Liebe gesehen. Diese Menschen lieben dich so sehr. Du hast wirklich Glück. Du bedeutest ihnen sehr viel."

Ich hatte keine Worte. Die Erfahrung, dass meine Ego-Festung Stein um Stein zerbröckelte, machte mich sehr demütig.

Der räumliche Abstand war groß, und es vergingen viele Jahre, bevor ich endgültig nach Amritapuri zurückkehrte. Auf meinem Weg mit Amma habe ich noch viele Fehler gemacht, aber ich kann wahrhaftig sagen, dass ich mich von diesem Erlebnis an in meinem Herzen nie mehr "von Amma entfernt" fühlte. Seit der Wiedervereinigung in jener Nacht in Berkeley war ich tief innen froh und genährt durch meine Verbindung mit der uralten Göttlichen Mutter, die Mata Amritanandamayi ist. Und ich bin für alle Ewigkeit dafür dankbar, dass dieses Licht der reinen Gnade wieder auf mich fiel.

KAPITEL 10

Den Ozean ausmessen

Wie ermessen wir den Ozean? Können wir sein Geheimnis erklären? Seine Weite, seine Tiefe? Die unzähligen Lebensformen, die in seiner Unermesslichkeit Schutz suchen? Mit den Instrumenten, die wir haben, ist es nicht machbar, eine solch ungeheure Aufgabe zu vollbringen. Es genügt, den Ozean so gut wie möglich zu beschreiben: dass er salzig ist und geheimnisvolle Gezeiten hat, die vom Mond abhängen und so weiter. Wir können die Temperatur des Wassers mit unserer großen Zehe testen und fortfahren, alle seine Aspekte zu beschreiben und zu besprechen. Aber letztlich muss sich jeder Einzelne selbst entscheiden. Will ich selbst erleben, was es bedeutet, ins Meer einzutauchen? Will ich nass werden? Will ich schwimmen lernen? Es ist dem Ozean egal, ob noch jemand hineinspringt und seine Wunder entdeckt oder ob jemand frustriert und entmutigt heraussteigt. Millionen mögen an einem bestimmten Tag schwimmen, segeln oder fischen. Das kümmert den Ozean nicht. Er verändert sich nicht deswegen, weil einige schwimmen und andere nicht. Er ist für alle da, in dem Maß, in dem wir ihn nutzen. Der Ozean macht weiter, wie er es seit eh und je gemacht hat.

Dasselbe kann vom Guru gesagt werden. Wer kann die Fülle der Verwirklichung des Gurus erahnen? Wer kann sie beschreiben? Es gibt kein Lackmuspapier, mit dem man die Erleuchtung des Gurus bestimmen könnte, nur unsere eigene beschränkte Kraft der Beobachtung und Unterscheidung. Aber schließlich ist es wie beim Meer; es kommt nicht darauf an, den Erleuchtungszustand des Gurus perfekt zu quantifizieren und zu ermessen. Es ist an uns zu entscheiden, in welche Richtung wir unser eigenes flüchtiges Leben lenken wollen.

Warum werden einige von uns zum spirituellen Leben hingezogen und andere nicht? Warum entschließen Menschen sich, einen spirituellen Führer zu suchen, und andere schrecken schon vor der Idee dazu zurück? Es gibt viele Aspekte bei der Beantwortung dieser Fragen – es gibt auf der Hand liegende und versteckte Gründe. Doch die meisten Menschen, ob arm oder reich, würden dem beipflichten, dass da eine Leere ist, ein Schmerz, ein trauriger Leidensfaden, der durch unser Leben zieht und bewirkt, dass wir mehr wollen, dass wir uns danach sehnen, im Leben eine tiefere Bedeutung zu finden. Manche wenden sich spirituellen Büchern zu oder versuchen in Vorträgen und von Lehrern einige Antworten zu bekommen, um etwas Frieden und Glück zu erleben. Andere verlieren sich in Drogen, Alkohol oder schlechtem Umgang, um ihren Schmerz zu betäuben. Viele fallen wegen ihrer Lebenssituation und dem Zustand der Welt in Depressionen, weil sie mit diesem unverständlichen, aushöhlenden Schmerz nicht leben können. Eine Vielzahl von Menschen auf der ganzen Welt trottet benebelt einher, ist mit dem Status quo mehr oder weniger zufrieden und erleidet die Geschehnisse des Lebens. Die Menschen schwingen wie ein Pendel zwischen Glück und Leid hin und her. Wir alle entwickeln unsere jeweils eigene Art, das Leben zu leben und zu betrachten, ob wir uns dessen bewusst sind oder nicht.

Nehmen wir an, wir gehören zur ersten Gruppe und lassen uns von dem inspirieren, was wir lesen, sehen oder erkennen. Wir gehen vielleicht etwas weiter, lernen zu meditieren, versuchen Hatha Yoga oder besuchen einen spirituellen Retreat. Wir finden Trost und Verstehen, wenn wir uns der Spiritualität zuwenden. Wenn wir Glück haben, begegnen wir einem wahren Meister wie Amma. In diesem Moment weiß unsere Seele, dass sie in die

Gegenwart einer Großen Seele, eines Mahatma, gelangt ist. Von da an beginnt der Kampf zwischen Seele und Ego. Das Ringen zwischen unserer spirituellen Bestimmung und unserem freien Willen setzt ein, und das Leben wird zu einer dynamischen Spannung zwischen Selbst-Entdeckung und Selbsttäuschung. Bei der Begegnung mit einem verwirklichten Meister beschleunigt sich unser Erwachen. Ich glaube heute, dass es keinen Weg zurück von der Reise gibt, wenn wir einmal einem Mahatma begegnet sind. Es ist vielmehr die Frage, wie schnell wir voran kommen wollen. Für einige ist es eine lange Reise voller Fehltritte, Kämpfe und Umwege, während andere sich einer schnellen, ruhigen Fahrt erfreuen können. Der entscheidende Faktor sind wir. Die Große Seele verbleibt geduldig in ihrem erweckten Zustand. Ob wir kommen oder gehen - es hat keine Bedeutung für den Meister. *Wir* haben etwas zu gewinnen, es ist nicht umgekehrt.

Es gibt eine uralte Tradition die unverändert bis heute weiter besteht - der Weg zur Selbstverwirklichung. Der Suchende entwickelt dabei eine Bindung an einen Guru, der uns jenseits des Kreislaufs von Geburt und Tod zur Befreiung führen kann. Eine riesige Sammlung antiker und zeitgenössischer spiritueller Schriften - die Upanischaden, die Puranas, die Bhagavad Gita und die Kommentare dazu - beleuchten jeden Aspekt und jedes Detail der Guru-Schüler-Beziehung, und was sie impliziert. Diese Texte stellen nicht Phantasien oder Vermutungen dar. Sie sind aus der direkten Erfahrung geschrieben von jenen, die den Weg vor uns gegangen sind und den Gipfel der menschlichen Bewusstheit, den Zustand reinen Eins-Seins erreicht haben.

Die Verpflichtung des Gurus ist absolut, nie versagend. Der Guru wird in einer Art lehren, dass Ego und Selbstsucht transformiert werden können. Es ist das einzige Ziel des Lehrers, den Studenten aufzuwecken. Unzählig sind die Seelen, die diesen Weg gegangen sind, die spirituelle Meister gesucht haben und alles taten, damit ihr Ich-Bewusstsein sich letztlich siegreich in der großen Einheit auflöste. Das ist jedoch nicht für Zaghafte. Es braucht einen starken Geist, auf diesem Weg voran zu gehen, hinein in das Mysterium der Existenz. Der größere Teil hat versagt, speziell im Zeitalter des Zynismus, in dem wir uns heute befinden. Wir müssen Gurus genau prüfen, bevor wir uns ihnen ergeben. Wir müssen völlig überzeugt sein von ihrer Fähigkeit, uns zu führen. Haben wir aber die Entscheidung gefällt, den Meister anzunehmen und den Weg zum Ziel zu gehen, sollten wir nicht weiter den Guru prüfen. Denn der Guru ist dann nicht in der Lage, uns zur Selbst-Verwirklichung zu führen.

FLITTERWOCHEN

Ich schloss mich Amma für die Amerikatour 1993 wieder an. Sie nahm mich mit offenen Armen auf. Die Programme waren größer geworden, und es gab nun einen Van für die Mitarbeiter. Ich wurde freundlich eingefügt. Es war schwierig, während der Tour mit allem, was ich hinter mir gelassen hatte, konfrontiert zu werden. Alte Freunde grüßten mich und wir weinten und lachten zusammen über die selbst geschaffenen Verrücktheiten in unseren Leben.

Am Ende der Tour verließ ich New Mexico und richtete alles so ein, dass ich mit Amma in Indien sein konnte. Ich sehnte mich wieder nach meinem spirituellen Leben; ich wollte meine gute Gelegenheit nicht verpassen. Amma war in jeder Beziehung vergebend und ermutigend. Als ich nach meiner Ankunft in ihrem Zimmer saß, wiederholte sie, dass die Vergangenheit ein annullierter Scheck ist. Ich solle das so lassen und nicht beim Vergangenen verweilen. Sonst würde ich mich nicht weiter entwickeln. Amma machte mir überhaupt keine Vorwürfe; sie hielt mich in ihrer Nähe, obwohl nun eine größere Anzahl Menschen um ihre Aufmerksamkeit wetteiferte.

Alle freuten sich, mich wieder zu sehen. Ammas Vater Sugunanandan Acchan weinte, als er mich sah. Danach sagte sein breites Lächeln alles. Er schüttelte den Kopf auf liebevollste Art und sagte in zärtlichem Tonfall: "Kusumam, Kusumam." Die Älteren der Gemeinschaft, von denen nun viele die gelbe Kleidung der formellen Einweihung trugen, zeigten mir in ihrer eigenen, ruhigen, freundlichen Art, dass sie sich freuten, mich wieder zu sehen. Viele neue Ashrambewohner waren da, die mich nicht kannten. Es war schön, sozusagen anonym mit ihnen zusammen Seva zu machen.

Trotz alledem war es schwierig, meinen alten Rhythmus, mein Gleichgewicht und meine Praxis wieder zu finden. Ich erkannte, wie leicht es ist, etwas einzureißen, und wie viel schwerer es ist, etwas wieder aufzubauen. Ich schrumpfte zusammen, als ich wahrnahm, wie viel Schaden mein früherer Enthusiasmus für das Ziel genommen hatte. Ich entschied mich, zu den Grundlagen zurückzukehren und meine verlorene Unschuld wiederzugewinnen. Amma ermutigt uns immer, Anfänger zu sein. War das wirklich möglich?

Um dem Weg der Liebe zu folgen, muss man zu aller erst den Weg lieben! Ich fand, dass mein größtes Hindernis war, mir selber zu vergeben und wieder an mich zu glauben. Ich beschloss, dort zu beginnen. Die hingabevolle Praxis, die ich so sorglos beiseitegeschoben hatte, nahm ich nun wieder auf, um meine Gedanken, Handlungen und Worte in Friede und Ruhe umzuwandeln. Es machte mir immer Freude, mein Mantra zu wiederholen und das Antlitz der Göttlichen Mutter, meiner geliebten Amma, zu betrachten. Es hatte mich immer so erfüllt, wenn ich Energie, Talent und Intellekt im selbstlosen Dienst für andere anbieten konnte. Mein Herz schmolz, wenn ich Amma voller Hingabe singen hörte und sie mich damit auf höhere Ebenen hob. Meine

Gebete flossen wieder aus dem Herzen - *bitte Amma, rette mich, führe mich zur Gnade zurück!*

Langsam aber sicher kehrte meine Erinnerung an die Wahrheit zurück. Mein spiritueller Gedächtnisverlust verschwand; meine Urteilskraft für gute Beziehungen wurde neu gefestigt. Ich konnte sehen, welcher Art meine Bindungen waren, und in dieser Bewusstheit ruhig sitzen und versuchen, das Spiel der Gefühle in mir zu beobachten, anstatt mich darin zu verwickeln.

Es kam in jener Phase nur einmal vor, dass jemand etwas Negatives sagte, das mich wirklich traf. Sie wartete auf eine Gelegenheit, mich allein anzutreffen. Dann sagte sie: "Warum wolltest du zurückkommen? Warum nicht einfach dein Leben genießen und all dies für immer hinter dir lassen?" Ich war zu erschrocken, um zu antworten. Sie war für ihre tiefe Hingabe zu Amma bekannt, aber gleichzeitig konnte sie hinter der Szene wirklich lieblos sein. Sinnigerweise war es die Frau, die später selbst den Ashram verließ. Ich nahm mir vor, Distanz zu ihr zu halten, doch oftmals kam ich nicht um sie herum.

Sie setzte mich an das Seva Desk und machte mich verantwortlich für die freiwilligen Helfer. Damit kam ich vom Regen in die Traufe. Äußerlich konnte ich das handhaben. Es war leichter, Seva-Koordinator zu sein als Tour-Organisator, aber innerlich hatte ich zu kämpfen. Die Puzzleteile des spirituellen Lebens wieder zusammenzusetzen braucht Zeit und Kraft. Ich sah nun, dass das anfängliche Plantschen und Paddeln nach dem Eintauchen in das spirituelle Leben wundervolle, unbekümmerte Zeiten waren. Wenn wir jedoch auf dem Weg weiter gehen, sind viele harte Lektionen zu lernen und schmerzhafte Erfahrungen durchzustehen. Vermutlich sollte uns dies nicht so sehr überraschen. Wenn wir Arzt werden oder ein Doktorat erwerben wollen - wie viele Anstrengungen und Opfer müssen da erbracht werden? Spiritualität ist schließlich nicht weniger anstrengend als ein akademisches Fach. Aber eine größere Frage tauchte auf - war ich der Aufgabe gewachsen? Ich erkannte schnell, dass es an mir lag, guten Mutes zu bleiben, meine Lektionen zu lernen und mich zu ändern. Wenn ich den Enthusiasmus für das Ziel nicht behalten konnte, dann würde die reine Gnade, die wie die gewaltigen, nie versiegenden Wasser der Niagara-Fälle strömt, nichts nützen. Gnade kommt zu uns entsprechend der Anstrengung, die wir unternehmen. Seitens eines wahren Meisters wie Amma besteht kein Mangel; man kann jedoch die zaudernden Schritte des Schülers auf dem Weg klar erkennen.

MEINE VERPFLICHTUNG AUSMESSEN

Eine meiner besten Freundinnen, Nancy Crawford, nun als Suneeti bekannt, war nach Indien gezogen, um im Ashram eine 'renunciate' zu werden. Seit 1986 hatten wir auf allen Touren zusammen gearbeitet, speziell auch bei der Planung der Retreats. Suneeti war Forscherin an der Universität von Kalifornien, Berkeley, gewesen, im gleichen ‚Institut für Naturreserven', wo ich graduierte. Wir hatten viele Gemeinsamkeiten. Wir hatten wunderbare Gespräche über Spiritualität, Leben und Tod, wann immer ein wenig freie Zeit dafür war. Sie hatte viele Freunde, aber ich war in ihren ersten Jahren mit Amma wie die große Schwester, der sie vertrauen konnte. Jetzt hatten sich die Rollen vertauscht. Ihre bewundernswerte Ausgeglichenheit und starke Entschlossenheit inspirierten mich. Während der Amerikatouren erfuhr ich, dass sie an Krebs erkrankt war, nicht einmal, sondern zweimal. Sie hatte eine faszinierende Meinung darüber. Beide Male hatte sie die konservative allopathische Behandlung mit voller Chemotherapie, voller Bestrahlung, vollem Leiden, scheinbarer Heilung ertragen. Aber sie sagte, dass ein Wandel in ihrem Denken und Lebensstil den Unterschied ausmachte. Es war der zweite Ausbruch von Krebs, der sie zur Spiritualität führte.

Suneeti hatte eine klare Vorstellung über den Tod. Sie wusste, was der Krebs in ihrem Körper bedeutete und war nicht naiv. Die Möglichkeit, ihn ein drittes Mal zu bekommen, war sehr real. Sie ging immer zu jährlichen Untersuchungen, um sicher zu sein, dass sie bei guter Gesundheit und frei von Krebs war. Sie dachte nicht, dass sie ein drittes Mal überleben könnte. Sie brütete nicht darüber nach, was das bedeutete, sondern nahm es gelassen an.

Kurz nach meiner Rückkehr hatten wir ein tiefes Gespräch zu diesem Punkt. Sie sagte, dass ihr Lieblingswunsch sei, das Leben des Weltverzichtes voll auszukosten und bis zum letzten Augenblick ihres Lebens Amma zu dienen und in ihrer Nähe zu sein. Sie hatte das schon durchgedacht. Es war, als ob sie einen unausgesprochenen Pakt gemacht hatte, nämlich, dass sie dem Krebs freien Lauf lassen und kein Geld für eine weitere erfolglose Behandlung vergeuden wollte. Wenn sie ihr spirituelles Leben ein drittes Mal mit Chemo- und Bestrahlungstherapie unterbrechen würde, hätte das eine solche Schwächung zur Folge, dass sie auf dem gewählten Weg mit Amma nicht weitermachen könnte. Sie wusste, dass sie auch mit Behandlung einen dritten Rückfall wahrscheinlich nicht überleben würde. Ich empfing sehr viel Inspiration von ihr, so wie sie diese früher von mir erhalten hatte. Ihre Hingabe an den spirituellen Weg mit Amma war unerschütterlich.

An einem Nachmittag saßen wir auf dem Balkon des Kali Tempels in Suneetis Zimmer. Ich fragte sie offen, was sie wählen würde, wenn der Krebs ein drittes Mal erschiene. Würde sie sich für eine lange, schwächende Behandlung mit ungewissem Ausgang entscheiden, oder ohne diese so lange wie möglich leben. Ohne Zögern meinte, dass sie die zweite Möglichkeit wählen würde. Mit gedankenvollem Lächeln erklärte sie, dass die neue Lebenszuversicht, die ihr durch ihre Begegnung mit Amma und ihrem Umzug nach Indien geschenkt worden war, alles für sie bedeutete. Sie liebe Gott so sehr und wolle in der Zeit, die ihr verbleibe, ihrem Guru und anderen dienen. Sie dachte nicht, dass sie einen dritten Krebs überleben könnte. Sie wollte keine Minute bei Amma verpassen; die lang dauernden, schwächenden Behandlungen wären dabei nur hinderlich. Sie wollte sich nicht in einem solchen Zustand befinden, wenn es darum ging, Amma Adieu zu sagen. Nach diesem Gespräch fragte ich mich, ob ich selbst so viel Hingabe und Klarheit besitze.

DAS ASHRAMLEBEN IN DEN NEUNZIGER JAHREN

Die ersten Familien aus dem Westen waren dem Ashram beigetreten. Es war entzückend, die Kinder bei jeder Gelegenheit, die sich bot, mit Amma umherrennen und spielen zu sehen. Da waren Priya und Krishna Unni von Los Angeles, Sarada und Manju von Kanada; Gopi, Sudha und Gemma von Seattle; Aparna und Manohari von New Mexico und Sridevi und Anandi von Deutschland. Diese Familien waren Wegbereiter. Es gelang ihnen, im Rahmen des Ashrams die Kinder zu erziehen, selbstlosen Dienst zu tun und ihr Leben der Spiritualität zu widmen. Die Kinder waren auf außergewöhnliche Art gesegnet, weil sie in Ammas göttlicher Gegenwart aufwachsen konnten.

Es wurde ein offizielles Büro für die Westler eingerichtet, wo die in stetigem Strom eintreffenden Besucher willkommen geheißen wurden und Zimmer zugewiesen bekamen. Ich half dort mit und machte die Orientierungsführungen. Eine Kantine für westliches Essen wurde eröffnet. Sie war immer angefüllt mit Devotees aus der ganzen Welt. Rams Bazar, ein Flohmarkt, entstand. Die Einnahmen daraus gingen an das Waisenhaus. Menschen aus allen Ecken der Welt entschlossen sich, Ashrambewohner auf Lebenszeit zu werden. Sie alle wollten eifrig das spirituelle Leben mitmachen.

Amma ist der erreichbarste, zugänglichste Guru in der Welt. Sie gibt allen jeweils individuelle Anleitung, wie sie in ihrem spirituellen Leben fortschreiten können. Amma tut das bis heute. Sie ist stundenlang in der Darshanhalle, wo sie jeder Person eine Umarmung und Beratung gibt, oder setzt sich mit den Devotees für Meditation und Satsang an die Küste des Arabischen Meeres. Amma hat sich nie von der spirituellen Gemeinschaft, die sich um sie gebildet hat, getrennt. Sie ist immer mitten in diesem Bienenhaus, leitet die Ashram-Aktivitäten, hat wichtige Meetings und Diskussionen, die für alle zu sehen und zu hören sind. Jedermann kann für eine Umarmung zu ihr kommen und in der Nähe verweilen, solange er es zur Seelenberuhigung braucht. Jedermann kann Amma direkt eine Frage stellen oder seine Probleme unterbreiten. Es gibt keinen persönlichen Sekretär, der zwischen den Devotees und Amma vermittelt. Wie erhebend ist es, dass in der Welt immer noch Reinheit und bedingungslose Liebe gefunden werden kann!

WIEDER WEGGEHEN

Amma nahm mich auf alle Touren in Indien und im Ausland mit. Auf der Tour 1994 nach Mauritius und Reunion Island wurde ich sogar von ihr aufgefordert, wieder das Tonsystem zu bedienen. Das Problem lag darin, dass ich meinen Drang nach dem Ziel nicht zurückgewinnen konnte. Ich musste meine Welt mit Amma neu erschaffen und das ging wegen meiner Bindungen an die Vergangenheit nicht gut. Die unbewussten Erwartungen, die ich hatte, als ich mein Leben mit Amma in Indien wieder aufnahm, wurden nicht erfüllt. Aber wie wäre das möglich gewesen? Der Zugang zu Amma, den ich früher hatte, war blockiert. Der Seva als Koordinator wurde mir zur Entschuldigung, keinen strikten Zeitplan für mein Sadhana einzuhalten. Ich fing an, mich mit anderen zu vergleichen und zu denken, dass ich ernsthaft war und sie heuchlerisch. Meine Innenschau wurde oberflächlich, nicht scharf. Ich war daran, in einer sehr gefährlichen Strömung zu schwimmen.

Dies ist die Natur von Erwartungen, Selbstgerechtigkeit und Verurteilungen. Sie sind die Vorläufer von Unzufriedenheit. Es brauchte einige Jahre, bis ich mir dies eingestehen konnte, aber schließlich musste ich es wahrhaben - ich mochte mein Sadhana nicht mehr. Alles war flach und öde. Ich war zutiefst von mir enttäuscht, weil meine Begeisterung für den Weg ausgetrocknet war.

Rund um mich herum gab es viele Beispiele von Hingabe und Selbstlosigkeit, aber mein Leben fühlte sich an, als sei es eine leere Muschelschale von dem, was es früher gewesen war. Alle Verheißung und Intensität meiner frühen Jahre mit Amma war verdunstet. Entmutigung und Ruhelosigkeit nahmen zu. Die Menschen gingen mir wieder auf die Nerven. Ich saß abgesondert von jenen, an die ich mich für Satsang hätte wenden können. Innerlich war ich wieder hilflos preisgegeben. Aber ich hielt mich mit dem Seva beschäftigt und ignorierte die Warnzeichen. Auch hielt ich mich zunehmend in Distanz zu Amma. Rundherum war ich von Gefahr eingekreist.

Eine der größten Fallen auf dem spirituellen Weg wird uns gestellt, wenn wir unserem Geist erlauben, anderen die Schuld zu geben. Wir sind verloren, wenn wir es zulassen. Unsere Aufmerksamkeit darf nicht vom Ziel wegtreiben und sich auf das Negative fixieren, das eine andere Person tut. Diese schlechte Gewohnheit ist der Gegensatz zum spirituellen Leben. Es gleicht dem täglichen Einnehmen einer schwachen Dosis von Gift, bis es sich so akkumulierte, dass es uns umbringt.

Warum dem Lehrer Vorwürfe machen, wenn es dem Schüler an Hingabe mangelt? Warum wird ein Guru überhaupt an erster Stelle gewählt? Weil wir Vertrauen in seine Fähigkeit haben, uns zu führen, und weil wir geführt werden wollen! Als Schüler wäre es meine Verantwortung gewesen, Amma meine Zweifel mitzuteilen. Aber ich war wieder ein Feigling. 1996 packte ich meinen Koffer und ging - diesmal für immer, wie ich glaubte.

KAPITEL 11

Es ist nie zu spät

MEINEM WEGGEHEN EINEN SINN GEBEN

Der menschliche Verstand ist ein seltsames Ding. Letztlich kann man nicht erklären, warum er uns woanders hinführt als dorthin, wohin man zu gehen gedachte. Ich kann nicht plausibel erklären, warum ich Amma verließ. Es war eine Ansammlung vieler Ereignisse, die schief gelaufen waren. Wenn wir unsere klare Haltung und die geistige Ruhe verlieren, werden Dinge möglich, die wir zuvor für unmöglich gehalten haben. Ich kämpfte immer noch darum, mein erstes Weggehen zu verstehen. Wie konnte ich da einen Sinn hinter dem zweiten Weggang finden?

Man kann es Karma nennen, Selbstsucht, die machtvolle Täuschung von Maya, oder das blutgetränkte Schlachtfeld von Kurukshetra, wo Sri Krishna die Bhagavad Gita für Arjuna sang. Man kann sich nur schwer aus dem Treibsand der Negativität befreien.

Wenn ich nach all den Jahren zurückblicke, kommt mir das Bild des Atoms vor Augen. Im Zentrum des Atoms liegt der Atomkern. Die Elektronen bewegen sich auf konzentrischen Bahnen um den Kern. Wenn Amma der Atomkern ist, dann war ich von 1983 bis 1990 eines der Elektronen, die sich auf der Umlaufbahn bewegten, welche dem Kern am nächsten ist. Eine gewaltige Anziehungskraft ist erforderlich, um die Elektronen in dieser Bahn zu halten. Angenommen, ein Elektron beginnt zu wackeln oder es erfährt eine leichte Abweichung in seiner Umlaufbahn, dann wird es nicht lange dauern, bis es aus seiner

Bahn geworfen wird. Es wird dann auf eine weiter entfernte Schale springen, sich immer noch um den Kern bewegen, aber unter geringerer Anziehungskraft und langsamer. Nehmen wir an, das Elektron hat dann den Wunsch, in die ursprüngliche Umlaufbahn zurückzuspringen. Dafür wäre eine gewaltige Energie nötig. Eine Kernspaltung erfordert weniger Energie als eine Kernfusion. Trennung erfordert viel weniger Energie als sich durch schwierige Situationen hindurch zu kämpfen und zusammenzubleiben.

So erging es mir. Ich war in einer engen Umlaufbahn um Amma gewesen, aber meine negativen Neigungen verursachten Unstimmigkeiten auf meinem Weg. Deswegen stieß ich mich in der Zeit von 1990 bis 1996 in die äußeren Umlaufbahnen, wo der Kern weniger Einfluss auf das Elektron besitzt. Obwohl ich versucht hatte, in meine ursprüngliche Position zurückzuspringen und von 1993 bis 1996 in den Ashram kam, war meine Anstrengung fehl geschlagen. Ich verlangte zu viel von meinem spirituellen Leben und wollte nicht einsehen, dass ich annehmen musste, was das Leben mir zeigen wollte, nicht umgekehrt.

Es gelang mir, einige Sprünge zu einer dem Kern näher liegenden Umlaufbahn zu machen. Aber als die unharmonische Schwingung wieder einsetzte, brauchte es nicht viel, um mich ein zweites Mal in eine äußere Bahn zu werfen, die sogar noch weiter vom Kern entfernt war als das erste Mal. In solcher Distanz können Elektronen vom Atom, zu welchem sie ursprünglich gehörten, weggerissen werden. Sie werden von einem anderen Kern in der Nähe angezogen, der mit seiner Anziehungskraft Elektronen für seine eigenen Elektronenhüllen einfängt. Von dort aus ist es dem Elektron nahezu unmöglich, wieder zu seiner Position im ursprünglichen Atom zurückzukehren. Die benötigte Energie für diesen Sprung zum früheren Nukleus ist riesig. Ich will diese enorme Energie als 'Gnade' bezeichnen.

Bei meiner Rückkehr zu Amma nach meiner ersten Trennung verband ich bestimmte Vorstellungen mit meinem spirituellen Weg. Es sollte so sein, wie es in den früheren Tagen war; ich sollte bei Amma sein können, wann immer und so nahe ich wollte. Aber so geht es nicht im Leben. Als diese Wünsche und Vorstellungen sich nicht erfüllten, kapselte ich mich ab. Ich strengte mich an, um mein spirituelles Leben wiederaufzunehmen, aber es war nicht die 'richtige Anstrengung', um einen buddhistischen Ausdruck zu verwenden. Anstatt meine Ideen aufzugeben und mich durch den spirituellen Weg erneuern zu lassen, hatte ich versucht, den Weg meinem beschränkten Konzept von dem, was er sein sollte, anzupassen.

Das gleicht ein wenig der Situation, wenn man mit Übergewicht in ein Modehaus geht und eine Vorstellung vom gewünschten Modell hat, aber in nichts hineinpasst, weil man nach wie vor übergewichtig ist. Und dann verlässt man das Geschäft verärgert, weil die Kleider nicht passten. Ich rechtfertigte mich damit, dass ich eine Anstrengung gemacht hatte, wollte mir aber nicht eingestehen, dass es nicht die richtige war.

Mein erster Weggang geschah hauptsächlich wegen mangelnder Ausgeglichenheit und meiner negativen geistigen Haltung. Als ich Amma das zweite Mal verließ, war es, weil der spirituelle Weg meine Erwartungen nicht erfüllt hatte. Ich gab den Weg selbst auf, zu meinem Besten, wie ich damals meinte. Ich hatte mich dafür entschieden, mit weniger zufrieden zu sein.

Ich sah mich nicht mehr als Suchende. Die Liebe für das Ziel war eingetrocknet und das spirituelle Leben wurde mechanisch. Wenn ich das heute schreibe, erscheinen mir diese Dinge als unbedeutend; ich hätte sie leicht ausgleichen können. Aber ich ließ sie eitrig werden. Es ist unser Ego, das ein derartiges Missgeschick auf dem spirituellen Weg verursacht. Zuerst der Bruch der Guru-Schüler-Beziehung, dann das Zerreißen des Bandes zwischen dem

Suchenden und dem Weg. Das Ego ahnt die Gefahr, sublimiert zu werden. So springt es herbei, um seine Haut zu retten! Was anfänglich kleine Dinge waren, wuchs zu riesigen Hindernissen, weil ich sie unterschätzte und mich nicht darum kümmerte, sie sofort zu beseitigen. Wenn man sich auf dem spirituellen Weg befindet, sollte die kleinste Abweichung sofort korrigiert werden. Amma nennt als Beispiel oft den Geschäftsmann, der jeden Abend seine Buchhaltung prüft, um den Verlust oder Gewinn festzustellen. Spirituell Suchende müssen das Gleiche tun. Sonst wird es sehr schwierig, in der Umlaufbahn um den Guru zu bleiben. Wir müssen um jeden Preis unsere Liebe für das Ziel nähren und mit sorgfältiger Bewusstheit (*shraddha*) den täglichen Fortschritt auf dem Weg überprüfen.

Einige mögen fragen, warum hat Amma dich nicht gerettet, wo sie doch allwissend und allmächtig ist? Aber die Schönheit an Ammas Weise zu lehren ist, dass sie nichts erzwingt. Amma sagte wiederholt: "Wenn die Blüte bereit ist sich zu öffnen, wird sie sich öffnen." Man kann eine Rosenknospe nicht aufbrechen und eine schöne, duftende Blume erwarten. Eine der ersten Qualitäten des Suchenden muss die Geduld sein. Geduld lernen wir nur durch einen geduldigen Lehrer, der so wie eine Mutter ihr geliebtes Kind erzieht. Amma hat die Geduld des Ozeans und erlaubt jedem Suchenden, im selbst gewählten Tempo voranzukommen. Das ist eine der größten Bestätigungen von Ammas Lehrmethode.

So war ich also wieder mir selbst überlassen. Von 1983, als ich das erste Mal zu Amma kam, bis zu meinem Weggang 1996 war die spirituelle Suche meine Karriere gewesen. Nun hatte ich meine Eier aus diesem Korb genommen und sie in den Korb der Welt gelegt. Schon da wusste ich, dass nichts annähernd so sein konnte wie das, was ich mit Amma in jenen 14 Jahren erlebt hatte. Aber vielleicht war es mein Problem zu lernen, mit weniger auszukommen. Wenn ich die Erwartungshaltung etwas senkte, könnte ich ein wenig flüchtiges Glück aus der Welt gewinnen. Stattdessen war meine Erwartung so hoch, dass ich immer zu kurz kam.

Meine vier weiteren Jahre der Anstrengung im spirituellen Leben resultierten in einer vollkommenen Niederlage. Ich hatte es versucht und versagt. Vielleicht werde ich eines Tages in allem einen Sinn sehen, aber für jetzt versuche ich, nicht zu hart mit mir selbst zu sein. Es bringt nichts, ein totes Pferd zu prügeln.

Ich kehrte nach New Mexiko zurück und beschloss, Medizin zu studieren. Meine Arbeit in den wissenschaftlichen Fächern an der Universität Berkeley war überholt. So nahm ich ein medizinisches Vorstudium in Angriff. Gleichzeitig besuchte ich einen Kurs zur Ausbildung als Sanitäterin, weil ich ja meine Ausbildung finanzieren musste. Ich war in allen Fächern gut und erhielt eine Lizenz als medizinische ‚Notfalltechnikerin' (EMT). Zudem wurde ich Lehrassistentin am Institut für Naturwissenschaften der Universität von New Mexico. Auf diese Weise vergingen zwei Jahre.

DAS HAUS MEINER GROSSMUTTER

Meine Großmutter in Pennsylvania war erkrankt. Ich fuhr in der Sommerpause zu ihr, um sie zu pflegen. Sie war 92 Jahre alt und reizend. Sie war vor kurzem als Alzheimer-Fall diagnostiziert worden, aber man konnte das kaum spüren. Wir sprachen über vergangene Tage und das löste eine Flut von Erinnerungen an meine schwierige Kindheit aus. Aber das war jetzt gut, ich war von jenem Trauma geheilt. Durch Amma.

Amma. Wie süß klingt doch dieser Name. Warum musste das spirituelle Leben so verwirrend sein! Tief innen vermisste ich sie. Ich liebte sie immer noch, so sehr, dass ich in der Nacht nach ihr weinte. Zum ersten Mal nach langer Zeit. Ich hatte Amma aus meinem Herzen verbannt und die Brücke zu ihr niedergerissen.

Ich war keine spirituell Suchende mehr, sondern nur ein ganz normaler Mensch, der sich durchwurstelt - und sich nach einer Umarmung sehnt.

Es war kurz vor dem Wochenende des 4. Juli, an dem Amma irgendwo in der Nähe sein musste, vielleicht in Chicago oder gar in Washington DC. Das wäre nur vier Autostunden entfernt! Am nächsten Morgen versuchte ich das Programm von Ammas Tour herauszufinden. Natürlich im Lebensmittelladen. Seit 1987 hatten wir jedes Jahr im Yoga Journal eine Anzeige gekauft. Und da war es, das Programm von Ammas Amerikatour 1998. Und am Wochenende des 4. Juli fand das Programm wirklich in Washington statt. Welcher Zufall.

WASHINGTON DC

Ich gab meinem Verstand keine Gelegenheit, es sich anders zu überlegen, suchte für meine Großmutter eine Pflegerin, packte meine Tasche und setzte mich in meinen Lieferwagen, um südwärts zu fahren. Das war ganz spontan, meine Seele wollte unbedingt Amma sehen, und diesmal hatte mein Ego verloren. Diesmal fiel es mir leichter, die Halle zu betreten. Aber ich musste viel Scham und schlechtes Gewissen beiseiteschieben. Das war aber nur ein kleiner Preis.

Diesmal schien mich niemand zu bemerken; diese Heimkehr war sehr still. Ich stellte mich in die Darshan-Schlange und wartete wie jedermann, bis ich an die Reihe kam. Ich richtete meine Augen auf Amma, bis sie in mich hinein blickte. Sie lächelte zärtlich, ihr Gesicht strahlte vor Liebe und sie nahm mich in ihre Arme. "Kusumam, Kusumam, meine liebste Tochter, meine liebste Tochter…." Da waren auf beiden Seiten wieder Tränen und sie hielt mich, wiegte mich, und ließ mich lange nicht los. Es kam mir ein Lied in den Sinn, das ich nun leise in Ammas Ohr sang:

Kannunir kondu nin padam kazhukam,
Katyayani ni kaivitalle...

Mit meinen Tränen wasch ich deine Füße, o Göttin Katyayani, aber bitte lass mich nicht im Stich.

Amma hieß mich neben ihr zu sitzen, und wir sprachen eine
Weile. Sie wollte wissen, wie es mir geht und was ich mache.
Medizinstudium, ja, sehr gut. Die Oma pflegen, ja, sehr gut. Da
war keine Spur von Verurteilung, aber die Stimmung war anders,
obwohl Ammas Energie sich gleich anfühlte. Mit meinem zweiten
Weggehen hatte ich eine Grenze überschritten. Nachdem ich eine
Zeit still meditiert hatte, schickte Amma mich zum Essen und
widmete ihre Aufmerksamkeit wieder dem Darshan.

Ich begegnete auch Suneeti. Sie trug nun gelbe Kleidung! Ich
empfand große Freude, als sie auf mich zukam. Sie war strahlend
und voll Friede. Ihr Name war jetzt Brahmacharini Nirmalamrita.
Es fiel mir auf, dass sie viel Gewicht verloren hatte. Eine Erinnerung tauchte in meinem Geist auf und löste in mir ein Gefühl
der Besorgnis aus. Nach dem Essen setzten wir uns in eine Ecke
und plauderten ein wenig. Ich gratulierte ihr von Herzen zu ihrer
Initiation und fügte bei, dass es mich so glücklich stimmt zu
sehen, wie sie ihr Leben liebt und spirituell wächst. Ihre Augen
leuchteten und waren klar.

Sie meinte, das Medizinstudium passe zu mir und es sei gut,
es in New Mexiko zu machen. Auch sie verurteilte mich überhaupt
nicht. Ich erkundigte mich nach ihrem Gesundheitszustand. Ja, es
gehe, aber sie sei müde. Ihre Arbeit mit den Retreat-Anmeldungen
war intensiv. Sie drehte den Kopf weg, als ich fragte, ob sie immer
noch ihre jährlichen Gesundheitsuntersuchungen mache. Nein,
eigentlich nicht. Ich ließ es dabei bewenden. Andere Freunde
kamen für eine kurze Umarmung und einen bedeutungsvollen
Blick herbei und entfernten sich wieder. Dann blieb mir der Atem

in der Kehle stecken – und sie war verschwunden. Ich hatte etwas
wahrgenommen, was war es gewesen? Vielleicht war es nichts,
nur meine Vorstellung.

Alle Swamis nahmen sich Zeit, mich zu grüßen. Sie erkun-
digten sich warmherzig und aufrichtig nach meinem Leben. Ihre
Freundlichkeit berührte mein Herz. Es musste sie geschmerzt
haben, als ich Amma ein zweites Mal verließ. Sie waren noch
immer meine spirituellen Brüder, die mir nicht die kalte Schulter
zeigten oder mich streng verurteilten.

Vor dem Devi Bhava verabschiedete ich mich von Amma
und fuhr nach Pennsylvania zurück. Ich hätte es nicht ertragen,
den Abend mitzumachen. Es genügte mir, die Begegnung mit
Amma zu verarbeiten und mein altes Leben in einer anderen
Perspektive zu betrachten.

PRÜFUNGEN, PRÜFUNGEN, EINS-ZWEI, EINS-ZWEI

Ich begann mich ernsthaft auf die Aufnahmeprüfungen vorzubereiten. Das würde ein Jahr benötigen. *Ein Jahr* - wie viel war in
einem Jahr geschehen. Es half mir jedoch nicht, meine Gedanken
zurück wandern zu lassen. So unterließ ich es. Latein, Physiologie,
Anatomie, Chemie, Biologie – mein Kopf schwirrte.

DER MONAT MAI

In diesem Monat hatte ich zwei Aufnahmeprüfungen für das
Medizinstudium am Ende des Sommers abzulegen. Ich hatte
wieder angefangen, mein Mantra zu rezitieren. Das brachte mir
viel Frieden und Konzentration.

Dann klingelte das Telefon. Es war Hari Sudha, die aus
Berkeley anrief. Suneeti - Nirmalamrita - war aus Indien zurückgekehrt, sehr krank, und sie wollte mich sehen. Ich wusste, warum. Ja, Hari, natürlich komme ich sofort. Wir hatten vor Jahren
über Suneetis Tod gesprochen. Das war es, was ich letztes Jahr in

einer flüchtigen Wahrnehmung gesehen hatte! Ich suchte meinen Chemieprofessor auf, weil das erste Examen vor der Türe stand. Er konnte erkennen, dass etwas mit mir nicht in Ordnung war. Ja, natürlich sollte ich die Freundin in Kalifornien aufsuchen. Er schaute meine Noten nach und meinte, ich sei an der Klassenspitze. Er befreite mich vom Examen, die Noten würden genügen.

Hari Sudha holte mich am frühen Abend am Flughafen ab und erzählte mir, was los war. Nirmalamrita kam aus Indien zum selben Arzt zurück, der ihr schon zweimal das Leben gerettet hatte. Sie war seit Jahren nicht mehr untersucht worden. Ich wusste im Herzen, dass sie sich über ihren Zustand im Klaren war und die zweite Wahl getroffen hatte. Als ich sie am nächsten Morgen sah, lag eine sehr kranke Nirmalamrita in der Intensivstation, die jedoch einen solchen Frieden ausstrahlte, wie ich es nur bei Amma gesehen hatte. Wir hielten uns bei der Hand. Sie war ruhig und klar und lächelte mich so lieb an. Sie war nicht zur Behandlung zurückgekommen. Bei dem Krebs, der schon im ganzen Körper Metastasen entwickelt hatte, bestand überhaupt keine Überlebenschance. Aber sie wollte mit Amma hier sein, wenn diese nach San Ramon komme.

Dann kam Nirmalamrita direkt zum Punkt. Warum hatte ich Amma verlassen? Aus gesundheitlichen Gründen? Nein, antwortete ich, ich hatte meine Nerven verloren und konnte nicht mehr an mich selber glauben. Ich erlaubte meiner Negativität, mich wegzuschwemmen. Würde ich je zu Amma zurückkehren, aber nicht nur für einen Besuch? Ich konnte nicht antworten. Sie sagte, dass dies einer ihrer letzten Wünsche auf dem Totenbett sei.

Am nächsten Morgen hatte ich wieder Zugang zur Intensivstation, weil ich 'Familienmitglied' war. Ich entdeckte vor der Türe eine von Nirmalamritas besten Freundinnen, Sabari, die keinen Zugang erhielt. Könnte ich ihr helfen? Ich besprach mich mit der Pflegerin und durfte Sabari meine Besuchszeit abtreten. So konnten sich die beiden Freundinnen ein letztes Mal sehen.

In jener Nacht hatte Nirmalamrita eine Herzattacke und fiel ins Koma. Sie kehrte daraus zurück, als Amma sie am Telefon sprechen wollte. Nach weniger als einer Woche verließ sie diese Welt. Amma sagte, dass sie in ihr Herz eingetaucht war und Gottesverwirklichung erlangt hatte.

Nirmalamrita hatte ohne Medikamente bis wenige Wochen vor ihrem Tod bei Amma als Koordinator der Retreats Dienst geleistet. Sie hatte zehn Jahre lang als Renunciate dienend bei Amma in Indien gelebt und gearbeitet. Keine schlechten Bedingungen für jemand, der dreimal an Krebs erkrankte. Sie wusste, dass sie an der Krankheit sterben würde, aber unter ihren eigenen Bedingungen. Es gab für sie keinen anderen Weg.

Sie liebte einen Ausspruch von Amma besonders, nämlich dass man sich mit einer so starken Intensität dem spirituellen Leben widmen müsse, als wollte man aus einem brennenden Haus entkommen. Ich hatte bemerkt, dass sie während des Unterrichts immer nur Flammen auf die Ränder ihrer Sanskrithefte malte, während ich Lotosblumen und tanzende Göttinnen zeichnete.

DER MAIKÄFER

Das löste bei mir einen Stimmungswechsel aus. Ich kehrte nach New Mexiko zurück und legte die anderen Examen ab. Aber es fehlte mir die Lust zum Medizinstudium. Ich verbrachte viel Zeit damit, meine Seele zu durchforschen. Amma würde im Juni in Santa Fe sein und ich wartete sehr darauf, sie zu sehen. Das Programm wurde auf dem Grundstück der Schmidts durchgeführt, wo ein Tempel gebaut worden war. Es hätte keinen lieblicheren Platz für meine Begegnung mit Amma geben können. Es war wunderbar, Amma wieder singen zu hören. Als ich anschließend unter dem Sternenhimmel umherging, fühlte ich mich zunehmend wohl und inspiriert. Ich kehrte zum Tempel zurück und setzte mich auf die Bühne. Amma gab bereits Darshan. Eine liebe Freundin, Swarna Iyer, spielte das Harmonium. Ich lehnte mich zu ihr vor und bat sie, mich zu einem Lied zu begleiten. Sie war sehr überrascht, erstens mich hier zu sehen und zweitens, dass ich, die nie gesungen hatte, nun ein Lied vortragen wollte. Aber sie stimmte zu. So sang ich *Iswari Jagad-Iswari* für Amma, wie damals vor Jahren in einer Sternennacht beim Kalari Tempel. Amma drehte sich um und blickte mich an. Sie war nicht überrascht. Sie wusste, wer da sang:

Iswari jagad-iswari paripalaki karunakari
Sasvata mukti dayaki mama khedamokke ozhikkanne

O Göttin, Göttin des Universums, Erhalterin, Spenderin von Gnade und ewiger Befreiung. Bitte nimm all meinen Kummer von mir...

Später ging ich zum Darshan; es war nun ein Gefühl der Ruhe zwischen Amma und mir, und ich wurde von einer machtvollen Stille umhüllt. Etwas war zurechtgerückt worden. Ich wusste nicht was, aber das war unwichtig. Ich saß lange neben Amma und erfreute mich an dieser Stimmung der Hingabe. Dann fuhr ich in der dunklen, sternenklaren Nacht zurück.

WINDSTILLE

Die Aufnahmeprüfungen für das Medizinstudium waren absolviert. Es war, als ob ich mich in einer Art Windstille befände und ich fragte mich, was ich eigentlich machte. Die Schönheit von Nirmalamritas Beziehung zu Amma überwältigte mich. Wie viele Menschen waren zu Amma gekommen und hatten aus ihrer Zeit so viel gemacht? Wie hatte ich alles fallen lassen können, wo mein Leben mit Amma doch immer so vielversprechend gewesen war? Ich zweifelte nicht daran, dass Amma ein gottverwirklichter

Meister ist, aber ich wurde von Selbstzweifeln verschlungen. Nicht dass ich den spirituellen Weg oder Amma bezweifelte. Aber es fehlte mir an Überzeugung, wenn ich in Ammas Gegenwart wieder versuchte, mein Sadhana zu praktizieren. Ich hatte ganz einfach aufgegeben. Wie sollte ich nach dieser meiner Wahlentscheidung friedvoll in der Welt leben können? War die zweijährige Vorbereitung auf das Medizinstudium die richtige Wahl gewesen?

Ich blätterte eines Nachmittags durch die Gelben Seiten des Telefonbuchs, als mein Blick auf eine Werbung fiel. "Erwerbe einen Master-Titel im St. Johns College in Santa Fe." Mit dem Studium der östlichen Klassik. Das war interessant. Ein Jahr Studium von Chinesisch oder Sanskrit, von Hinduismus, Buddhismus und Taoismus.

Ich wurde in den Kurs aufgenommen; er begann eine Woche später. Es war eine ehrliche Wahl, ein Jahr mit dem Studium der großen Schriften des Ostens zu verbringen und alles zu überdenken. Würde mir dies nicht helfen, die Weichen richtig zu stellen?

Eine Sache folgte auf die andere. Ich musste meine nagenden Zweifel beseitigen - was ich denn nun, nach meinem Weggang von Amma, mit meinem Leben tun sollte. Zuerst war ich in eine Richtung gegangen - Medizinstudium, bekam kalte Füße und wollte nun in einer anderen Richtung weiter gehen, die mir vertrauter war - der Spiritualität. Was stimmte bei mir nicht? Warum konnte ich nicht einfach damit zufrieden sein, was das Leben bot? Warum war meine Seele so ruhelos?

Während des Kurses begegnete ich meinem Ehemann. Wir beide dachten, wir wünschten uns Kinder. Ich wurde in der Hochzeitsnacht schwanger. Während der Geburt unserer Tochter ließ ich im Hintergrund das Tonband mit "Ananta Srishti Vahini" laufen. Als wir in der Klinik zusammen mit der Pflegerin den Kopf des Babys wuschen, sang ich vedische Mantras. Mein Mann und ich wählten unabhängig voneinander beide den Namen

"Mirabai" für das Kind. Mein Mann hatte nicht die gleiche spirituelle Neigung wie ich, er konnte meine aber annehmen. *Das wird sich vielleicht noch ändern*, dachte ich bei mir selber. Ich brachte Mirabai zu Amma, um sie segnen zu lassen.

Was konnte Amma schon sagen? Sie liebt uns unter allen Umständen. Aber es war schwierig, die Halle zu betreten. Ich war meinen eigenen Weg gegangen und hatte getan, was ich wollte. Ich zeigte deutlich, wer ich war. Ich war nun eine „Devotee" – hatte einen Status, der vielleicht besser zu mir passte: Amma aus der Distanz zu lieben. Aber meine Seele war nicht zufrieden. Warum konnte ich mich nicht einfach entspannen und die Fahrt genießen, die das Leben mir angeboten hatte?

2007 ES IST NIE ZU SPÄT

In diesem Jahr geschah alles so schnell. Bei meiner Mutter wurde Krebs diagnostiziert und sie kämpfte sich durch Behandlungen. In Boston starb mein Vater im April ganz plötzlich an Krebs. Ich konnte ihn nicht mehr sehen und von ihm Abschied nehmen. Meine 19-jährige Saturn-Phase war vorbei. Meine Ehe ging in die Brüche. Und ich kehrte nach Amritapuri zurück. Mit meiner Tochter. Ich nahm dazu als meinen Vorwand, dass Amma die Asche meines Vaters segne, aber um ehrlich zu sein - ich hatte genug.

Ich sah endlich das Licht. Es war so einfach, aber ich hatte Jahre verbracht, es zu übersehen. Amma war in unserer Mitte und meine rastlose Seele sehnte sich nach dem spirituellen Weg, den sie anbietet. Liebe um der Liebe willen; Hingabe, weil es das erhabenste Gefühl ist - eines, das alle selbst geschaffenen Blockaden und Schranken beseitigt. Ich war endlich reif genug zu sehen, dass ich mich abgesondert hatte und dass ich mich befreien konnte. Es ist nie zu spät für eine Rückkehr und einen neuen Versuch.

Diesmal freute ich mich, zurückzukehren. Ich kam wegen der Süße der göttlichen Liebe, die ich bei allem Herumwandern in der Welt nirgends gefunden hatte. Ich kehrte zurück für die tiefere, wahre Bedeutung, die das spirituelle Leben bietet. Und auch, um den Wunsch einer sterbenden Schwester zu erfüllen. Ich kehrte zurück, weil ich mir beweisen wollte, dass ich den Mut hatte, das Nötige zu tun, um alles wieder gut zu machen. Ich musste Amma und der Gemeinschaft von meiner Reise in die Dunkelheit erzählen, und wie ich den Rückweg fand. Und ich wollte meine Tochter in Ammas wunderbarer Gegenwart erziehen, da mir dies als das größte Geschenk erschien, das eine Mutter ihrem Kind machen kann. All meine geringfügigen Differenzen waren bedeutungslos geworden. Für mich war die Zeit gekommen, Ammas Gegenwart zu genießen und ihr so gut als möglich zu dienen. Ohne Ängste, ohne Erwartung, irgendetwas zu erreichen. Ich wollte hier sein, in meiner schönen, inspirierenden Gemeinschaft, und mit ganzem Herzen dienen. Amma brachte das Lächeln auf meine Lippen zurück. Es ist nie zu spät.

Die Reise fortsetzen

Ich lebe nun seit fünf Jahren wieder in Ammas Ashram in Amritapuri, zusammen mit meiner Tochter Mirabai. Fünf wunderbare Jahre, die die unbeschreibliche Süße meiner frühen Jahre mit Amma weit übertreffen. Ich hatte einen außerordentlich schwierigen Prozess durchmachen müssen, aber der Sieg der Rückkehr ist wegen dieser Anstrengung umso süßer. Manchmal müssen wir auf dem spirituellen Weg größte Schwierigkeiten durchstehen. In meinem Fall hat mich diese Entwicklung zu der tiefen Freude gebracht, die ich heute empfinde. Wie könnte ich diese Reise bedauern? Würde ich einige Dinge anders machen? Natürlich. Aber wirklich zu bedauern wäre nur, wenn ich nie zu Amma zurückgefunden hätte! Nicht das Hinfallen ist wichtig, sondern das Aufstehen und Weitermachen. Ich habe gelernt, alle Situationen als Ammas Prasad (gesegnete Gabe) zu sehen. Harte Zeiten, wenn sie richtig verdaut werden, dienen nur dazu, uns spirituell vorwärts zu bringen. Amma erinnert uns immer daran, dass es in unserem Leben keine Fehlschläge gibt. Alles sind Stufen zum endgültigen Sieg.

Mein spirituelles Leben ist jetzt reifer und besser geerdet, weil es gelang, durch die Dunkelheit hindurch zu kommen. Ich erkenne, wie meine ersten Jahre mit Amma ein solides Fundament bilden, auf dem ich ein spirituelles Leben aufbauen kann, das mich bis zum Ziel bringt. Es war für mich wichtig zu lernen, an mich selber zu glauben - etwas, das in meinen früheren Anstrengungen auf dem spirituellen Weg fehlte. Nun weiß ich, ohne den leisesten Zweifel, dass ich mit meinem Leben Gott in anderen

Menschen dienen will. Dass ich meine Tochter bei mir habe, ist dabei ganz wesentlich. Was ich als 'renunciate' in meinen Zwanzigern war, ist nicht abgetrennt von dem, was ich nun als Mutter bin. Amma sagt, dass nicht äußeres *sannyasa* (Verzicht) entscheidend ist, sondern der innere Verzicht - unsere Vorlieben und Abneigungen zu überwinden, andere wichtiger zu nehmen als uns selbst und im Bewusstsein zu leben, dass nichts uns gehört, sondern dass alles eine Gabe Gottes ist, die wir eines Tages zurücklassen müssen.

Mein Leben ist heute die Fortsetzung der Reise, die vor mehr als dreißig Jahren im Bücherladen in Kopenhagen begann. In meinem Herzen begleite ich die Göttliche Mutter ständig und diene ihr in der lebenden Form, die wir "Amma" nennen. Ich diene ihr, damit die Welt ein besserer Platz werden kann. Dies ist wahrer Dienst für den Guru. Wir wissen nie, was das Leben uns bringt; ob Gutes oder Schlechtes, wir können nicht wählen. In den frühen Jahren mit Amma hätte ich mir all die Hindernisse auf meinem Weg nicht vorstellen können. Amma lehrt uns, dass es darauf ankommt, wie wir auf unsere Schwierigkeiten reagieren. Das macht den Unterschied. Als ich um die Welt reiste und alles daran setzte, um Amma zu ihren Kindern zu bringen, lebte ich von Hoffnung und Gebet. Damals war es möglich, viele Prüfungen und Leid zu überwinden. Aber den inneren Feinden meiner eigenen Negativität konnte ich mich nicht erfolgreich widersetzen. Beide Situationen waren Herausforderungen, eine äußerlich, die andere innerlich. Ich musste die richtige Einstellung finden, um beide zu überwinden. So lernte ich, was ich in dieser Lebenszeit mit Amma zu bearbeiten habe. In den Schriften steht, dass es drei Arten von Schülern gibt: jene, die durch Unterrichtung lernen, jene, die durch die Beobachtung der

Erfahrungen von anderen lernen und jene, die durch persönliche Erfahrung lernen. Ich gehöre eindeutig zur dritten Gruppe!

Ich habe die Wahrheit erfahren, dass Amma immer bei mir ist, egal, in welchen Bedingungen ich mich befinde, und dass sie ihre Kinder nie preisgibt. Ich habe auf allen Ebenen gelernt, dass es wirklich nie zu spät ist. Ich habe wieder ein spirituelles Leben in Ammas göttlicher Gegenwart und bin glücklicher als je, Seite an Seite mit meiner Tochter. Amma führt uns beide und beweist mir, dass die immer siegreiche Göttliche Mutter durch kein Hindernis aufgehalten werden kann.

Ich möchte eine letzte Geschichte erzählen: Als Mirabai das erste Mal nach Amritapuri kam, war sie fünf Jahre alt. Sie sah, dass viele Personen ein Mantra erhielten und sie wollte wissen, was das war. Ich erklärte ihr, wie ein Mantra uns Frieden und Weisheit bringen kann, wenn wir es sorgfältig rezitieren. Dann wollte sie mehr über *ishta devata* (die bevorzugte Gottheit) wissen, die für ein Mantra gewählt wird. Sie war erst fünf Jahre alt! So nannte ich ihr verschiedene Gottheiten: die Göttliche Mutter, die Göttliche Mutter als Amma, Lord Krishna, Kali Mata, Buddha, Jesus Christus, Lord Shiva ... Bei Shiva wollte sie wissen, ob er es ist, der das Tigerfell trägt. Ich bejahte und fügte hinzu, dass er im Himalaya den Stier Nandi reitet. Sie nickte zustimmend und sagte: „Den will ich haben!" *Sieh mal an*, dachte ich, *da ist jemand, der weiß, was er will.* Ist der Grund dafür, dass sie meine Tochter ist und so früh im Leben zu Amma kam, um bei ihr aufzuwachsen, der, dass ich selbst den starken Wunsch hatte, schließlich nach Amritapuri zurück zu kehren? Am nächsten Tag gingen wir zum Darshan und Mirabai bat Amma: "Mantra please!" Amma nickte und schaute sie intensiv an. Dann lehnte Mirabai sich vor und flüsterte in Ammas Ohr: "Shiva Mantra", um sicherzustellen, dass Amma auch wusste, welches Mantra sie ihr geben sollte. Amma fand das sehr ergötzlich und erzählte ihrer Umgebung, was das Kind gesagt hatte. Wir blieben bis zum Ende des Programms und Mira erhielt ihr Mantra in der gleichen Nacht. Ich fühlte mich so gesegnet, ihre Mutter zu sein. Es scheint, dass sie ihren spirituellen Weg früh angetreten hat, mit dem besten Guru der Welt.

Ein Jahr später, als Mira sechs Jahre alt war, bemerkte ich, dass Mira, in der Darshanreihe stehend, ein Zettelchen für Amma schrieb. Sie flüsterte: "Mom, wie schreibt man Amrita Vidyalayam?" Ich buchstabierte es für sie und wunderte mich, was die kleine Mira im Sinn hatte. Als wir an der Reihe waren, reichte sie die Notiz zum Übersetzen einer Brahmacharini an Ammas Seite. Amma antwortete ihr mit breitestem Lächeln auf Englisch: "Yes, yes! Good! Good!!" Mira hatte aus eigener Initiative gefragt, ob sie hier in Indien in Ammas Schule eintreten dürfe. So bestellten wir eine Schuluniform mit allem Drum und Dran für sie. Am Anfang war die Anpassung wirklich schwer, aber sie gab nicht auf. Mira ist nun im vierten Schuljahr und lernt sehr gut. Sie hat viele Hausaufgaben in drei Sprachen - Malayalam, Hindi und Sanskrit! Wenn sie sich einmal beklagt, sie wolle nicht zur Schule gehen, fordere ich sie auf, zu Amma zu gehen und sich bei ihr auszusprechen, da sie beide doch diesen Schritt gemeinsam entschieden hatten.

Mit meiner Tochter Mirabai zusammen auf dem spirituellen Weg zu sein ist eine Segnung. Nie hätte ich mir vorstellen können, dass Mutterschaft so sein kann. Mira wird stark, ist selbstsicher und hält mich immer auf Trab! Sie lehrt mich Dinge, die ich nur mit Widerständen von Amma lernen wollte, nämlich Geduld, Nachsicht, Einfühlungsvermögen, selbstlosen Dienst, bedingungslose Liebe, zu geben, ohne etwas zurück zu erwarten, sich nicht an das Ergebnis seiner Arbeit zu binden, einen standhaften Geist zu haben - alle diese Eigenschaften werden von einer Mutter täglich gebraucht. Amma hat mich diese Dinge gelehrt, aber mir widerstrebte, sie zu lernen. Um jedoch das Mutter-Sein mit einem lebhaften Kind zu überleben, bleibt nichts anderes übrig, als diese Eigenschaften zu entwickeln! Amma ist brillant darin, Mutter für die Welt zu sein. Gibt es einen besseren Ort als Amritapuri, um ein Kind mit spirituellen Werten aufwachsen zu lassen? Die Freunde, die sie im Ashram gewinnt, werden Freunde fürs Leben sein. Bei jeder Gelegenheit spielen sie 'Fangen' um den Banyan-Baum herum, der vor dem Tempel steht, oder 'Sich Verstecken', bis es Zeit für die Bhajans ist, wo sie in Ammas Nähe sitzen dürfen.

Endlich kann ich die tiefe Harmonie erkennen, die allen Wirrungen und Wendungen meiner Reise unterlag. Ich brauchte viele Jahre, um Lektionen zu lernen, die andere vielleicht in einem Tag gelernt hätten. Aber meine Geschichte entfaltete sich eben in dieser Art, so fehlerhaft sie auch erscheinen mag. Ich habe gelernt, nicht zu urteilen. Das Wichtigste ist, dass Amma mir zeigt, dass ich selbst mein eigenes Schicksal gestalte. Wie weit ich zu gehen bereit bin, so weit wird Amma mich bringen. Ganz bestimmt.

Ja, ich war gesegnet, als Instrument dafür zu dienen, der Welt Amma zu bringen. Ja, ich war gesegnet, hier in den Anfangsjahren ein intensives spirituelles Training von Amma zu erhalten. Aber ich kann ohne Zögern sagen, dass heute die gleiche Intensität wie damals vorhanden ist. Unsere Beziehung mit Amma ist das, was wir daraus machen. Das stimmt heute genauso wie früher. Wir sind der beschränkende Faktor. Das, was wir auf die Reise mitbringen, bestimmt, wie rasch wir das Ziel erreichen.

AMRITAPURI HEUTE

Dass sich heute mehr Menschen denn je im Ashram aufhalten, heißt nicht, dass es weniger Gelegenheit zur Selbstverwirklichung gibt oder dass weniger Spiritualität vorhanden ist als früher. Amma ist eine erleuchtete Meisterin und dies ist ihr Ashram. Ihre Gnade pulsiert wie eh und je. Es liegt an uns, unsere Herzen für

Amma zu öffnen. Tun wir das, kommt Amma sofort. Sie hat die gleiche unendliche Leistungsfähigkeit, die sie immer hatte. Sie verbringt unzählige Stunden ihres Tages mit uns, führt anstrengungslos Abertausende von Menschen auf den spirituellen Weg und ist am Ende der Nacht frisch und lachend wie zu Beginn des Tages. Sie ist dauernd in unserer Mitte, trifft am späten Morgen in der Darshan-Halle ein und geht sehr oft erst in den frühen Morgenstunden des nächsten Tages in ihr Zimmer zurück. Wenige Stunden später kommt sie bereits zum nächsten Programm und alles wiederholt sich.

Amma nimmt voll an jedem Aspekt des Ashramlebens teil. Sie leitet uns enthusiastisch in allen Aktivitäten an, wie Meditation, Satsang, Archana, Bhajans und selbstloser Dienst. In all den Jahren, da ich Amma kenne, habe ich nie gehört, dass Amma einen Tag für sich beanspruchte. Es gibt keinen anderen spirituellen Meister, der sich der Welt mehr zur Verfügung stellt oder mehr von seiner eigenen persönlichen Zeit und Energie gibt, wie Amma es tut. Wenn es um das spirituelle Leben geht, ist bei ihr alles ein Spaß und voller Süße. Ammas ganzes Leben spielt sich draußen in der Öffentlichkeit ab, und jeder, der persönlich mit ihr sprechen will, kann das tun. Gibt es jemand anderen auf diesem Planeten, der zum Wohl der Welt mehr von sich gibt?

Amma lebt im gleichen kleinen Zimmer wie früher. Es befindet sich in dem Bereich des Ashrams, wo der meiste Lärm herrscht, wo die Küchendünste hin wehen und wo es keine schöne Aussicht vom Fenster gibt. Amma will nicht, dass für ihr Wohlbefinden Geld ausgegeben wird. Sie nimmt nichts für sich selbst, außer den Sorgen der Welt, die sie schultert. Und immer gibt sie all jenen Frieden und Hilfe, die um ihres Segens willen zu ihr kommen.

DIE WELT UMARMEN

Während ich mit mir selbst beschäftigt war, hatte Amma sich für andere eingesetzt. Was mit ganz wenigen Menschen begann, wurde jetzt zu mehr als 32 Millionen, die Ammas göttliche Umarmung erhalten haben. Kein einziger Mensch, der Amma begegnete und Zeit mit ihr verbrachte, hat *keine* spezielle Geschichte zu erzählen. Es gibt in unserem Leben eine Zeit des "Bevor ich Amma begegnete" und eine des "Nachdem ich Amma begegnete". Unsere Leben sind durchtränkt mit dem Duft von Frieden, Zufriedenheit und Freundlichkeit, weil wir uns in Ammas schützende Arme begeben haben. Alles beginnt dort, und unser Kopf ruht auf ihrer starken Schulter. Ohne etwas von uns zu fordern, hat Amma uns einen Schatz gegeben, der wertvoller ist als Gold. Es ist die Gelegenheit, anderen - als Ausdruck unserer Liebe für Gott - selbstlos zu dienen. Es braucht göttliche Liebe in dieser Welt, und diese große Meisterin und große Menschenfreundin hat in mehr als 60 Ländern rund um die Welt Millionen dazu inspiriert, Gutes zu tun.

In nur 25 Jahren hat Amma ein riesiges Netzwerk weltweiter karitativer Aktivitäten geschaffen. Alle haben zum Ziel, sich um die grundlegenden menschlichen Bedürfnisse zu kümmern, wo immer es möglich ist. Das sind unter anderem: Häuser für Obdachlose, Stipendien für Schulkinder, Berufsausbildung für Frauen in ländlichen Gegenden, kostenlose medizinische Camps in entlegenen Gebieten, Katastrophenhilfe, sauberes Trinkwasser weltweit für alle Menschen, auch jene, die unter der Armutsgrenze leben, Jugendgruppen der 'Green Friends', die Beispiel setzenden Umgang mit der natürlichen Umwelt demonstrieren, Umwelt-Initiativen und unzählige Forschungsprojekte mit humanitärer Ausrichtung.

Ammas Devotees nennen dieses karitative Netzwerk 'Embracing the World' (die Welt umarmen) in Anerkennung der

Tatsache, dass Ammas selbstloses Wirken der Motor für diese breit angelegte humanitäre Bewegung ist. Amma umarmt jeden, der zu ihr kommt – täglich, und so lange es nötig ist- und verbreitet damit in der ganzen Welt die Samen des Mitgefühls.

Seit 1987 hat Amma sechs der sieben Kontinente der Welt bereist und ist in 26 Ländern zu Programmen eingeladen. Es sind Australien, Belgien, Brasilien, Chile, Deutschland, Finnland, Frankreich, England, Holland, Irland, Italien, Japan, Kanada, Kenya, Kuwait, Malaysia, Mauritius, Österreich, Russland, Singapur, Spanien, Sri Lanka, Schweden, die Schweiz, die Vereinigten Arabischen Emirate, und die Vereinigten Staaten von Amerika. Auch die Insel Reunion beherbergt Ammas Programme seit mehr als 25 Jahren. Hinzu kommen 38 Länder, in welche Amma Schüler für Programme gesandt hat, die sie selber aber noch nicht besucht hat, oder in denen sich Amma-Zentren befinden oder Aktivitäten und Projekte in ihrem Namen stattfinden:

Bulgarien, die Tschechische Republik, Dänemark, Estland, Griechenland, Luxemburg, Norwegen, Polen, Portugal, Slowenien, die Türkei und Ungarn in Europa;

Argentinien, Kolumbien, Costa Rica, Haiti, Mexiko, Peru und Venezuela in Süd- & Zentral-Amerika;

China, Hong Kong, Indonesien, die Philippinen, Taiwan und Thailand in Asien;

Ägypten, Bahrain,Israel, Jordanien, der Libanon, Oman und Qatar im mittleren Osten;

die Fijis, Guam, Papua, Neu Guinea und Neuseeland in Ozeanien; und Botswana & Südafrika in Afrika.

In den Annalen der Geschichte findet sich keine Person, die so lebte wie Amma, buchstäblich die Welt umarmend. Ihr aktives Mitgefühl und ihre allumfassende Weisheit fließen wie ein Strom reiner Gnade. Die kommenden Generationen werden von Amma

lesen und daran erinnert werden, was wahres Opfer und echter selbstloser Dienst sind.

Wenn ich darüber nachdenke, wie sehr sich Ammas humanitäres und spirituelles Bestreben ausgedehnt haben, seit ich Amerika vor 29 Jahren verließ, um die Göttliche Mutter zu suchen, erinnere ich mich demütig und bescheiden an die kleine Rolle, die ich in der Entwicklung ihrer Mission spielen durfte. Ich frage mich auch, ob wir nicht näher am Beginn als am Ende dieser Geschichte stehen.

Glossar

Arati – Zeremonielles Schwenken brennenden Kampfers vor der Gottheit; symbolisiert Hingabe zu Gott oder Guru. Wie Kampfer ohne Rückstände verbrennt, so auch das Ego.

Archana – lautes oder inwendiges Rezitieren der 108 oder 1000 Namen einer besonderen Gottheit (z.b. das Lalita Sahasranama).

Ashram – spirituelles Zentrum, wo eine Gemeinschaft spiritueller Suchender lebt.

Avatar – Inkarnation Gottes in einer menschlichen Form

Basmam – heilige Asche, auch vibhuti genannt

Bhajan – hingabevolles Singen oder einzelnes hingabevolles Lied

Brahmacharin(i) – männlicher oder weiblicher Ashram-Bewohner (siehe auch renunciate), der ein Leben des Dienstes für Gott in Ehelosigkeit und mit Selbstkontrolle lebt.

Brahman – die höchste Wahrheit jenseits aller Attribute, allwissend, allmächtig, allgegenwärtig, Substrat des Universums

Brahmasthanam Tempel – einmalige Tempel mit vierseitiger Gottheit, in alle vier Himmelsrichtungen blickend, die die Einheit in der Vielfalt symbolisieren. Die vier Aspekte sind: Ganesha, der Elefantengott, der Hindernisse beseitigt; die Göttliche Mutter; Gott Shiva, in seiner formlosen Gestalt als Shiva Lingam dargestellt; und Rahu, ein bösartiger Planet mit schädlichem Einfluss auf Personen. Kann mit speziellen Verehrungen (Pujas) günstig gestimmt werden.

Darshan – wörtlich 'sehen', 'Sicht'. Im Rahmen dieses Buches ist gemeint, einer heiligen Person zu begegnen und ihren Segen zu erhalten.

Devi Bhava Darshan – die Stimmung der Göttlichen Mutter; bezieht sich auf die Zeit, wenn Amma mit Sari und Krone der Göttlichen Mutter geschmückt im Tempel sitzt, um die Devotees, die zum Darshan kommen, zu segnen. Es ist eine Zeit, da Amma ihr Einssein mit dem Aspekt der Göttlichen Mutter in sichtbarer Weise zeigt.

Diksha – Einweihung

Hari Katha – die Geschichte des Herrn; bezieht sich auf die gesungene Erzählung des Lebens von Heiligen oder Weisen, Gott oder Göttin.

Ishta Devata – wörtlich: geliebte Gottheit; bezieht sich auf das Meditationsobjekt, auf den jeweils gewählten Aspekt Gottes in einer Form.

Japa – mehrfache Wiederholung des Mantras in einer Folge von je 108 Mantras.

Kindi – zeremonieller Messingtopf für das Wasser, das während der Verehrung benutzt wird.

Kirtan – hingabevolles Singen

Kumkum – rotes Pulver, das auf das dritte Auge, auf den Punkt zwischen den Augenbrauen gegeben wird; symbolisiert speziell den Aspekt Gottes als Göttliche Mutter.

Mahatma – wörtlich: Große Seele; bezieht sich auf jemand, der im Zustand des Einsseins mit dem Universellen Selbst lebt.

Mantra – heilige Formel, eine Folge von Worten oder Silben, in Sanskrit rezitiert, zur Reinigung der Atmosphäre und des Geistes des Ausübenden.

Mantra diksha – Einweihung in den Gebrauch des Mantras; es gilt als außerordentliche Segnung, mantra diksha von einer verwirklichten Seele zu erhalten, die zu diesem Zeitpunkt ihren Segen und einen Teil ihres erweckten Bewusstseins vermittelt.

Mantra Shakti – die Kraft, die in ein Mantra gelegt wurde, speziell durch eine verwirklichte Seele wie Amma.

Pada puja – Zeremonielle Waschung der Füße des Gurus als Ausdruck von Liebe und Respekt und der Anerkennung der Höchsten Wahrheit, auf welcher die Füße des Gurus ruhen.

Peetham – Sitz für die Göttin; gemeint für den Stuhl, auf dem Amma sitzt, speziell während Devi Bhava Darshan.

Pranam – Verneigung oder Respektsbezeugung durch Prostration vor der Gottheit oder dem Guru.

Prasad – gesegnete Gabe oder Geschenk einer heiligen Person oder eines Tempels, oft in Form von Nahrung.

Prema – Höchste Liebe, Göttliche Liebe oder bedingungslose Liebe.

Rajas – der aktive Aspekt der drei Eigenschaften sattva, rajas und tamas.

Renunciates – westliche Ashrambewohner, die ihr Leben der Meisterin zu Füßen gelegt haben, um ihr und dem Ashram lebenslänglich zu dienen.

Retreat – Intensiv-Wochenende mit Amma für eine geschlossene Gruppe; bisher nur in Amerika und Australien. Voranmeldung notwendig.

Sadhana – spirituelle Übungen, die den Übenden reinigen, wie Meditation, Mantra Japa, Schriftstudium, Yoga, Satsang, selbstloser Dienst.

Samadhi – wörtlich: ‚Aufhören aller geistigen Schwankungen‘, ein transzendenter Zustand, in dem das individuelle Selbst mit dem Höchsten Selbst vereint ist.

Sankalpa – göttlicher Entschluss oder Absicht; in Bezug auf Amma bedeutet es, dass sie ihre Segnung für ein günstiges Ergebnis gibt.

Sannyasa – formelles Gelübde des Verzichts, wonach man ockerfarbige Kleidung trägt, die das Verbrennen aller Wünsche symbolisiert.

Satsang – in Verbindung sein mit der Höchsten Wahrheit. Auch sich in Gesellschaft eines Mahatmas befinden, spirituellen Reden oder Diskussionen beiwohnen, an spirituellen Praktiken innerhalb einer Gemeinschaft von spirituell Suchenden teilnehmen.

Sattva – Qualität von Reinheit, Licht und spiritueller Feinheit. Eine der drei Eigenschaften sattva, rajas und tamas.

Seva – selbstloser Dienst, dessen Ergebnisse Gott übergeben werden.

Shraddha – Bewusstheit, Glaube

Tamas – Qualität der Dunkelheit, der Trägheit, der Faulheit. Eine der drei Eigenschaften sattva, rajas und tamas.

Tirtham – heiliges Wasser; kann auch ein eingefasster Teich bei einem Tempel sein, in dem man sich vor Betreten des Tempels reinigt.

Vasanas – latente Neigungen oder subtile Wünsche im Geist, die sich als Handlungen und Gewohnheiten manifestieren.

www.ingramcontent.com/pod-product-compliance
Lightning Source LLC
LaVergne TN
LVHW051547080426
835510LV00020B/2895